疯狂阅读 珍藏版

杜志建 / 主编

哲思卷

ZHESIJUAN

我来这个世界，
不是为了匆匆而过，
而是来看花怎么开，水怎么流，
太阳怎么升起，夕阳何时落下。
我活在世上，
无非想明白些道理，遇见些有趣的事，
生命是一场偶然，我在其中找因果。

汕头大学出版社

图书在版编目(CIP)数据

疯狂阅读：珍藏版．哲思卷/杜志建主编．－－汕头：汕头大学出版社，2023.5
ISBN 978-7-5658-5015-8

Ⅰ.①疯… Ⅱ.①杜… Ⅲ.①阅读课—中学—教学参考资料 Ⅳ.① G634.333

中国国家版本馆 CIP 数据核字（2023）第 090549 号

疯狂阅读：珍藏版．哲思卷　　FENGKUANG YUEDU ZHENCANGBAN ZHESIJUAN

主　　编：杜志建
责任编辑：闵国妹
责任技编：黄东生
责任校对：刘葭露
封面设计：马俊洁
封面绘图：starry 阿星
出版发行：汕头大学出版社
　　　　　广东省汕头市大学路 243 号汕头大学校园内　邮政编码：515063
电　　话：0754-82904613
印　　刷：河南瑞之光印刷股份有限公司
开　　本：787mm×1092mm　1/16
印　　张：10
字　　数：280 千字
版　　次：2023 年 5 月第 1 版
印　　次：2023 年 5 月第 1 次印刷
定　　价：22.80 元
ISBN 978-7-5658-5015-8

版权所有，翻版必究
如发现印装质量问题，请与承印厂联系退换

声明

　　基于对知识和创作的尊重，本书向所选文章、图片的作者给予补贴。因条件所限未能及时联系的作者，我们在此深表歉意，当您看到本书时，请与我们联系，以便我们向您支付补贴和赠送样书。因篇幅有限，部分文章有删节，敬请谅解。

　　联系方式：0371-68698032

目录
CONTENTS

少年心
和世界交手的这许多年

002	分你一些日落吧	/ 亦青舒
005	出逃	/ 高　源
007	我的青春从那个房间启程	/ 许　静
009	想戴耳环的少女	/ 连　城
010	小熊钥匙圈与少年	/ 谢鹤醒
012	白昼里奔跑，暗夜中坠落	/ 黄子京
015	不怕当最后一名	/ 邱雷苹
016	萤火与共，赠我黄金钟	/ 权　蓉
018	有诗的工地上，夜晚就不会那么漫长	/ 刘　鑫

练习册
人是一根会思考的苇草

- 022 失去是一种什么感觉？ /韩浩月
- 024 你不可能总拿一手好牌 /文长长
- 026 我离初心最近的那一天 /张经纬
- 028 不懂之刃 /朱成玉
- 030 负能量是个好东西 /王 路
- 032 我特别擅长"否定"自己 /陶瓷兔子
- 034 一个人最重要的能力是什么？ /韦 娜
- 036 当我开始远行 /陶立夏
- 038 请用谈恋爱的姿态去工作 /闫晓雨
- 040 何以倾诉 /闫 晗

是归处
饿的时候吃饭，爱的时候不必撒谎

- 042 拾荒者与猫 /成 焰
- 044 温柔转弯 /刘华剑
- 046 有故乡，无故人 /陆俊文
- 048 没见过羊的牧羊犬 /卢十四
- 050 我们的耳朵曾经错过一些什么？ /陈思呈
- 052 一程又一程 /赵不易
- 055 我的卑微与骄傲 /楼 缓
- 057 做个明媚的人，过刚刚好的生活 /潘云贵

060	墙下短记	/史铁生
063	朝抵抗力最大的路径走	/朱光潜
064	失败了以后	/林语堂
066	认识自我	/季羡林
068	人要生活在趣味之中	/梁启超
070	说话	/贾平凹
071	山村的墓碣	/冯 至
072	骂人的艺术	/梁实秋
074	不如任性过生活	/蔡 澜
077	我的精神家园	/王小波

守望者
和光同尘，与时舒卷

080	画龙点睛	/阿 城
081	柔弱的人	/契诃夫
082	人生图书馆	/桃户晴
083	尾生之信	/芥川龙之介
084	星星	/于尔克·舒比格
085	最后一堂课	/希拉瑞莉·贝丝·富恩
086	我有病	/哲罗姆·K.哲罗姆
088	文明	/张佳玮
092	时空复仇计划	/方 慧
097	围炉夜话	/赫尔曼·黑塞

小行星
永远相信童话、英雄和魔法

时间河

风后面是风，天空上面是天空

100	李贽：不自由，毋宁死	/王汉周
103	王阳明的生命宣言	/余秋雨
106	《道德经》中寻答案	/白岩松
108	董仲舒的人生抉择	/刘家科
112	范仲淹与张载	/范小红
115	庄子从不说脏话	/念霜朝
117	关于理想国的美好图景	/蒋　健
119	宅男康德	/毛　姆
121	哲人册页	/赵　丰

白日梦

每当人远航归来，他总有故事可说

130	写在《西游记》边上	/汉　家
133	《赠卫八处士》：真好，你我都还活着	/闫　红
135	若你觉得生活苦，不妨读读曾国藩	/温伯陵
138	我与《清明上河图》的故事	/冯骥才
140	速朽与不朽	/姚　瑶
145	紧握命运的高光一刻	/怪奇塞高
147	在书籍中逃避和超越世界	/罗　翔
151	《浮生六记》：世俗越粗糙，人越要有审美地生活	
		/牛皮明明

少年心

shao nian xin

和世界交手的这许多年

分你一些日落吧

*亦青舒

我一直把认识萧然当作我的人生财富之一，因为这个人真的很聪明。

高一成为同桌，两个傲娇青春期男生初次见面，难免有点生涩与尴尬。

他想了想，鼓足勇气问我："如果可以的话，我能不能坐里面的位置？"

我点了点头，侧身让他坐进去了。

后来萧然提到初次见面的事情，跟我说："当时我觉得你人很好。"

"你对人好的标准要求可真低。"

"不是的。大家现在都挺以自我为中心的，能让步、够随和当然是一种天然的优势。事实证明你真的是一个很好的人——尊重别人的选择，做可允许的让步，并且不追问为什么。"

我很感谢他这么有理有据地夸我，不过我突然好奇起来，问他："那你为什么喜欢坐里面呢？"

"因为靠窗，视野很好。坐在教室里，能看到老师、同学、功课以外的东西，是很重要的事情。"

"那你看到什么了？"我问他。

"看到建筑的顶楼、云朵、鸽子和一些很不错的日落。"

我叹气："萧然，你真的很做作，还喜欢装诗人。"

萧然没有说错，我的确很随和，大部分时候我不会选择拒绝别人。我的母亲相当强势，父亲在家里唯唯诺诺，我自然跟着父亲成了一个时刻说"好"的人。但这种虚假的氛围在我高二那年破裂，我在公园里撞见父亲和一个温婉的女士并肩行走，父亲自信满满地说着话，旁边的女人微笑着点头。我从未见过那样的父亲——自信、快乐，有掌控力。

我不知道该说什么，但是我在家的时候，不

再仰视父亲了,也无法和母亲对视。我变得更加躲闪,回避一切可能的冲突。

那段时间,我经常在睡前听到父母的争吵,他们摔了不计其数的杯子,以至于家里一度找不到可以喝水的容器。

十几岁的时候,难以理解的事情本来就够多了,大人之间的复杂关系更是令我头痛欲裂。很多个晚自习,萧然在我旁边戴着耳机刷物理题。当时我们在一起准备一场物理竞赛,萧然有一种胜券在握的悠然自得,但是他从不松懈,也算得上勤勉。虽然刷题到最后他会仰头哀号,下课铃一响,就神秘兮兮地凑过来问我:"要不要去放松一下?"

然后我们就会出去找地方吃串。我们并不敢碰酒,我母亲的眼睛和鼻子都过于犀利,萧然也说没必要自找麻烦,酒精不能解决的问题,应该用脑子和沟通解决。

我知道他又在制造金句,并希望我夸赞他。我翻了个白眼,没有说话。

"你最近很不开心哦!"他看着我。

"家里出了一点事情。"我不知道该不该讲出来,也不知道自己能不能讲清楚,冬天的晚上气温很低,讲一个字就会冒一口白气,然后又快速消散在空气中。

萧然说:"大人的事情总是很复杂的,不要尝试去理解他们,他们不能解决的问题,你也不能解决。"

我们就这样相对坐着,喝热乎乎的萝卜汤,吃豆皮,食物总是能给人很多慰藉。我想起小时候生病,妈妈喂我喝粥。她是潮汕人,外嫁到此,挣得一点事业,在家庭和工作之间勉力支撑,总是争强好胜,不肯低头。她对我要求甚是严格,唯有我生病的时候,才对我展露一点柔情。

萧然说,我们感到困惑和不理解的事情,时间最后都会给出答案的。要分辨什么事情是能掌控的,什么事情是只能接受和理解的。

上课走神的时候,萧然会用圆珠笔指一指我面前的书本,提醒我老师讲到哪儿了。没写的练习,他圈出值得做的题,放在我面前:"其他的跳过就跳过了,这几道你真得做一做。"一副高考命题人的循循善诱的口吻。萧然总说他是个自私的人,既不打算接近谁,也不打算讨好谁。"天地不仁,以万物为刍狗。你知道吧,我就是天地。"他这么说的时候,我总会在旁边翻一个大大的白眼。

幸好有他这么一边关照着,一边插科打诨地安慰着,我好像扛过了那段最昏暗的日子。爸妈不吵了,他们变成了很冰冷的陌生人。我在心里预演着最后的场面,想象着父母要怎么到我面前来摊牌,让我做最后的选择。但是不知怎么的,那一天居然迟迟没有到来。

我和萧然要去省城参加物理竞赛了,彼此心里都知道这意味着什么。进入高三之后,班里的气氛日益凝重,既有成绩大幅跌落的同学,也有猛然冲进前十名的黑马。同学之间的言谈多了一些警惕,在校外的教辅书店的某个偏僻小角落里,倘若忽然遇到熟人,总是有挂不住的尴尬,仿佛撞到彼此在偷练什么武功秘籍。

萧然一如既往地坦荡,做什么资料都往桌上摊,下课也不刻意收拢起来。

"我们不要搞零和博弈,全国有那么多高校,那么多专业,毕业后有那么多岗位,那么多公司,没必要从现在就开始相互提防。"他在出发前和我打电话。

"萧然,你知道吗,你的确是个很不一样的人。"

"我知道啊。"

我几乎能脑补他傲娇的表情。

"我关心人类命运，不沉溺于追求小我的利益。"

我笑出声："这位古希腊先贤，祝你明天考试顺利！"

"你也是！"

那天晚上，我妈敲了敲我房间的门，给我端了杯热牛奶，在我身后一副心事重重的样子。我不知道该说什么，只能一口气把牛奶喝完，扭头看着我妈，她一脸倦容，一副很不快乐的样子。

"小念啊，你要好好学习，然后找到自己想做的事情，做一个有用的人。"她坐在床边，黯然地念叨。

"妈，那你呢？"我望着她。

她惊愕地抬头看我。

"妈，你想做的事情是什么呢？我觉得你已经够有用了，可是为什么不开心呢？比起做一个有用的人，你去当一个更高兴的人吧！"

我扭头继续写题，不敢再看她。

我不记得妈妈什么时候走出我房间的，等我终于敢回头望的时候，门已经虚掩上了。

竞赛结果出来了，我和萧然都拿到了省二等奖的名次。高考已经很近了，我们也没来得及开心多久，又陷入了铺天盖地的诊断考和模拟联考之中。之前为竞赛付出的时间太多，文科背记类的任务落下不少，我开始非常痛苦地背古文，每天早上都要忍受萧然对我的嘲笑。

"夫夷以近，则游者众；险以远，则至者少。而世之奇伟、瑰怪、非常之观，常在于险远，而人之所罕至焉，故非有志者不能至也。有志矣，不随以止也，然力不足者，亦不能至也。有志与力，而又不随以怠，至于幽暗昏惑而无物以相之，亦不能至也。然力足以至焉，于人为可讥，而在己为有悔；尽吾志也而不能至者，可以无悔矣，其孰能讥之乎？此余之所得也。"

就这么一小段，我反复读了四五遍也读不太顺。

萧然最后看不下去了，他问我："你知道这一段在说什么吗？"

我说："不想知道。"

"你语文差真不是没理由啊。生背课文，活该你背不下来。"

于是我很不情愿地说："那请萧老师讲一讲。"

"说的是，一般景区呢，近一点就到处是人，远的地方就没人去，但世间真正的好风景，都是要花力气去偏僻陡峭的地方才能看到。所以要去那样的地方，你不仅得发自内心地想，还要竭尽全力地做，碰到昏暗险阻的地方，还需要有好的工具来助力。竭尽全力的人，最后才不会后悔。"

"哇！这么有道理的吗？"我由衷赞叹道。

"对啊，你个文盲。"

很神奇，《游褒禅山记》这段话最后成为我最爱的一段话。我靠着这段话，撑过了高三，因为心里坚信，翻山越岭之后，我会看到很不错的景色，去人迹罕至的地方，体验和此刻不同的生活。

的确如此，我和萧然都做到了。

高考结果出来的第二天，我陪着父母去民政局办理了离婚手续。我选了和妈妈一起生活。

他们自以为拖到这样的时刻，就是为孩子着想，以为自己在一段不成功的婚姻里，至少做了不错的父母。我懒得揭破大人这层自作聪明，但是想到我们接下来都会有一段新的人生，又多少还是感到释然和轻松。

毕业的那个暑假，我自己去了很多地方旅游。最后一趟旅行，我爬到一个小山头上，坐着等日落。想起萧然对我说过，人在任何环境里，都需要窗户，需要看到一些不同于此刻的风景。

希望他也知道，那段时间里，他就是我的窗户，而我永远感谢他分给我的日落。

出逃

＊ 高源

1

我对朋友说，最近不知怎的，总想做点儿什么出格的事。我以为她会骂我，不料她却一本正经地说："其实我也想。"

大概是高中时期太乖了，上大学后，总想把以前错过的疯狂统统补回来。作为一个即将硕士毕业的"中年"少女，回望大学生活，我看到的，真是一场接一场没完没了的出逃。

2

入门级别的，当然是逃课。大一的秋天，午睡醒来，我按部就班地整理书包，准备上节听上去就"面目可憎"的课。像是有计划有预谋似的，室友先是吐槽课堂的无聊，然后大赞即将开始的一场讲座，最后怂恿我和她一起去听讲座。我纠结了一会儿，终于屈从了自己的叛逆。对一个中小学时代连迟到都没有过的乖学生来说，这需要勇气，而且是巨大的勇气。

有生以来第一次逃课，我的心情既兴奋紧张又惴惴不安，还以为是去做什么惊天动地的大事。必须承认，负罪感有种神秘的诱惑力，令人饱受折磨却万分憧憬。事实证明，那场讲座对大一新生来说学术性太强，我俩都听得昏昏欲睡，同时还不得不为专业课点名而担惊受怕。六年后，"身经百战"的我早已视课堂签到之类的小伎俩为浮云，再不会心慌意乱，更不会从中尝到带有罪恶感的狂喜。但想到当年那个严肃认真、乖巧听话的小女孩，除了觉得好笑以外，实在还有一点儿感动。

到了大二，逆反心理愈发强烈了。也不知自己到底在跟谁作对，反正就是觉得哪里都不对。这学期学古代文学史，我忽然就对西方文学有了兴趣，老师在上面讲李商隐，我在下面读《伊利亚特》；终于等到下学期开讲西方文学史了，我却深感审美疲劳，改读沈从文了；然而上现代文学精读课的时候，我又嫌老师讲课索然无味，便在本子上临摹古代汉语课教的甲骨文和小篆，写得如痴如醉，不亦乐乎……

3

课堂偶尔的出逃只是小打小闹，日常生活的出逃才真的是过瘾。

中学时代，内心是安静的：简单的生活，明确的目标，其他问题可以暂且不提。老师和家长总是善意地鼓励说："坚持下去，等高考完，一切就好了！"高考完了，进了很棒的大学，"一切"却没有就此变好——不仅课业压力依旧沉重，还平添了就业之类的压力，被迫迅速成熟。当我遭遇前所未有的失落、怀疑和迷惘，连如何生活下去都成了问题时，说走就走的旅行就成了特效药。

逃离生活，把所有不愿面对的琐事和烦恼暂时丢开，背着轻巧的双肩包去陌生的城市，假装自己是个全新的人。独自一人，不需要与同伴商量行程，更没有交谈的负担。那种轻盈和自由，总让我想起雪花从容飘落的样子，好像对未来毫不在意，也不把世界放在心上。

在异地的菜市场、居民区、学校、便利店和大超市，我好像重新发现了生活，略带讶异地看着挑选蔬菜和称重水果的人，好像看一部制作精良的纪录片。以抽离的姿态观察他们，看他们身在其中陶醉或挣扎，有时我会想起另一种视角，有时也会有窥视的不安，好像得到了什么本不属于我的特权。

有一次，我在湿热的夏天骑着单车穿梭于上海被法国梧桐掩映的街道，从清晨直到傍晚；有一次，我坐在浅水湾的沙滩上发呆，天下起小雨，我把伞撑开支在地上，好像钻进蜗牛壳那般踏实满足；有一次，我抱着两个硕大的红苹果，小心翼翼地走在哈尔滨的雪夜，看到一群阿姨伴着《莫斯科郊外的晚上》的音乐在大雪中吃力地跳舞；有一次，我在扬州火车站的候车室里读《浮生六记》，周围都是昏昏欲睡的旅客，我感到恍惚而幸福；有一次，我在暮色四合的杭州认错了人；有一次，我在厦门的居民区迷了路；有一次，我在台北赶上一场六级地震……还有很多次，我在摇摇晃晃的卧铺上醒来，听着火车变轨的碰撞和邻铺悠长的鼾声，花上几秒钟，努力回想自己身在何方。

六年多的大学生活里，我一个人背着包去了许多地方。一次两次不起眼，但积累起来就很壮观了，常给人一种我整天不上学、到处乱跑的错觉。很难想象毕业后还会有如此奢侈的自由，还会有抛下一切，说走就走的任性和洒脱。

没完没了出逃。不知道自己的身体和自己的心明天会在哪里，但总有一天它们要回来，回到充满烟火气的生活中来。

4

事实上想逃离的，并不一定是课堂、学校、北京之类的具体地方，而是一时兴起的情绪。平静厌倦的生活，丧气幼稚的自己，过于明确且正确的轨道，或者成熟过程中必经的滚滚浓烟，都让我想逃离。于是就有了任性、叛逆、疯癫，有了无伤大雅的玩笑和犯规。

对北大学生来说，毕业前不跳一次未名湖，绝对是终生的遗憾，是不可原谅的损失。2017年十二月初，我看到一篇题为"冬天掉进北大未名湖是何种体验？"的帖子。一个本科新生详述了自己试图从冰面直达湖心石舫，结果冰面开裂掉进水里的经历。语气轻松愉悦，自嘲之余是难以掩饰的成就感。评论区也洋溢着欢乐的气氛，同学们深受诱惑，甚至有人当天夜探未名湖，并成功掉进了湖里。学长们纷纷自曝当年的辉煌，种种掉湖方式令人大开眼界：有人穿着溜冰鞋，姿态优美地飞身跃入冰窟；有人在冰上骑单车甩尾，然后连车带人一起掉了下去；有人为救落水者，英勇浪漫地舍身跳湖……最酷的是山鹰社的一次社团活动，那次，大家走到冰面上，然后集体跳了一下，最尴尬的是"投湖"未遂。所以有学长一本正经地教导道："这种事还是要趁早，如果等期末考试完，那时的冰就太厚了。"

没错，老师、家长和保安们对掉湖万分恐慌，北大各院系的同学却在争夺"今年冬天哪个系的人第一个掉进去"的殊荣。不跳一次未名湖不足以谈人生——这仿佛是我们炫耀的资本。

看了帖子，第二天我就兴冲冲地跑去湖边。一看——晚了！湖已经被围栏密实地围了起来！没关系，我可以明年毕业季再跳，而且那时的水温会更加友好。

就像一场即兴叛逆，一次集体出逃，北大的学生喜欢这样，带一点儿挑衅、霸气和玩世不恭，偶尔打破沉闷的规则，脱离既定的轨道，从循规蹈矩中出逃，从乖学生的身体里出逃。

5

当然，并非所有出逃都是奔跑跳跃，飞扬跋扈，不得安生的，有些出逃，偏偏是静止不言。

大二那年的冬夜，我和朋友出于好奇，翘课去了王府井大街上的教堂，还一人领到一张浅黄色的卡片。深夜的冷风把大街洗得干干净净，为了赶末班地铁，我们在马路中央狂奔。因为开心，我大笑不止，挂在脖子上的手套甩来甩去，整个人像个撒泼的小孩。气温和时间抽着皮鞭，把所有人和车往回赶，仿佛在说，不许贪玩，不许任性。

快到地铁站时，我瞥见街道边上，有个人守着满满一车的冰糖葫芦，安坐如佛像。昏暗的路灯下，那车冰糖葫芦就像一座敞着怀的暗红森林。整条大街都在轰轰烈烈地向前奔跑，只有那车冰糖葫芦漠然不动。那是多美的出逃啊！

我边跑边想，要不要去买一根？

我边跑边想，其实，我也可以停下来。

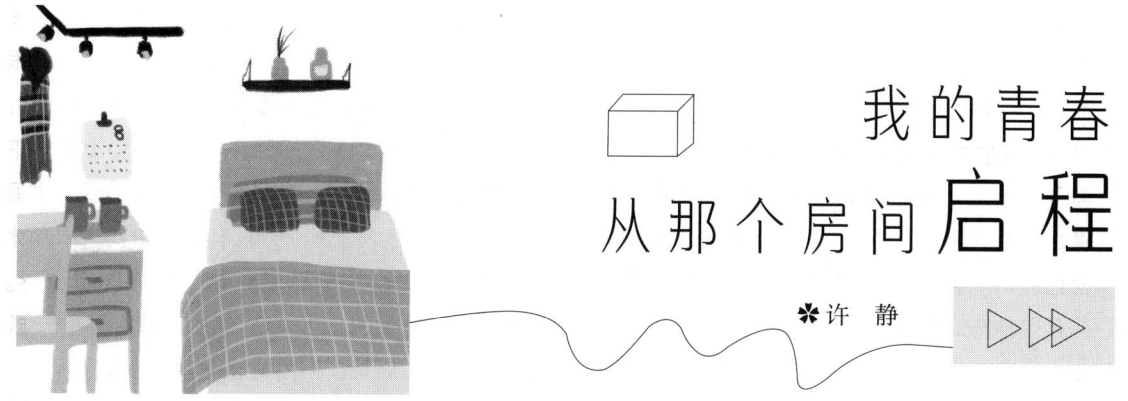

我的青春从那个房间启程

❋ 许 静

这些年，我住过那么多的房间，对我来说，那一个个房间是我的一个个渡口，我不断地居住、离开，短暂地停顿，又起身出发，去往下一段旅程。

一

最早属于我的房间在老家二楼，那时我刚上初中。记得那个房间非常大，像个空旷的仓库，只放了一张单人床和一些书。我的房间好像从没出现过女孩子特有的娃娃和花哨的装饰品，在以后住过的每个房间里，书总是其中的主角，一部分的书跟着我辗转过许多房间，和我一样是我的房间的固定主人。因为这个房间实在是太大了，我花了点心思，用零花钱买来花布，用布帘拉出一个适宜的空间，并且配上了同样的窗帘。在那个房间里，我偷偷试穿过一件件让我少女的脸微微发红的内衣。在那个房间里，我翻开了第一本日记本，记下了第一篇日记，并一篇篇记到了现在。在那个房间里，我一次次偷看过后面楼上邻居姐姐的男朋友，那个男孩是个卡车司机，每当他的卡车停在楼下，我就一溜烟地冲到自己房间里，躲在窗帘后紧紧地盯着那个男孩微卷的头发，大大的双眼，还有他脸上一缕阳光般的微笑。直到一个细雨霏霏的夏日早晨，我像一只急着要试飞的小鸟，迫不及待地离开了那个房间，离开了家乡，离开了那段色彩鲜明的时光。

当时怎么也不能想到，一步踏出那个房间，我的人生就开始启程，我将永无可能再回到我的青春。

二

我在一幢黑洞洞的砖木结构的三层老楼里开始了我的高中生涯，也开始了漫长的寄宿生活。又是一个大大的房间，一排一排地摆了十几张双层铁丝床，这里住了近30个女生。为了靠近窗户，我从下铺和别人换了最北面的一个上铺。我喜欢上铺，干净、安静、光线充足，只是担心摔下来。确实有同学半夜从上面掉下来，弄伤了腿。我的衣服和被子不止一次地凌空而落。那个时候身体茁壮成长，对生活毫无要求。每当晚自习结束，穿过教学楼前长长的紫藤架，穿过路灯下操场边一条坑坑洼洼的水泥路，我们像一群憨乎乎的小猪一样陆续回到那个拥挤的大房间。一下子人声鼎沸，热火朝天。说话声、洗漱声、吃零食声一齐响起，直到大家全钻进了被窝，仍有几个女生会小声地夜谈，高年级的男生、教体育的男教师、语文老师的新发型……终于，熄灯的铃声响过，一切才逐渐安静下来。整个房间一片黑暗，像黑夜里的海洋，我的床像小船，载着一点点饱满起来的青春，常常有点不堪重负，跌跌撞撞。

过去我一直是个成绩优秀的好学生，那段时间却退步得一塌糊涂。我没有早恋，只是对未来充满了焦虑，我的前面有无数条未知的路，我那么急着想攀到自己设想好的高度，可又怕走不过去。就这样患得患失，忧愁开始笼罩内心。我原本文理平衡，甚至理科更胜一些，但从那时起作文飞速进步，理科却一落千丈。那是我最绝望的一段日子，一想起未来，心里一片黑暗，甚至觉得自己不会再有未来了。愚人节的前一个夜晚，我为自己的人生做了一个重大的决定，从这所重点中学转到一所艺术教育还有点特色的普通中学，拾起了我喜爱的画笔。许多年后，我常常回忆起那个几乎惊心动魄的夜晚，我在那个房间难得地失眠了，黑暗中我大睁着眼，忐忑不安又激动万分地为自己选了一条艰难的路。我就从这个房间开始下意识地握住了自己一片空白的青春,并把它缓缓地放入了我自己选择的未来。

三

我后来再也没有住过那么大的房间。我的高中生涯在我离开那个嘈杂而生机勃勃的大房间后好像突然断裂了。我擅自转校的举动令我的父母震惊不已。他们甚至对我有了一种莫名的恐惧和手足无措的愤怒。我几乎成了问题少女,未来在包括我自己的所有人眼里黯淡无光。从不赞成我学画的父母开始把所有的希望押在我的画笔上。在那所普通中学颇费周折地挂了一个学籍后,我和几个学画的同学一起到一些美术院校进行专业训练。我的房间开始和我的生活一样有了一种动荡不安甚至漂泊的味道。我们借住过那些学院里寒暑假而空余的学生宿舍,也租住过一些校外窄小简陋的民房,甚至住过同学亲戚家的阁楼。

那时候真是年少,我没有感到一点苦和累,反而有一种振翅欲飞的自由和激动。

我在那一个个随时会离开的房间里通宵达旦地画画、学习。这些房间牢牢地托举着我少年的梦,又轻轻地安抚着我幼兽般四处乱撞、无处安放的灵魂。它们沉默不语,却是我最坚定不移的知己和战友。一起学画的同学来自全国各地,他们都有自己的故事和理想。

就这样,我一步一步迈开了自己的脚步,逐渐远离我最初的起点,走近我向往的宽广遥远的未来。我终于不负众望地住进了大学校园的女生宿舍。我的父母松了口气,对我的期望也到此为止,而我对自己的要求却才开始起步。我仿佛刚刚安静地坐下来,开始审视自己同样刚刚安静下来的生活。我的房间是一个6人宿舍,6个学美术的女孩把它布置得如同一件艺术品,窗户上挂着自己设计制作的扎染布窗帘,每人床位的墙面上都挂着自己画的画。房间有一个小巧的阳台,外面有一排高大的花树。常常有青春的男孩在树下等待着同样青春的女孩。有月亮的夏日晚上,年轻的大学生们会在阳台上侃侃而谈,整个世界仿佛就握在他们年轻有力的手中。而我已经清晰地知道,自己只会在这里做短暂的停留,终有一天我会离开。

四

我裹着这种青春的莫名的忧伤来到另一座城市。在这座城市里,我有了一张体面的办公桌,也陆续住过好几个房间。最有意思的是曾经还借住过一段时间一个老工厂的工人宿舍,一个充满机器的声响和机油气息的房间。搬进去的第一天,我一反常态地没有想过以后一定会离开这里,反而有一种回家的亲切感。其实我已经适应了住宿舍的感觉,在远离亲人的偌大的城市里,我非常需要一个让自己灵魂安定的栖身之地,机器的夜夜轰鸣充塞了我内心的孤独,让我每天清晨行走的步伐不至于太过踉跄。然而有一天,跟着我辗转过多个房间的一批书在一场大水中面目全非,这个简陋的房间还是让我崩溃了。没过多久,我在家人的帮助下买了一套小房子,很快搬离了那个工厂宿舍。我终于实现了拥有自己房间的梦想。我有了书桌,也有了书橱,我的书全部登橱入架,本本扬眉吐气。我花了一笔巨款,把一整面墙挂上了我喜爱的窗帘,使整个房间如同一个梦。我的台灯依然是暖色的,在深夜里和我的书一起陪伴我。这个房间成了我的双脚,让我安静而平稳地站在了这座城市的森林里。一个春日的夜晚,空气中弥漫着草叶淡淡的清香,他来到了我的房间。我终于落了翅膀,真正停留在他的怀抱,这个怀抱无法阻挡地成了我的又一个房间。

五

生活永远在前进,后来我又开始拥有各种房间。我一反常态地在后来的房间里放弃了对窗帘的迷恋,渐渐地开始喜欢选择窗外有一排高大的花树的房间。阳光充足的早晨,树丛里小鸟的歌声飞进房间,这种感觉会让人甘愿在时光里停留。很长一段时间,我似乎把自己和房间一起植入了窗外的树丛,根越扎越深,一天天枝繁叶茂。这种感觉让我意识到我一点点陷入温暖舒适的洞穴,又如一张甜蜜的网把我牢牢地网住。这真是一件令人困惑而伤感的事。我知道我的肉身和我的灵魂还将彼此交缠,希冀获得一种永恒的妥协和交付。

也许那一刻,我才能真正清晰地告诉自己——这是我的房间,这也不只是我的房间。

想戴耳环的少女

*连城

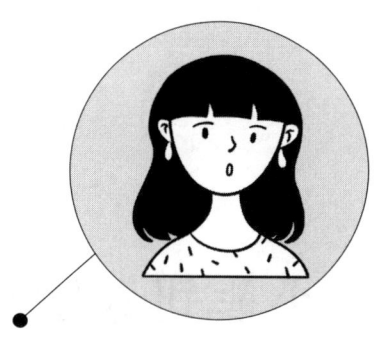

电影《戴珍珠耳环的少女》中有一个场景令我至今记忆犹新——画家维梅尔用烧红的针锥为少女葛利叶穿耳洞，针锥从雪白的耳垂穿刺而过，皮肤上冒出一点猩红后，葛利叶便拥有了一个耳洞。接着，维梅尔在这个刚扎的耳洞中为葛利叶戴上了一只明亮的珍珠耳环，原本平平无奇的少女在珍珠耳环的衬托下突然焕发了生机，有了一抹令人过目难忘的明丽之色。

从来没有人知道，在我没有耳洞之前，我羡慕身边所有戴耳环的同龄女孩。我私下固执地认为精致的耳环就像电影里葛利叶的那只珍珠耳环一样，是能令相貌平凡的女孩变得好看起来的不二法宝。

第一次知道耳环的魅力，还是我读小学的时候。班里有个女孩从妈妈那里得了一对耳环，戴着来上学，出了一回风头。平常大家的脸蛋都晒得黑黑的，一眼望去没有什么太大的区别，但有了对比后，大家就知道爱美了，之后班里十之八九的女孩子都打了耳洞。

在我老家打耳洞的方法有三种：一是花10块钱到街上请卖小饰品的小贩用枪打；二是请村里有经验的妇女用烧红的绣花针直接刺穿；三是买一对两头带尖的圆环耳圈，每天自己用手按捏，直到耳垂穿孔。

我妈向来不关心我在这方面的需求，然而当我看到身边的女孩都开始打耳洞，想到以后大家坐在同一间教室，就我一个人没有漂亮的耳环戴，我心里就觉得委屈。后来经我软磨硬泡，我妈同意给我买一对两头带尖的圆环耳圈，让我自己按捏。然而第一次打耳洞以失败告终，因为我按捏了10天左右，耳垂肿得老大，于是自己哭着把耳圈摘了，从此有好几年再没动过打耳洞的念头。

第二次打耳洞，是因为我"失恋"了。对方是我初三时的同班同学，虽然彼此都没有公开说过喜欢对方的话，但帮对方打过饭，放学时还曾骑过同一辆自行车。班级里有关于我们俩的流言蜚语传出来后，他开始疏远我，甚至表现出要和我划清界限的态度。我内心所剩的那点骄傲使我下决心与他划清界限，不再喜欢他。

经此一事之后，我的内心很受伤，对自己陷入了深深的怀疑。我觉得他不喜欢我，归根结底还是因为我长得不够漂亮。我在中考后的那个暑假去卖饰品的摊子打了两个耳洞，其实这更像是一种痛定思痛的做法，那两个耳洞就代表着我内心发狠的誓言：学生时代坚决不谈恋爱！

后来我洗头发的时候耳洞碰了水，导致感染发炎，不得不取下耳钉。那打了没多久的耳洞没两天便长好了，再也寻不到一丝缝隙，更别谈戴漂亮的耳环了。

我第三次打耳洞是在同桌杨同学的怂恿下到学校附近的夜市打的，我隐约还记得她劝我学她一样，在耳骨上打两个。我也是从她身上才得知，原来一个人戴上样式不同的耳环，可以拥有不同的模样，呈现出不同的气质。我觉得我也可以变得个性张扬、大胆，成为一个有魅力的朋克女孩，前提是我得打两个耳洞。

有了前两次打耳洞失败的经历，我没敢下决心，依然只在两个耳垂上各打了一个。好在这一次打耳洞还算成功，一个月后我戴上了杨同学的同款子弹头耳钉，然而我的性格却没有因此变得大胆张扬起来。相反，我开始怕被其他同学看到耳垂上夸张的子弹头耳钉，常常披着头发来上课。

那时我姐姐问我为什么要执着于打耳洞，她说："你难道没发现有很多女生也是没有耳洞的吗？"其实不是非要打两个耳洞不可，而是想戴漂亮的耳环，想要变得好看，想要成为精致、漂亮、自信、大方的女生，想要获得别人的喜爱，这才是我青春里不敢大声说出口的秘密啊！

现在，我在慢慢变成自己心里期待成为的那种女生，也从心里认为一个人漂亮与否不能仅依靠外表是否光鲜靓丽来判断。

小熊钥匙圈与少年

✿ 谢鹤醒

升入初中,大概是青春期荷尔蒙作用,我的身材一天天走形,个子本来就高,胖起来显得整个人壮壮的;加之学习成绩每况愈下,也没什么朋友,面对孤独感,小小年纪竟然连心如死灰的情绪都有了。

这样悲戚戚的局面持续了整整一年,初二伊始,班里转来了一位新同学,颀长的身姿、飘忽的眼神,浑身上下散发着漠然又神秘的味道。班主任环视了一圈,指了指我身边的空位,示意他坐在这里。

哦,忘了说,五十多个人的班级,在他到来之前,只有我没有同桌。

他的"降临"被我视为老天的眷顾,再也不用因一个人坐而觉得尴尬了。

事实上,同桌了一个星期,除了知道他名叫"田渊",我俩还是没有说一句话……一天,懊恼的我课间翻着同学的《大众软件》杂志,打发没有女生叫我"一同去厕所"的孤寂。

从外面回来的他按捺不住激动的神色:"啊呀,你也喜欢打游戏吗?"

我抬起头微微愣住,回过神来忙不迭地点头:"嗯……是啊!"

"我也特别喜欢,改天到网吧切磋一下呗!"田渊突然笑得格外灿烂。

我的心脏"怦怦"跳乱了节奏,除却他终于开口跟我交谈的缘故,最主要的,是我明白自己撒了谎——从未玩过任何网络游戏的我,为了尽快靠近一个新朋友,选择了善意的谎言。

就这样,我渐渐和田渊熟悉了起来。为此,我专门拖住弟弟,向他讨教了几款风靡游戏的基本常识;活动课上年级组织篮球赛,作为主力队员的他在球场上驰骋时,我抱着他的外套和水杯等在观众席旁,觉得自己突然变得很重要,再也不是初一那阵子几乎被全世界忽略、抛弃的寂寞模样了。

我开始每天把自己打扮得清清爽爽去学校,

因为可以见到他；只要他跟我多聊几句、多开几个小玩笑，我就觉得灰暗的生活被涂抹了一层美好的暖色调，我多么珍惜这样久违的归属感和幸福感啊！

好景不长，班里开始传播关于我俩的流言蜚语，班主任大抵早看出些端倪，于是在我毫无防备之下告知我："上完晚自习，明天就搬到那边去。"

那是我记忆里最为伤心的一个晚自习。我趴在桌上哭了整整一节课，田渊也吓坏了，忍了半天，也只是戳了戳我胳膊："你不用这么夸张吧……你没事吧？"

我想他大概不会懂，我的眼泪不只为离开他而流，更为长久以来孤独的自己好不容易刚刚守护住的情谊，却被外界无情地中伤和摧残。

庆幸的是，座位虽然被调开，但他似乎越来越重视我，也越来越珍惜我们之间的感情。他的新同桌是一个憨厚的男生，名叫阿猛，帮了我们不少忙。例如我和田渊偷偷传字条，甚至后来用一个本子共同写日记，都是阿猛帮忙传递或者打掩护的。

和田渊相识四个月后，马上快到元旦了。一天下午，阿猛支开田渊，神秘兮兮地对我说："给你透露一下，田渊今晚要送你礼物。等下放学了我就陪他去买，估计晚自习放学会给你。你记得不要太着急走啊！千万要装作不知道呀……"

"啥？他送我……礼物？！"我按捺不住满心的好奇。

"你至于那么震惊吗？你平常对他那么好，他也不是冷血动物。过节了，人家想借机表达一下对你的谢意。"

虽然，阿猛的"好心"大大削弱了田渊想要给我"惊喜"的感觉，但我依然很意外，也很期待。

终于下了晚自习，那个飘着小雪的夜晚，灯火辉煌的教学楼下，忽明忽暗的夜色里，故意脚步拖沓的我在听到唤我名字的声音后转身，于是看到一改平日冷漠神色的田渊，正迈着大步向我走来，一面递给我一个小礼盒，一面笑嘻嘻地用洪亮的嗓门说："好哥们儿，送你一个礼物。元旦快乐！"

他大大咧咧、坦坦荡荡却又大张旗鼓的架势，惹得周遭的同学都看了过来。呆愣到不知所措的我接过，抬起头羞涩地说了声"谢谢……"，预备"落荒而逃"之际，还看到了他身后的阿猛调皮地眨了下眼睛。

这可是我人生中第一次收到男生的礼物呀。

3

回到家，我迫不及待又小心翼翼地拆开包装，打开纸盒，映入眼帘的是一个憨态可掬的小熊钥匙圈，还有一张字条，我摊开，看到田渊那歪七扭八的字体："你看这只胖胖小熊多么像你呀，善良又可爱。哈哈……希望你天天开心，相信自己是最棒的！"

我欣喜地将它挂在钥匙串上，每天跟着我上学、回家，寸步不离。有同学看到后拿起来仔细端详，并问道："在哪儿买的呀？"我总会格外底气十足地应答："是好朋友送的礼物！"

虽然，从小到大我收到过各种各样的礼物，却从来没有一个同龄男生像田渊这样，在最窘迫的学生时代送我一样并不出彩的普通小物件，它不够精致，更不贵重，却能让我时刻带在身上，默默诉说着一种对彼此情感的珍视。

小熊钥匙圈逐渐斑驳，但每当我看到它，就像看到了初中时那个敏感怯懦的少女，曾因为一个少年阳光般热忱的关怀，而拥有了别样的自信光彩。

白昼里奔跑，暗夜中坠落

✽ 黄子京

1

我已经不记得这是我第几次失眠了。

起初是因为白天压力太大，后来是因为不愿意面对第二天的生活，到现在，我似乎失去了分析原因的能力，只是一味地沉浸在这个无人打扰的黑暗世界。我翻来覆去，我拿起书籍，我塞上耳机，我点开电影，我试图忘记时间的存在，甚至纵容自己去做一些毫无意义的事情。我有时觉得，白天的一切或许只是一场游戏，唯有到了夜晚，我才是那个原原本本的自己，不必扮演任何角色，更没必要讨好任何人。

不知不觉间，我已经在上海待了大半年。我享受着这座城市带给我的新鲜与快乐，也忍受着这座城市带给我的压力与痛苦。时常有人以过来人的姿态告诉我，应该如何在这座城市里生存下去。他们说你要尽早结婚，他们说你要抓紧买房，他们说你要挑好地段，他们说你要拿到户口，我微笑着附和，向他们一一表示感谢，然后转过身，将他们的话抛到九霄云外，继续以自己的准则生活下去。

我从不觉得任何人能够成为他人生活上的导师，毕竟每个人对幸福的定义不同，追求的人生目标也大相径庭。甲之蜜糖，恰为乙之砒霜，况且有一部分人只是想单纯地按照自己的想法生活，并不愿委屈自己去反复迎合世俗的标准，你可以说这些人太过疯狂，却也无法否认这份疯狂背后的清醒。

此时是凌晨一点，窗外安静得可以听见风掠过树叶的沙沙声，一只小猫叫声凄厉，寒冷与孤独带给它的痛苦并不比人类少半分。我想，这只小猫很可能就是我中午偶遇的那只，饥饿令它每每遇到一个人便紧跟在他的身后，看着他手中的购物袋摇尾乞怜。我注视着它，觉得自己与它并无差别——我又何尝没有为了得到一个机会或者维持一段关系而在我讨厌的人面前卑躬屈膝呢？想到这里，我深感可悲，与此同时，却又觉得无力。或许我应该改变什么，但是我的改变将会给生活带来一系列变化，我知道自己不愿面对这些变化带来的恶果，所以只能暂时把自尊踩在脚下，而且是自己的脚下。

2

前不久，我从微博上得知，一位当红明星在上海组织了一场选秀。出于好奇，我按照海报上的时间地点去了现场。

那是一个安静的文创产业区，与美术学院相邻，选手和家长坐在一个巨大的楼梯上等候着整点场，佯装悠闲的面容难掩焦虑。选手们并没有我想象中那么出众，可以称得上帅气或漂亮的人实属凤毛麟角。在工作人员的要求下，选手们不情愿地拿起卸妆水和化妆棉，抹去脸上精心设计的妆容，露出自己最本真的样子。

在进场之前，有的人忙着练声，有的人忙着练舞，有的人摸着孩子的头不停鼓励，也有的人拉住男朋友的手反复加油。编号代替了选手们的名字，也掩盖了他们的独特性，他们像市场上的白菜一样，被一位韩国老师来回挑选，老师无意间的一个眼神、一个词语，都会被他们当作晋级的希望，令他们在离开场地之后兴奋不已，然后在电话里和朋友一遍又一遍地咀嚼这莫须有的喜讯。

我因为口渴，走到附近的一家便利店买了瓶果汁。坐在休闲椅上，我听见旁边的两个女人正在谈论这场选秀。其中较为年长的女人是一个选手的家长，而另一个20多岁的女人则是某知名娱乐公司的员工。

这个员工声称自己的朋友曾经带过几个如今大火的女团成员，并且细数了她们能够走红的原因。这家长一边仔细听着，一边时不时拿起手机，在网络上搜索那些她并不熟悉的名字，并且将这些名字一个接一个地记录下来。她说自己的孩子从小就热爱跳舞，自从在舞蹈班得到了老师的肯定之后，便更加坚定了自己的梦想，整天都在琢磨如何才能出道，她却觉得自己的孩子在这方面并没有天赋，倒不如安心学习文化课。她加了这个员工的微信，希望对方能够以业内人士的身份帮助她劝一劝孩子，让孩子及早放弃这不切实际的幻想。

"才华""天赋"，这两个词在艺术领域显得尤为重要，它们甚至超过了"努力"的分量，成为每个人步入艺术殿堂的门槛。我听着这个家长的抱怨，不由得在心里反复问自己：我在自己热爱的事情上真的拥有天赋吗？我可以成为自己想要成为的人吗？我想我没有办法很快回答自己，我所能做的，不过是暂且朝着自己理想的方向奋力奔跑。我不确定自己是否能够跑得很快，也不确定自己是否有朝一日能够跑到终点，但至少，只要我一刻不停，我就可以离我的目标更近一点，不是吗？

3

周日上午，我接到了一个电话，是我的高中同学打来的。他邀请我参加他的婚礼，并且详细询问了我的近况。快要挂断电话的时候，他说："上学那会儿，我曾经喜欢过你。"我愣住了，一时间不知该如何回答。他接着说："我说这话没有别的意思，只是单纯地想让你知道，也算是在结婚之前了却一个心愿。"

其实我心里一直清楚他对我的感情，只不过我始终不愿面对，一直选择逃避。毕业那天，我准备了一份礼物给他，那是迪士尼的一款黑色双肩包，简单大方，很适合他，但是我犹豫再三，还是没有把这份礼物交到他的手上。

我想，如果暗恋是青春中最美好的一件事，那我为何要亲手破坏掉这份美好呢？我不希望我们将来交往、争吵、彼此生厌，更不希望我们最终形同陌路。说到底，我不相信爱情能够抵抗生活中琐碎的烦扰，也不相信两个人能够永远心心相印、毫无嫌隙，所以我只能尽力保持这份感情最初的样子，这样至少若干年后，当我们回忆起往事时，心中还残存一丝甜蜜。

书上说，我这种人格属于回避型依恋，理性、独立、自得其乐，却对关系破裂有着强烈的恐惧。我承认我很容易在心理上受到伤害，所以我不断降低自己对他人的预期，以便镇静地接受他人的恶意。但与此同时，我的泪点变得很低很低，旁人微不足道的善意都会令我红了眼眶。

我还记得最近一次流泪，是因为朋友临别时叮嘱我一个人要注意安全，到家记得打电话报平安。或许这些话在旁人看来再平常不过，它却让我感受到一种久违的温暖，像午后的一缕阳光照在我冰冻的心上，让我开始想要融化。

电影《缉魂》中，张震饰演的梁文超对妻子说，他考上检察官的那一天深感落寞，因为他不知道自己能够和谁分享这个消息，他多希望此时此刻能够有一个人站在他的面前，对他说一句"你做得很好"。

很多时候，我们都希望身边有一个懂自己的人，在自己最脆弱的时候给自己一句鼓励，哪怕这句鼓励听起来千篇一律。我们习惯了在一座陌生的城市里咬牙拼搏，我们忽略自己的喜悲，不停地向前冲刺，装作一副无坚不摧的样子，可是我们心里清楚，自己并没有外表看起来那么坚强。当月光透过窗子照在我们的脸上时，我们依然会感到孤独，依然会感到无助，依然想要逃离现在的生活，去寻找内心深处真正渴望的东西。

总有人问我："你为什么看起来这么积极乐观，难道你相信付出就会有回报，努力就会有收获吗？"我摇了摇头，笑道："我其实从不相信这些，我甚至对人性倍感失望，对周遭充满怀疑。可正是由于我对这个世界怀着极度悲观的态度，我才更容易感到满足。我了解浅尝辄止的美妙之处，也懂得悬崖勒马的人生智慧。我知道喜欢的未必是自己的，也明白得到的未必能抓得住。"

我也曾羡慕过那些任性的人，他们的人生里似乎没有该不该，只有想不想。可是我心里清楚，自己没有如他们一般的勇气，去承担那些任性带来的后果。我只能不停地积攒旁人眼中的优点，争取旁人羡慕的工作，爱上条件最适合自己的人。这是我权衡利弊做出的最佳选择，我没有资格抱怨，更没有资格反抗。

我一直很喜欢海子的一首诗，名字叫作《夏天的太阳》，里面有几句诗非常吸引我："你来人间一趟，你要看看太阳，和你的心上人，一起走在街上。"我每天都能见到阳光，可是我从没有花费过哪怕一秒，停下匆忙的脚步，抬起头来看一眼太阳。我向往真挚的爱情，希望遇上一个真正懂我的人，可是我一而再再而三地把爱情排在生活的最末位，并且时常以世俗的眼光来衡量一段感情的价值。我一边讨厌广为沿用的评价体系，一边强迫自己适应这套丛林法则，甚至享受它带给自己的荣誉与便利。我自以为清醒地活着，却无时无刻不被卷入一场又一场的较量，逐渐在其中迷失自我。

我也曾认真地思考过，如果再给我一次机会，我是否还是会这样选择？答案是肯定的。性格塑造了今天的我，正因为我是我，所以我会忍受那些自己讨厌的人和事；正因为我是我，所以我会追求那些我力所能及的金钱与地位；正因为我是我，所以那些恣意妄为的感情看起来与我相距甚远。我按部就班，我循规蹈矩，我如履薄冰，害怕规划好的人生里出现半点差池。

电视剧《罪梦者》中有这样一句台词令我印象深刻："人哪，最麻烦的，是对自己的选择不甘愿，'被迫'两个字是假的，不是懦弱，就是虚伪。"我想，我不但懦弱，而且虚伪，甚至懦弱的比重要远大于虚伪，而隐藏在这懦弱背后的，是巨大的贪婪。我贪图旁人的掌声与喝彩，所以我只能牺牲掉一部分自由，在这个自己反感的舞台上卖力表演。

苏格拉底曾经说过："未经省察的人生是没有价值的。"然而省察真的能够带来改变吗？我想未必。它只能让一个人更加清楚自己的可悲之处，从而在本以为理所当然的生活中感受到更大的痛苦。正如鲁迅所言，在铁屋中叫醒昏睡的人，只能增添他们的苦楚，加剧他们的不幸。此情此景，睡得香甜，也许才是避免绝望最为明智的选择。

不怕当最后一名

*邱雷苹

每次长跑比赛之前,大家总笑着互相说"慢点跑,都慢点跑",我曾经也试过慢慢跑,毕竟长跑很累,我不想那么累。可就像本能一样,只要看到有人跑在我前面,我就想拼尽全力超越他。

我虽然没受过系统训练,但知道自己身体的各种极限,比如在体能巅峰那几年,1000米跑出3分34秒是我的正常发挥水平,也可以再快几秒,但那样我在冲刺阶段会手脚麻木。如果再快一点,头皮就会发痒,一旦这种感觉出现了,跑完我一定会吐。

我读小学和初中时中长跑很强,从没有我用尽全力跑都超不过的对手。

高一那年,我照例报了校运动会1000米赛跑。我冲班主任拍胸脯,保证拿前三回来。班主任笑眯眯地说:"上场的都是二级运动员,我们班没有体育生,你随便跑跑就行了。"我说:"你看着。"他答:"我会看着,但你别太较真。"

运动会开始了。起跑不久,我就发现在我面前的几个人都显得游刃有余……明明是我最熟悉的节奏,我却逐渐落后,眼睁睁地看着自己落到了最后一名。

我什么时候跑过最后一名呀?我咬咬牙,加快节奏,强行提速。我说过,我无法忍受别人跑在我前面。可是这世界上就是有无论你怎么努力都无法超过的人。

我跑得手脚发麻,视线模糊,可前方的身影也只是离我稍近了些,随着比赛接近尾声,他们也在加速。我那时候脑子里只想着一件事——无论如何,我绝不能跑最后一名!我再提速,那时候手已经没了知觉,动作也变形了,可确实又快了一些。随后我头皮开始发痒,也开始发麻。看台上的声音都听不见了,我都怀疑自己跑的是不是直线。

跑过终点线我就蒙了,大脑从麻到热,然后开始变重,渐渐地走不稳路,最后我直接瘫坐在赛道上开始吐。我就记得一幕——班主任从看台上面跑下来,然后跳着翻过围栏,冲我奔过来。

我忘记自己坐了多久,后来被班主任搀回休息室,喝水——吐——喝水——吐。我的嘴里反复问:"前面的人我超过了没有?前面的人我超过了没有?"班主任说:"结果还没出来。"那时候我脑子一片混乱,都没意识到这不是一眼就看得出来的事情吗?

那次我得了最后一名——跑了最后一名还跑吐了,进了医院。这结局我无法接受,一整天都如坐针毡,最怕有人过来安慰我,说些"努力跑完了就很棒了"这类话。后来我才知道,班主任提前告诉其他同学,不要安慰我,权当什么事都没发生。

他顾及我的自尊心,后来还在我一篇作文的评语里写了一段文字。内容很长,我只记得一句。他说:"除去这次,在你以后的生命中,还会出现许多这样的时刻,你会发现哪怕拼尽全力也改变不了什么。"

我现在懂这句话的意思了。尤其随着年龄增长,我发现自己越来越能容忍别人跑在我前面,慢慢离我越来越远。我们终将接受自己人生平淡的底色,现在想想,坦然接受未必不是一种磊落和洒脱。

只是偶尔,看到有人跑在我前面,还是会有点不甘心。

我会想起当初那个跑吐后躺在赛道上的少年,每到这时我就会想,再努力一下,再努力一下……尤其是,如果知道自己只要付出"手脚发麻""脑袋发重""进医院也行"这样的代价就能达到目的,我觉得也太幸运了。

付出确定的努力就能得到确定的结果,这是多么幸运啊!只是许多时候,看着熬完一夜还毫无进展的文稿,见到苦苦经营也无法修复的人际关系,我还是会不由自主地放慢脚步,然后在离终点线还很远的地方就停下了。

我不会吐了,也不会声嘶力竭,我会从容接受失败,体面地停下,然后继续前行。我不知道这是好还是坏,只是仍然会希望,曾经那个倒在赛道上、不断询问自己最后拿了第几名的少年,别对我失望。

萤火与共，赠我黄金钟

✽ 权 蓉

01

应当是个月夜吧，因为我看到一帮陌生的小孩子推推搡搡、大笑大闹地在院子里踩影子。

突然有个大孩子愣住，接着"啊"的一声跑掉了。然后是一个接一个的孩子扭头去看那个大孩子看到的方向，跟着一个个跑掉了。

只留下一个我，有点不明所以地站在原地。

那是暑假里我被送去姑姑家借住的第一天，还不太清楚那些一起玩的孩子跑掉的缘由。

02

如果他们来得及告诉我的话，我大概也会跑掉，就因为来不及，所以我认识了唐米。

他走到我面前，问我："你怎么不跑？"

我反问："为什么要跑？"

他说："大人没有告诉你，遇到我就要躲得远远的吗？"

我老实地摇头："没有人告诉我。"

03

爸妈开的店生意不好，将雇的厨师、打荷的、跑堂的人都辞了，这些事务全是自己上阵。

他们没有明确告诉过我这些，只是说放暑假，让我去姑姑家住。

那年我九岁，已经隐约知道这是为生计所迫，报不了暑假班，他们没时间照顾我，所以才让我去乡下姑姑家。

唐米比我到乡下的时间长些，我去的那天，他已经在乡下待了快两个月，因为听说新来了一个城里的小姑娘，所以就挪步出来看看。

04

唐米有先天性心脏病，一不小心就喘不上气，人也瘦小，脸色青紫。他被寄养到乡下来，是因为他爸妈出国挣钱去了，等攒够钱回来给他做手术。

院子里的小孩都得到过大人的嘱咐，不要和唐米打闹。唐米不能跑不能跳，当不了马、做不了兵，到了小孩这里就直接简化成：不要和唐米玩。

可能因为我是个安静的小女生，也可能是我喜欢听故事，反正我成了唐米的朋友。

05

曾经到姑姑家是做客，当天就会回去，所以对我来说，那就是体验新鲜生动的乡村生活。而寄住后，我害怕黑夜里空寂的深山，害怕夜里各种鸣叫的虫到我枕边，害怕爸妈把我抛掷脑后、不再接我回去……这些，不能讲给院子里的小孩子，我便只能讲给唐米听。

我俩坐在唐米外婆家上阁楼的那一节木梯上，嘀嘀咕咕，姑姑叫我回家吃晚饭时，我还舍不得走。

院子里的小孩们玩丢手绢、玩老鹰捉小鸡，有时他们组队差一个人，没办法，就把目光投到阁楼上来。入夜，他们去捉萤火虫，怕被大人骂，就让我出面请求大人，直到得到准许。还有院子里明婆婆的西瓜，只有我和唐米去，才能得到两个特别大的来分给他们……

06

慢慢地，因为我这个两面派的存在，唐米和院子里的小孩子也有了交集。

因为我被叫去救场，唐米也不免被邀吹口哨当发令员；捉到萤火虫，也会装到两个玻璃瓶给唐米和我一人一个；因为抬走了明婆婆的大西瓜，他们在酷暑里好不容易挖到野地瓜也要捧给我们一人一份。

院子里的小孩子讲故事的标准配置是《白雪公主》《灰姑娘》《丑小鸭》《睡美人》，知道《青蛙王子》和《莴苣姑娘》的高一筹，再耀武扬威一些的，是知道《穿靴子的猫》。

而唐米，他拥有故事的奇幻王国，故事中的匹诺曹、爱丽丝、尼尔斯、彼得兔、借东西的小人等，他都知道。

07

虽然唐米讲话很慢，讲一会儿还要停下歇歇，但就在这断断续续里，我们集体听完了一个又一个故事。特别是雨天，完全是唐米的故事会时间。不过晴天一到，小孩子又离唐米而去，所以细数下来，还是我听的最多。

那个奇妙的世界不会因父母为生计奔波而不顾小孩子的心绪而飘摇，不会因为寄住要表现得得体谨慎而黯淡，也不会因为和唐米成为朋友被其他小孩叫作瓜丫头而消失。它们闪亮亮地矗立在那里，等着你走进去，敲响黄金钟，然后各个人物、动物出场会聚，开始一场奇妙的魔法舞会。

不要哭，你的眼泪是金豆豆，被老鼠们看见，飞快地来搬走存起来，等积少成多把你淹没得不能动就大事不妙了；要勇敢，你手里的剑只要一直举着，黑骑士们就不敢轻易来犯，等天鹅看到了，就会带领部队来支援……

08

现在想想，那时唐米也不过十岁，比起姑姑的安慰，他的话更深入人心，大概是他有太多次这样的自我安慰。

因为有了唐米，那个七月竟然也变得美妙，以至于"天鹅们"在大暑那天来接我走时，我还心有不愿，申请要继续住到暑假结束。他们完全没有想到会出现这样的情形，因为在寄住前，我还背着书包趴在屋前台阶上拽着大门哭着不去。

后来的每年暑假，我都要带上喜欢的书去姑姑家借住一段时日，直到过完大暑。不管是烦忧或者愁苦，在那里，通通被萤火虫带着放到了银河里。

虽然，唐米早已经不在那儿。

09

再后来，暑假难求，但每年我都要过一过。因为在那一年，在那一天，我终于告别了那个孤单而谨小慎微的自己，甚至，还有之前没有过的些许光焰腾空而起。

那年我九岁，去和十岁的唐米告别。

孱弱却坚定的他说："别哭了，你看你能跑得那么快，只需要再勇敢一点。"

有诗的工地上，夜晚就不会那么漫长

* 刘 鑫

你能摆脱现实吗？

只要闭上眼睛，我就能想到那个场景：在我陕北老家，一座坐北朝南的土窑四合院里，一个50岁的老艺人，伴随着三弦和竹板的古朴旋律，在五六十名观众的围观下，开始说《三个女婿拜丈人》，村民凑在台下，有说有笑，嗑着瓜子，小孩子跑来跑去，只有我在人堆里听得如痴如醉。这是我最早被文学打动。

"文学"这个词太大，一个小孩子可能也扛不住。我只是朦朦胧胧感觉，我喜欢听故事，那些文字和情节像清晰的刺，能扎到我。我们老家有陕北说书，老先生台上讲一遍，事后我立马能复述给其他孩子，丝毫不差。在学校，我成绩特别差，唯独作文出色。30分的作文题，我每次都能拿到25分以上。

一个人到了我这个年龄，再从童年挑选光辉时刻，实在幼稚。可这一刻是我文学梦最真切的物证。上初中时，语文老师一进门，就问全班同学："你们觉得，学习成绩差的人能不能写出好作文？"大家齐声答："能。"老师在门口一笑，目光越过众人，嘉许地看了后排的我一眼，开始朗读我这篇名为《我的班主任》的作文。我自顾自心跳加速，坐都坐不住。

老师也说过，考不上高中，写作文再好也没意义。是的，从初中辍学开始，我开过压路机，做过保安、传菜生、宽带接线员、司机、电工，后来又在弟弟的建议下去开装载车。我成了一个真真正正的农民工，在我的老家神木市，在纵横交错的黄土高原上，我为养家糊口而挣扎。我觉得这不该是我的生活，那一点文学梦始终在够不着的天上勾引着我，像一种悸动。但现实蛮横，不可能照顾我这么细小的不甘心。

那个小学作文里常用的比喻，像预言一样划过我的少年时代。很久以来，我一直觉得脑子里好像有两个小人在吵架。一个问："你难道就一辈子这样吗？一辈子打工吗？"另一个问："不然你想怎样？你能干什么？你能摆脱现实吗？"

我后来写了一首叫作《胆小鬼》的诗,描述自己这种纠结:"害怕/所以不敢改变/骨子里怯懦/不确定的未来/没有勇气突破/不甘心/又能怎样/没胆量/就只能回到老路上/一个姓胆/名叫小鬼的家伙/住在心上"

读诗的夜晚不会那么漫长

20多岁的时候,我感到自己的压力到了一个关口。作为一个男人,现实无时无刻不在提醒我的失败。我没有挣钱的本事,和老婆结婚的时候一穷二白,只能租住在一个十几平方米的小房子里,除了床没有别的家具。有时候出门在外,我想买点东西,却连几块钱都拿不出来。外边还有一两万的债务,这些数字差点把我生生压垮。

那时弟弟看我困难,介绍我去工地开装载车,生活才迎来一点转机。我找亲戚借了三四万,买下一辆二手装载车,开始四处跑活儿。我每天拼了命地干,试图用汗水浇湿生活里过于灼热的苦闷。

30岁时,我接到一个特别危险的项目,开着装载车在一个悬崖边作业。我怕得不行,但还是咬咬牙接了,结果干着干着,车突然脱挡,车屁股的配重部分猛向后摆,拽动整个车直接往悬崖方向栽了下去。我几乎是下意识,在一两秒间,推门跳车了,随后就听见"哐哐哐哐"四声巨响,装载车连翻四个跟头,坠落在崖底。我死里逃生,当时心里第一个念头是完了,我借钱买的装载车恐怕报废了。

我此前写的一首诗《堕落》,无形中成了这次事故的谶言:"你站在悬崖边上/你闭着眼睛往下跳/你以为你是在飞吗/你不是在飞/你是在坠落/你会掉入无底的深渊/你会粉身碎骨"

现在翻出来这首诗,我只觉得后背发凉,冷汗直冒。

好在那辆坠崖的车没报废,工地赔了9000块钱,我们又搭了小几千,把它修好了。陕北是一个冬季漫长且特别冷的地区,我们这些土方作业的工人,每年只有4月到9月的时间能工作,其他时间就待业在家。

在缝隙里,我一直没忘了自己的文学爱好,某种程度上,那是我唯一的一点光。我用闲暇时间把

神木市的十几个书店都走个遍,经常读书、读报,从那里寻找自己的精神寄托。比如海子的那首《面朝大海,春暖花开》,很多人喜欢里边这一句"我有一所房子/面朝大海/春暖花开",但我最喜欢的是"陌生人/我也为你祝福/愿你有一个灿烂的前程"。我感觉海子是一个特别善良的人,就像在耳边告诉我要勇敢。

那时我发现,把喜欢的诗歌朗诵出来,变成自己的声音,有一种奇妙的快感。一有机会,我总爱来两嗓子。有时候开装载车作业,驾驶舱里也没有别人,我就在飞扬的尘沙与轰隆的发动机声中,大声喊几句《将进酒》:"天生我材必有用,千金散尽还复来。烹羊宰牛且为乐,会须一饮三百杯。"工友在底下看我大张着嘴,摇头晃脑的,就去问老板:"这个人是不是有神经病?"

有时候遇到夜班,在陕北辽远的、深紫色的夜幕下,我也会偷偷读自己写的诗,一个个难挨的夜晚才不会显得那样漫长。

当一个转机莫名闯进生活

一开始,我没有在短视频软件上读诗,而是跟别人一样,在上面看搞笑的段子打发时间,或者自己拍摄一些方言段子,也积累了几千个粉丝。

转机发生在2019年夏天,有一天,我在工地上看见很多砖,一车接一车,拉来卸下,摞成高高的立方体,估计有好几万块。我忽然发现这些排列整齐的砖,很像书店里一架一架排列整齐的书籍,这工地也不再是工地,而是一座巨型的书城,或者露天的图书馆。

于是一个灵感自己蹦出来:开"卷"读诗。我把两块板砖沿长棱合在一起,在手掌上打开,如一本打开的厚书;我找来两部手机,一部用于录制,一部用于提示,搜索了《再别康桥》,藏在两块打开的砖里,从"轻轻的我走了/正如我轻轻的来"开始朗读。这条视频不知怎么突然火起来。许多网友纷纷猜测,我两块板砖里到底藏着什么,是书?是纸条?还是手机?

一开始,看着几乎是往上飞的流量,我很惊喜,又有点迷茫。冷静下来,我猜测那个打动大家的点,

可能是我本身是一个农民工，再加上这些年风吹日晒，生活重压之下，我一个30来岁的青年男人，又瘦又黑，胡子拉碴，倒像一个50岁的大爷。再配上我那时不时让人跳戏的、前后鼻音不分的陕北普通话，形成独有的魅力。

《再别康桥》的朗读视频发布一个礼拜后，短视频官方给我发来私信，说我这条视频特别好，可以上热门上头条。我也不知道什么是热门什么是头条，就加了短视频老师的微信，他们把我的视频推出去了。后来一个朋友突然转给我一条视频，里面是央视主持人海霞老师，她在向全国观众介绍我的视频，还说希望有机会能找我切磋切磋朗诵心得。我当时看完根本不敢信，还以为这条视频是别人剪辑出来搞笑的。

有人问我："你朗读这些古诗有没有什么技巧？"我觉得影视剧和书籍，其实都能给我们提供参考。比如说《短歌行》，你读《三国演义》，看看你心中的曹操是什么样的，再看看影视，无论是老版电视剧里的鲍国安老师，还是新版《大军师司马懿之军师联盟》里的于和伟老师，都演绎得特别好。我们可以先从模仿入手，然后再结合自己的理解，揣摩曹操的心理状态，比较干净利落地把它朗读出来。那一刻，你就是雄心万丈的曹操。

2019年，我的粉丝达到14万，2020年则突破30万。经短视频官方推荐后，粉丝数一路升到现在的80多万。我开始清理之前一些不太好的段子，只留下读诗的视频。以前纯粹是自娱自乐，现在粉丝多了，我觉得这大概就是我的方向。在虚拟的网络世界里，我找到了真实生活从未有过的荣耀和志同道合。

从自媒体到央视，跟做梦似的

我有一个朋友，之前在学马头琴，有一次在一个音乐场合，见到了周杰伦。我问他："你见到周杰伦什么感觉？"他说听到这个消息已经特别期待，等到后来距离周杰伦只有几米远的时候，内心的震撼是难以形容的。

这和我上央视见海霞老师很像。以前我就在《新闻联播》上看过她，还模仿过他们新闻主播的播音腔。想到要去央视见她本人，我就跟做梦似的。带着老婆孩子从神木到北京的途中，我一直感觉不真实，紧张得连胡子也忘了刮，头发也没顾上理。

上镜前我一晚上没睡好，一直在进行自我平息。等到和她进到演播室，我坐在椅子上，突然就不会说话了，极度口干舌燥，嘴都粘住了，舌头贴在上颚，下不来，我就跟下面的老师说："给我口水喝吧。"喝了以后才好一些。现场朗诵《再别康桥》，本来我会的，都读错了，第一句读成了"轻轻的我来了"。

但海霞老师一直笑得特别可爱，整场节目做了一个多小时，我的心情渐渐舒缓下来了，我还现场给大家唱了一首我们陕北的小调《羊杂碎》。发到短视频上，大家也都挺喜欢的。我觉得自己是一个有梦想的土豆，也许放在农村，就只能做洋芋擦擦，但来到大城市里，它就成酸辣土豆丝了。

参加完央视这期节目，又有几家电视台也邀请我去参加节目，给大家读一读诗歌。我从来没想到，自己有朝一日竟能登上电视台。

现在，很多人以为我发达了，纷纷说我这么火，没挣几千万，也得挣个几百万。其实，我的自媒体全部收益加起来，就是十万左右的样子。现在我开了五年装载车，收入渐趋稳定，再加上自媒体的收益，生活状况确实有所好转，一家人在神木租的房子，也由十几平方米的小屋子，换成了年租金一万的一室一厅，还买了面包车和电动车。

我仍然不满足于现状，但是回望这些年走过的路，经历的种种困难，我觉得该抱有一个随遇而安的生活态度，生活要有计划，但随时准备好迎接变化。

每个人内心深处都有个湖，你拿一颗石子丢进去，会溅起水花，会掀起波浪，但湖面终会归于平静。这就是现在的我，虽然拥有不少粉丝，上了几个节目，但我还是我，还是那个每天在朋友圈发"专业挖土窑洞，出租大小挖机、20装载机，联系电话：×××××××××××"的工人。

有时候望着工地上排列整齐、宛如书架一般的砖垛，我也幻想有朝一日，能不能拥有一间属于自己的书房，我要把我喜欢的诗集、小说，摆满整间屋子，像工地上那几万块红砖一样，一车接一车拉回家。那时候，我会专门开一场直播，告诉朋友们：我有一间书房，面朝生活，春暖花开。

练习册
lian xi ce

人是一根会思考的苇草

失去是一种什么感觉?

※ 韩浩月

少年时我有一段时间喜欢收集古钱币,用集邮册子装满了几册,小铁罐子又装满整整一罐。我并不知道那些古钱币值多少钱,但每次一枚枚地摆出来欣赏时,总觉得自己坐拥天下财富。

有一位比我大几岁的朋友,他也同样喜欢收集古钱币,且拥有不少的藏品。我们经常交换一些重复的钱币,他送我一个,我送他一个,这样很公平。

但时间久了,他开始尝试向我要一些他没有而我有的"独家"钱币。那时我有"慷慨"的习性,并以此为荣,内心也看重朋友,觉得送他一枚也无妨。于是,慢慢地,我集邮册子里的内容开始变少,一些成套的钱币,也变得不再整齐。

在那位朋友向我要走我最珍视的那枚钱币时,不知为何,我做了人生当中头一回脑袋一热的决定,把所有集邮册子和那个铁罐子都送给了他。他大喜过望,眼睛闪闪发光,连一句"是真的吗"都没有问,就开心地把那些钱币抱走了。我在体会了几秒钟因"豪爽"带来的快感后,内心先是揪疼了一下,然后是塌陷般的空洞与失落。

许多年之后我才知道,那种感觉叫"失去"。

我在十七八岁时开始写文章、发表文章。第一次发表的是一首诗,短短十来行,被我从报纸上剪下来,贴在A4纸上,装进文件夹里。这样的动作我重复了十多年,数不清有多少文件夹被放在床底下,摆在角落里。

有时候我会随手抽出一个文件夹来,翻阅那些剪报,为上面印刷的那些内容感到羞赧,觉得写得不好,许多文字还显得有些幼稚。但这样的翻阅,一直持续了好几年。我在翻阅的过程中,能看到以前的自己,去过哪些地方,走过什么路,有过什么样的心理成长。

直到有一年的一天,我忽然厌倦了自己过去

写的所有东西，于是把那些文件夹搬到小区门口的垃圾处理处，先是一张张地抽出来烧掉，然后一整本一整本地扔进了火堆里。我的心里有股说不出的滋味，似曾相识。

那也是一种"失去"的滋味。

我出生在一个贫困的家庭，青少年时期过着混沌、苍白的日子，常年两手空空，很少体会到"拥有"的充实。因为拥有的不多，所以也无所谓失去。在漫长的奋斗岁月，我都需要通过辛勤劳作来填补内心的恐慌，顾不上什么得到与失去，只是不敢荒废时日，担心被生活的泥淖拖住，难以拔出脚来。

现在回忆起来，有关"失去"的这两件往事，其实更多的是一种"告别"。告别为物所累，为虚荣所累，把心灵当中那些膨胀的占有欲以及某种沾沾自喜的东西彻底地清除掉。想要走得快一些，就不要穿沉重的鞋子。我不能把那双沉重的鞋子穿在脚上、带在身上，这有违内心追求轻灵生活的渴望。

如果这种"告别"非要用"失去"来形容的话，我也可以描绘出那种感觉：在"一掷千金"之后的虚空里，在燃烧的火焰里，在清晰可辨的痛楚中，可以看到一个人，并没有因为失去而一蹶不振，也没有因为失去而变得愈加贪婪。"失去"如同一块橡皮擦，可以轻轻擦掉生命里那些淡淡伤痛的刻痕，擦掉内心里那些隐约可见的污垢。

我把这种感觉讲给一个朋友听，他听后久久不语，然后说了一句，你那都不算什么失去。

他在一天清晨收到一条消息，许多年前曾与他深深相恋的一个女人去世了。他认为她是这一生对他最好的一个女人，但两人未能走进婚姻。

他花了一周的时间才肯接受这个现实，平时要装作一切如常的平淡样子。那天他开车行驶在宽阔的高速公路上，空气很好，蓝天白云，收音机里的音乐很美，想到再也不可能见到那个人，而那个人再也没法和他一样，来感受这美好的瞬间，这个中年男人在车里痛哭失声。

他说："这才是真正的失去。"

那个人虽然一年半载见不到一面，但只要那个人活着，总还是有见到的机会，总还能问个好，总还能在白发苍苍的时候，互相嘲笑一下过去。他以为，所有人的生活都应该是这样的，平淡无味，但都顺着轨道往下正常地走。

你不会想到，曾经那么美好的一个人，你拥抱过她，她的头发曾滑过你的面庞，你们之间有过青葱往事，也有无奈与遗憾。但转瞬间她就消失了，甚至连消息都没有告诉你，连一句话都没有给你留下，你根本不知道在最后的时刻，她想过什么，有过什么样的愿望，她根本连告别的机会都没有给你……

《少年派的奇幻漂流》中最让人难过的是结尾，老虎在走向丛林深处时，派一直在海边苦苦地等待，期待老虎能够回头看他一眼，但是没有。"我猜人生到头来就是不断放下，但永远最令人痛心的，就是没有好好地道别。"一定会有一些观众，听到这句电影台词后，在黑暗的影院里，要努力抑制眼泪才不至于失态。

相比充满遗憾的生离死别，生活中绝大多数的"失去"的确都不能算"失去"，也不能算"告别"，最多算一种"选择"。

如果可以重新选择，也一定会有人选择保存好生命里曾经珍爱的一切，哪怕有所负累，也不要失去。

人活一辈子，拥有的本来就很少，不要轻易地失去什么，失去就很难再找回来了。

你不可能总拿一手好牌

❀ 文长长

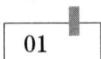

我跟朋友聊天，聊着聊着，她突然很伤感地说："我现在没有一件事是顺利的，爱情、学业和前途，都是混乱的。"

她喜欢一个男生，却迟迟等不到他的回应。马上要毕业了，她还不知道毕业之后干什么，晚上还会失眠，她觉得自己诸事不顺。

我说："慢慢努力，慢慢熬，总会变好的。"

朋友说："我很羡慕你现在的状态，清楚地知道自己想要什么，总是那么顺风顺水。"

可是，我也有被发到差牌的时候，只是我一直坚信否极泰来。

我最喜欢的一个故事是《塞翁失马》。"塞翁失马，焉知非福"，一件坏事，不一定只是坏事，在一件坏事的后面紧接着的，可能就是好事。

这个故事，从小学陪伴我到现在，其中的道理我依然是坚信的。

读高中那会儿，每次数学考得很差，我难过十分钟之后，总是安慰自己说："没事的，这虽然是一件坏事，但这次考差了，接下来我好好努力，下次我肯定能够考得很好。"

然后，我一边努力学习数学，一边用这个故事继续安慰自己。这不是自欺欺人，而是一边努力，一边鼓励自己。

这个故事对我还真的很管用。我不但没有丧失对数学学习的信心，反倒更努力地学习。我一直抱着的信念是，下一次我的数学成绩肯定会进步的，下一次我的排名也会进步，我的成绩会慢慢变好的。最后我的数学成绩真的很不错，仅次于语文。

那时候的我，相信坏事的后面肯定会跟着好事。我也相信，一件事太好了，不要得意太早，说不定这并不是好事。

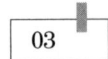

高中时，在语文老师的带领下，我开始向杂志社投稿。慢慢地，一篇篇文章被选上了，我很开心地回家跟我爸爸说："你看我多厉害！"我爸却说："你还是要以学习为重，快要高考了，别花太多时间写作了。"

当时，被喜悦笼罩着的我，得意忘形，并没有看到这一点。可是，当一模试卷发下来，我看到自己文综只考了 162 分——三门加在一起才 162 分！

经历多了，想的事情也多了，才发现，一件好事不可能是纯粹的好事，就像《塞翁失马》中老翁的儿子有了马，但是也给他们带来了磨难，反倒丢了马，带来了好事。

任何事物，好坏都是相对的，我们所遇到的事，都是如此。

好事并非一定好，坏事也不是绝对坏。我们不需要因为一时的不顺觉得沮丧，也不能觉得一路走下来太顺心而得意忘形。

当然，我们也没必要觉得所有的好事都不是好事，因此失去快乐，去担心未知的坏事。顺与不顺，

都是人生的常态，我们要认识到这一点，去努力追求更好的。

04

上学那会儿，我被班上的两个女生孤立。她们故意为难我，到处说我的坏话。最开始，我很介意她们的不喜欢，我忍不住想："为什么我这么倒霉？不能像别的同学那样单纯学习，得整天承受这样的煎熬？"

后来，身体里面自带励志体质的那个我出来了，她一遍遍地告诉我：这是上天给我设置的磨难，磨难过去了，我就会变强，就会遇到好事，而在这一磨难中我学到的东西，肯定是对我有好处的。那些杀不死我的，只会使我更强大。

我渡过了难关，我学会了不去讨好人，我学会了与自己相处，与自己和解，最重要的是，那"坏事"成了我人生中很重要的经验，它既是我现在写作的一个素材，也教会了我怎么与人相处。

这里我所要说的坏事，并不是这件事真的在本质上不好，只是与我们的意愿不相符。这样的"坏事"，我们仍然能够从中学到很多对我们有益的东西，而这些将会帮助我们以后遇到更多的好事。

每个人的一生中总会有那么一段很难熬的岁月，那时，我们会在心里想："老天凭什么要让我承受这么多的磨砺，是因为我看起来比较好欺负吗？"

前不久，我就有过那么一段苦闷的时期。

那段时间，我完全找不到写作的感觉，被拒稿成了日常，网友也不再追捧，知名的网站也不再争相转载。我因此非常焦虑，我怕自己失去了对文字的敏感度。

我一直在心里告诉自己，这是天将降大任于我，这是对我的考验。目前最重要的三件事：坚持、坚持、再坚持。这个世界还是承认努力的，终于，我有篇文章在微博上被转载了，文章有了一定的热度，但随之而来也有好多不堪的骂声。那是我第一次面对网友的抨击，毫无防备，我就像个委屈的孩子，哭得稀里哗啦。我情绪激动地跟吴老师说："我做错什么了，他们凭什么要骂我，我没有做任何伤害他们的事啊！"

吴老师很耐心地开解我，举各种例子让我知道，其实没什么大不了的，不喜欢你的人有一些，但是喜欢你的人更多，"其实换个角度想想，这也不是坏事，因为你文章写得好，才有更多的人知道，才会有人因为嫉妒抨击你，一切都是因为你有热度。"

最后，我被这句话逗笑了。

是的，换个角度想，坏事也可能是好事。只要一直努力，坏事的后面也许就会有惊喜。

05

就像朋友说的那种不顺，我也会有：感情危机，学业压力，生活无趣，甚至是文章的浏览量达不到预期，粉丝的增长速度不如别人……这些事都堆在一起，无形中会形成巨大的压力，有时，真的很想痛哭一场。但哭有用吗？！

生活，有顺风也有逆风，但从来不会是一帆风顺。天气会变化，风向也会变化，生活充满了不可预测的变化。

觉得焦虑、麻烦的时候，就好好沉淀自己，好好想清楚自己到底要什么，不要忘记了要努力和坚持。事情多了，就一件一件地解决，先解决急迫且重要的，然后是其他的，千万不要因为焦虑而变得烦躁，把事情处理得一团糟，那样只会更加焦虑。

生活需要我们一次次见招拆招，不顺真的是生活的常态，但那又有什么关系呢？世上真正厉害的人，不是总能拿到一手好牌，而是哪怕拿到的是一手烂牌，却能够赢得漂亮。

我离初心最近的那一天

* 张经纬

1

我刚上高中时，我的语文老师是一名刚毕业的大学生，她第一年带学生，很有干劲，也愿意尝试新方法。换句话说，我们是新兵蛋子，她是新官上任，我们互为对方的"小白鼠"。新老师充满朝气，准备让我们提前体验一下自主研究的氛围。别的语文老师让学生抄课文，她让我们自由发挥：每周抽出一节语文课，让一名同学上讲台花20~30分钟，分享一本对自己影响最大也最想向其他同学推荐的书。

几年以后上了大学，我知道这种形式叫作"读书会"。可是那会儿大家刚上高中，多数人看过的课外书也就是《龙珠》《哆啦A梦》等漫画书，看过《西游记》《三国演义》等名著的就算"读书小达人"了。以前在座位上读课文、上讲台念优秀作文是常有的事情，但上台当老师，给同学们推荐课外书，介绍一本书的主要内容，还真是破天荒。

来到新班级，见到新同学，每个人都想给老师和同学们留下一个好印象。介绍一本既有格调又能镇住同学、吸引他们眼球的书，真是难住了我们这些"中二"少年，尤其是我。

作为一个"高能"的"中二"少年，我曾给自己起过一个厉害的称号：没有音乐和体育部分的百科全书。然而，这除了暴露我音乐不行、体育也差，没有给我增加任何光环。对于一名中学生而言，这意味着我已经和所有"拉风"的领域保持了绝缘。

所以，为了捍卫最后的尊严，我决定抓住这根救命稻草。按照学号，我在男生中间排在第9位，按男女交叉的顺序，轮到我时，已经是半个学期以后了，所以我可以先看看同学们是怎么操作的。

2

有一位后来移居大洋洲的女生当年是刘德华的粉丝，在周杰伦已经红遍亚洲的那个年代，她是我见过的最后一个捍卫刘德华江湖地位的中学"忠粉"。在她还没登台之前，我们已经猜到她要推荐的是什么类型的书了。一本全书不超过两千字的刘德华写真，愣是被她品读出了世界名著的味道。这让我从此以后再也没有小觑过粉丝的力量，同时也放弃了人物传记这个类型的书。

过了两周，另一位同学上台，他向大家推荐的是《三刻拍案惊奇》。等他脑门冒汗地说满20分钟，正准备下台的时候，毕业于古典文学专业的语文老师立马站出来指出其文学常识错误：明朝最经典的话本小说合称"三言二拍"，"三言"的作者是冯梦龙，"二拍"的作者是凌濛初，并没有"三刻"。

机会是留给有准备的人的。正当那位同学在台上不知所措、语文老师进行现场教学之际，我突然"人肉小百科"附体，跳出来怒刷了一波存在感。我向全班同学宣布，《三刻拍案惊奇》确有其书，作者不是凌濛初，而是一个化名"梦觉道人、西湖浪子"的人。这本书的作者之所以没有以真名示人，就是因为书里的内容有几分低俗，上不得台面，所以不为太多人所知。

我的惊人之举显然没有受到语文老师的赞许，好在她只说了一句"大家要多读好书"，就把我们放了过去。讲台上的同学并没有感激我的仗义解围，哪怕我成功把火力引到自己身上。邻座和后排的同学纷纷挤眉弄眼地问我："书里的低俗内容你是怎么知道的？"

这个问题让我无言以对,但让我最终决定放弃推荐小说的是一周之后的分享会。当时班里一个比较调皮的同学以略带成熟的得意语调,给大家介绍了《挪威的森林》。他在做完故弄玄虚的分享之后,故意说了一句:"这本书里也有一些低俗的描写。咦,张同学你为什么笑得如此欢乐?"

他成功地把火力再一次集中在我身上,让我又一次被"黑"。于是,我便下定不推荐小说的决心,放弃选那时刚看完的《白鹿原》和《穆斯林的葬礼》,我要选一本让所有同学震惊的书。

轮到我做分享的那天上午,风轻云淡,夏意微酣。我大步走上讲台,在黑板上写了7个大字:实践社会学教程。然后我转过身,从容地拍拍手上的粉笔灰,摊开了我摘抄的读书笔记,说:"同学们,今天我要和大家分享的这本书叫作《实践社会学教程》。首先,我们来讲一下,什么是'社会学'。"

其实很不幸,十几年过去了,我一度以为这本书的名字就叫《实践社会学教程》,直到后来觉得有必要买一本时,才发现不管我用怎样的关键词组合在网络上搜索,出现的书目都不是我当初印象中的那一本。再后来,搬家导致笔记本遗失,记忆变得更加模糊。

只记得,初三升高一的那个暑假,我在中学图书馆里借到了这本几乎没人翻看的"厚书"。作者是两个美国人。他们告诉我世界上有一门叫作"社会学"的学科,从此为我打开了新世界的大门。"社会学"这个学科,比其他所有学科都更加吸引我,让我头一次发现,有一个可以观察身边世界的崭新的窗口,那些报纸上的社会新闻,原来可以用一些非常酷的专业术语来描述、归纳。

我在黑板上又写下3个名字:马克斯·韦伯、奥古斯特·孔德、埃米尔·迪尔凯姆,并郑重地向同学们介绍这3位社会学奠基人。

之后介绍的是社会构成、社会分层、社会化、社会变迁、社会问题、越轨、互动……这些都是社会学的基本概念。那些名词在之后的30分钟里,从一个"中二"少年的嘴里一个个往外蹦,就像一粒粒爆米花从一台热闹的爆米花机里蹦出。

台下鸦雀无声,连语文老师也默不作声。我觉得这如果是一部青春电影的情节,就应该抹去主人公的所有声音,全程播放一段美妙的钢琴协奏曲;画面中是一个乳臭未干的男孩,有着一本正经、煞有介事、高度认真的表情,再配以男孩手舞足蹈、在黑板前挥洒着粉笔灰和唾沫的慢镜头。他仿佛一支乐队中自我陶醉的指挥家,忘情地挥舞着手中的指挥棒。

我用了足足30分钟,给全班同学指点完"当代社会问题及解决方案"之后,合上了我那本后来失踪的笔记本。语文老师和同学们都犹豫了一下,教室里既没有掌声也没有其他声响。直到我高声宣布我的理想是当一名社会学家,然后径直走下讲台,回到座位上,大家才意识到,这场"超现实主义"的读书分享会终于结束了,随后响起了零星的礼貌性的掌声。

语文老师点评:"张同学很有社会关怀,希望今后能多结合实际思考问题,同时也要增加人文知识的积累和训练。以后上了大学,就能实现自己的理想。接下来我们继续学习归有光的《项脊轩志》……"

我依然沉浸在我的《实践社会学教程》里,不记得那节课最后一刻钟的《项脊轩志》讲了什么。只觉得那一刻,自己完成了一项了不起的事业,成了一名有真才实学的社会学家。就像刘德华的那个粉丝,相信自己有一天会和刘德华在同一个剧场呼吸,读《挪威的森林》的同学至今保持着对村上春树获诺贝尔奖的信念,我们都相信,自己有着最受上天庇佑的理想。

没有想到的是,这是我之后的许多年里和社会学关系最亲密的记忆。虽然我填高考志愿时把社会学专业放在了第一位,可后来被兰州大学历史文化学院录取。几年以后,我在历史学、社会学、文学、心理学、考古学之间找到了一个微妙的平衡点——成为一名人类学家。人类学这个有社会学、历史学各一半血统的学科,现在成为我名片的一部分。

只是,我与其他人类学家最大的不同,是我的理想之火,可以追溯到20年前那个响起稀稀拉拉掌声的语文课堂。

不懂之刃

*朱成玉

荷尔德林30岁时,依然不得不作为一个贫穷的家庭教师和到处流浪的可怜虫在别人家的饭桌上吃饭。他像个大男孩一样,感谢母亲和祖母送来的手帕和袜子等必需品,而且还不得不忍受这两个对他失望的人温柔的、一年比一年更令人心痛的指责。他痛苦地听着这指责,绝望地对母亲叹道:"真希望您能让我安静一会儿。"但是他不得不一再叩响那扇在这充满敌意的世界上唯一对他敞开的门,并一再向她们发誓:"你们要对我有耐心。"最后,他终于伤痕累累、精疲力尽地倒在了门槛上。

母亲伤心至极,如果可以换回来他的命,她宁愿一辈子做个哑巴。她真的不懂他单纯又深邃的心啊!而这世间,能懂他的人,也是寥寥无几。

法国著名作家罗曼·加里作为一个正直的作家,以笔为武器,对所处社会的弊病和痼疾一直进行无情揭露与深刻剖析,但战后的社会状况与曾经作为战斗者的作家期待的局面相距甚远。社会矛盾空前激化,他深感自己的笔挽救不了社会,渐生弃世之心,在66岁的时候选择自杀身亡。但是关于他的死,还有很多其他的猜测,有人说他是玩腻了。他的人生可谓精彩纷呈,他出版了很多书,享誉世界,两次获龚古尔奖;当过飞行员参加过战争;当过外交家;当导演拍过电影;和好莱坞女影星有过婚外情;和爱人环游世界……这些经历一个人恐怕几辈子才能做到，他66岁前都做到了，他的人生哲学恐怕这世界上没几个人能通晓。可能真是觉得人生没什么动力了，也就想告别了。

也有人认为，他用化名再一次获得龚古尔奖后，内心一直不安，真相一旦暴露，不理解罗曼·加里初衷的广大读者会误解他为欺世盗名，对龚古尔奖的几位德高望重的评委的自尊心也会造成伤害。随着时间推移，这种心理负担愈来愈重，要让社会明了自己的本意，让崇尚名气的陋风有所收敛，似乎只有一死最见诚意。

对于罗曼·加里真正的死因，我们与其说是不知晓，不如说是不懂。

和尚跟屠夫是好友。和尚早上要起来念经，而屠夫要起来杀猪。为了不耽误各自的工作，他们便约定早上互相叫对方起床。多年后和尚与屠夫去世了，屠夫去了天堂，和尚却下了地狱。屠夫天天做善事，叫和尚起来念经；相反，和尚天天叫屠夫起来杀生。

你做的事情往往都是你认为对的，却不一定是对的。

一只猴子看到河里的一条鱼正在漩涡里挣扎，就把这条鱼从水里捞出来，放到岸上，这是猴子的好意，但是对鱼有什么好处呢？

有位90多岁的平庸老人，每天都从我的家门前走过几趟，我体会到了时光在他身上留下的痕迹。但是每次坐在墙根下晒太阳时，我都看得到他的微笑。不是苦笑，不是生硬的笑，是淡定的、迷人的笑。我不懂，一个坐在死亡门槛上的生命，如何能笑得如此从容。

我不懂，所以在心里认定了，选择长寿就是选择了漫长的衰老，选择了一种煎熬。

米粒儿做事缓慢，喜欢磨磨蹭蹭，一点儿痛快劲儿都没有，常常惹得我们发火。比如早晨，我急着上班，她急着上学，老婆一边做早餐一边给她准备衣物，还要给她梳头，常常手忙脚乱。她却总是没个着急的样子，照样慢悠悠地洗脸、刷牙和吃饭。为此，她没少挨我们的训斥。

那天放学，碰到米粒儿的老师，聊了几句。老师和我说，米粒儿有一个最大的优点，就是不管多大的事情，都能做到云淡风轻。这种淡定从容的心态，在未来的路上一定会对她有特别大的帮助。

啊？那不是我们一直厌弃并想让她尽力改正的缺点吗？

约翰·列侬5岁时，妈妈告诉他，人生的关键在于快乐。上学后，人们问他长大了要做什么，他写下"快乐"。人们告诉他，他理解错了题目，他告诉人们，是他们理解错了人生。

多少人的不懂，如刀刃，把人生切割得支离破碎。

人生，说白了是自己一个人的一生，让自己快乐，让自己的心灵得到妥帖的照顾，就是最好的一生。

负能量是个好东西

* 王路

我读小学的时候,我们县城还没有辅导班,每到寒暑假,除了学校布置的作业外,我爸还会另布置作业给我,通常是一天写一篇作文。我写过头三天之后,就会什么也写不出来,于是冥思苦想,东拼西凑,拿给我爸看时,他会说:"前面两篇还能看,后面就越来越差劲了。"

他有时候去朋友家做客,回来后就对我说:"我今天看了××的作业了,人家比你小两岁,水平却够你学两年的。"我自然很不服气,心里憋了一股劲儿,想扭转这种评价。

三年级的时候,学校作文竞赛,我拿了一等奖,这消息我并没有给家人说,而是把得奖的那篇作文重新抄在作业本上,故意忘在我爸看得见的地方,然后背起书包上学去了。放学回来后,我发现作文后面被我爸批了四个字:一塌糊涂。

今天,我和朋友圈的人聊起各自小时候的故事时,他们会觉得我爸过分,因为他们从小到大在家听到的都是表扬和鼓励,很少被家长严厉批评。在他们看来,我爸带给我的都是负能量,但他们不理解的是,我爸一直对我有太高的期许,爱深责切,才提出近乎苛刻的要求。

我对他们说,如果没有那些负能量,恐怕今天我就没有机会和你们坐在一起聊天。假如你们不是从小在北京长大,不是在中国人民大学附属中学、北京市第八中学这些地方读书,而是像我一样,在小县城长大,在一所连实验室都没有的中学读书的话,没有负能量激发你,你就不太可能走得出来。

那些和我在同样的环境中成长起来的人,时至今日,仍不甘心过一种庸碌的生活,屡遭挫败,仍对未来抱有极大的信心,颠沛流离,仍对理想抱有热情与期望,没有哪个是在正能量的庇护下

长大的，相反，他们都是在负能量的激发下长大的。

正能量的关怀适合坦途上的赏花者，而负能量的刺激适合绝壁的攀登者。假如我想要正能量关怀下的成长模式，也许出生在发达国家会好一点。不过，如果投胎时有模式可选择的话，我很可能仍然会选择出生在中国，出生在普通家庭，和现在一样。这大概就像打实况时总有人会选中国队一样，喜欢困难模式。

我所在的高中学制平均四年，因为很多人复读，有些人复读了不止一年。复读班我们叫作高四。每当高四开学的第一天，班主任就会对大家说："没有读过高四的高中，是不完整的高中；没有读过高四的人生，是有缺憾的人生。"

我也有一位同学，心气太高，非清华北大不读，当年也黯然折戟，读了高四，其间不得不忍受周围的各种负能量声音："一直都说他成绩好，结果别人都考上大学了也没见他考上。""清华不是那么好考的，以为自己有点小聪明就敢报清华了？"他高四之后去了中科大，后来在美国攻读博士，想来早已不再执着于清华北大了，而老家那些人，到今天仍然将清华北大奉为一种传说。

每一个从负能量包围圈中成功脱逃的人，中间忍受的辛苦、心酸都是无法对外人言明的。而一个人每次对自我的极大突破，莫不是源自孤身从负能量的十面埋伏中杀出。这个过程对你胆气、心力的锻造，足以让你脱胎换骨。

当然，你也可能就此挂掉、沉沦、被征服。而万一绝处逢生，它给你带来巨大的快感能让你瞬间顿悟成长的真谛。当你一个人干掉要吞噬你你的整个负能量集团军时，那种成就感绝非正能量的鲜花、掌声、赞扬能比拟。一场惊心动魄的逆袭要比毫无悬念的完杀精彩太多，也诱人太多。

许多人说，不要和那些带给你负能量的人在一起，但每当我回想起自己的成长经历，更多的是想到那些曾给我带来负能量的人。每一次负能量的冲击波袭来，在令我痛苦的同时也令我迅速成长。那些负能量，甚至会让我的三观在一段时期内有所动摇，但正是它们，让我明白自己对这个世界的认知还不够冷静，不够全面，还带有许多童年时期的天真与幻想。

正是那些负能量，让我从充满温情和爱意的童话笔触描绘下的世界里走出，从充满书生迂腐气的书斋里走出，来独自面对这个庞大、冰冷而陌生的世界。但当我不得不忍痛从跌倒处爬起的时候，不得不运用自己的力量和意志去揭开真实世界的面纱时，才慢慢发现，原来真实的世界并非初看时那样，在它庞大、冰冷和陌生的外表下，也潜藏着幽默、温馨和感动。

我因此知道，真实的世界和童话里的世界，未尝不是同一个世界；真实的世界和书斋里的世界，未尝不是同一个世界；而正能量与负能量，也未尝不是同一种能量。藏在幕后的主宰者，就像双子座的孩子，有其温和的一面，也有其严肃的一面。他摆出一副严肃的面孔，却未尝不是个狡黠的胆小鬼，而那些负能量，正是用来检验勇者和凡夫的试金石。

每个人都希望永远和正能量为伍，但这个世界不能只有白天而没有黑夜。没人能够永远活在正能量的庇护下，最好的成长就是直面负能量，并干掉它们。

我特别擅长"否定"自己

✽ 陶瓷兔子

①

有位读者找我聊天，说起一段丧气的经历。

她想报名一个大型会议的志愿者，身高、年龄、绩点、经验都符合招聘要求，过五关斩六将，好不容易到了最后一关面试。

不是多难的面试题，每个人五分钟，介绍自己的优势和特长。

有的人说自己擅长摄影，有的人说自己擅长弹钢琴，有的人说自己在校刊上发表过文章，有的人说自己做过博物馆解说员。

她排在二十几位，每一秒如坐针毡，满脑子都是迷茫。

好像什么都能做一点，又好像什么都做不好，算不上差，但在任何一个领域都算不上佼佼者。

她悄悄走出教室，将手上的报名表撕得粉碎，自惭形秽到落荒而逃。

道理上知道不该就这样放弃，知道这个机会很重要，可就是挡不住情绪如雪崩一样坍塌，她回到寝室大哭一场，半为错失良机，半为自己的糟糕。

原来是这么普通的人呢，好失败啊。

②

这并不是我第一次听到类似的自我评价。

没有能让人眼前一亮的本领，没有能让别人一下子记住自己的东西。没有特长，也没有优点。

我从不信世界上有真正一无是处的人，但越是安慰他们："你已经做得很好啦。"他们就会越惊恐地反驳你："不不不，我一点儿也不好，好多人都比我厉害多了。"

在屡次的安慰无果之后，我忽然意识到另一种可能性。

我们说"我还不够好"的时候，我们说的其实并不是"我不好"，而是"还不足够好"。

我们期待中的"特长"，不是"在我能力范围内，我做的最好的东西"。

我们期待的"优点"，也不是"只比别人好一点点"那么简单。

我们期待的特长和优点，要它能脱颖而出，要它一招制胜，要它一出现就能抢走所有聚光灯。

当我们说着特长、优势和强项的时候，想的却是完美。

这种高到不切实际的标准看上去像是一种自虐，但另一方面，它又会让人觉得特别安全。

《高敏感是种天赋》中，把这种类型的人定位为"高自信－低自尊"。

能力上不是做不到，但内心总觉得自己不够好。这种自我核心的低认知和对外在成就的过度追求，往往会碰撞出最矛盾的高标准——只要我没做到最好的，我就是最差的。

在不断的自我否定和痛苦的自我激励里，努力做出一点成绩，榨取一点向上的动力，来弥补低自尊自带的黑洞。

我真正意识到这种性格带来的问题，是在工作第二年的时候。

当时我拿到了公司的年度明星奖，按惯例要在年会上做分享报告，一共四个人，我排第一。

我记得自己并没有讲到什么做得好的地方，反而说了在这个过程中暴露的不足和缺点，顺带把一切成绩归功于运气好。

这样谦虚又深刻的自我反省，自然是收获掌声一片。但老板在茶水间把我叫住："我觉得你做得很好！"

"没有没有，真的是靠运气。"

"别说这些，"他摆摆手，"你要微笑，说谢谢，或者说很高兴听到我的夸奖。"

大概是看我愣在原地的样子太呆萌，他大笑着解释："你没看到你后面的三个人有多尴尬吗？他们本来想夸一下自己的，可第一名都这么'谦虚'，你让他们怎么好意思开口。人哪，最重要的是'见好'的能力。你看不到自己的好，也就看不见别人的好，你在抹杀自己成绩的同时，也否定了别人的努力。这对你自己，对别人，都不公道。"

后来的后来，偶然跟一个同事聊天，听她吐槽另一个女孩："就××那水平还主动报名年会的节目呢，一首曲子弹错了三次，我都替她难堪。"

"你怎么知道她弹错了三次？"我好奇。

她的笑容里带着点隐秘的骄傲："我初中的时候就考到了钢琴八级。"

"那你怎么没报名呢？"我又问。

她犹豫了一下："好多年没弹了，怕手生，弹得不好丢人。"

我是在那个瞬间，才明白了那句"不公道"。

过度的自我否定，本质上其实是种傲慢。

在极高的标准下，你否定的不只是自己，还有所有达不到这个标准的人。

这种心态甚至有时会升级成一种轻视——我比你还强呢，都不好意思说自己擅长，你就那个水平还拿出来秀？

《高敏感是种天赋》里说："高标准常常与低自尊联系在一起，这可能是因为高标准算是低自尊个体的一种补偿策略。你越认为自己不值得被爱，你越会努力去遵循一些高标准的要求，让自己可以值得被爱。"

极度的低自尊，总要靠极度的傲慢来弥补。

为什么我们会成为"低自尊－高自信"的人呢？

很大程度上来讲，是由于一个人生活中的消极反馈环境造成的。

当你考了 98 分，你的父母会夸奖你"做得好"，还是会说"人家小明还考了 100 呢"。

当你鼓起勇气报名了演讲比赛，你的朋友会为你鼓劲，还是会说"你没戏，听说那个很厉害的×××也报名了"。

当你得到了升职，你的伴侣会陪你高兴，还是会告诉你"别高兴太早，万一你搞不定呢"。

这一类的反馈方式，会让你在不知不觉中开始怀疑自己的价值，质疑自己到底配不配得上现有的成就。

而想要打破它的恶性循环也很简单，你要学会给自己创造一个正反馈机制。

觉得自己一无是处时候，去想想生活中的"闪亮时刻"，并记录下来；面对质疑和反对的声音，坦然回答"我尽力了"；学会发现别人的优点并给予坦诚的赞扬；当你学会了夸奖别人，也就学会了接纳自己。

要知道，你的问题从来不是不够好，而是看不到。

一个人最重要的能力是什么?

✱ 韦 娜

写这些文字时,我已经大学毕业十三年了,北京九年,而后上海四年。

毕业后,我一直非常忙碌,在北京和上海两座城市间来回游走。直到上半年自己申请的上海户口终于搞定,拿到新身份证的时候,突然很心安,很感动,我有了一种真正被接纳的感觉。

从小镇女孩到新上海人,我用了三十多年的时间。最深刻的体会,不是那句很风靡的话——我用了三十年的时间,终于能够和你坐在一起喝咖啡。而是,原来只要努力,都可以游到梦想的彼岸。假如你有梦想的话,要好好珍惜,毕竟随着年龄的增长,你的承重越多,梦想也会越来越奢侈。

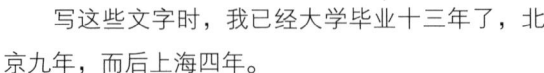

在北京工作时,我在那座城市漂泊,印象最深刻的应该是做讲师的那段经历。在同事小布丁的鼓励下,我曾去很多学校讲课。四五年的时间,我讲了两三百场。那段时间,我在各个舞台穿梭,总在匆匆赶路,但内心很孤独。每次坐飞机、高铁,或者在宾馆里的夜晚,我都会看书,写作。

记得跟着索明丹出差,有时晚上会爬起来写作。一天晚上,她醒来看到我的背影,说:"你不需要睡觉吗? 干吗这么拼? 我睡之前你在写作,醒来后你又在写,又不一定能成名。"其实,当时自己并没有拼的概念,只是太喜欢了。喜欢是投入做事的基础。直到此时,我还是好怀念那段时间,灵感仿佛就住在我的思绪里,像鱼一般活跃、欢腾。语言从四周向我涌来,那时的文字可能相对青涩,但无比真诚、坦诚。

最初讲课,我喜欢去宁波、苏州、南京、中山、泉州这样的城市,讲课互动比较好,课讲起来也非常轻松,顺利。我曾经以为所有的学校都是这般模样,直到后来去了一次宁夏,改变了我的想法。

在宁夏的某所学校,学生们都坐在操场上听我讲课,我迎着风讲了半天。到了提问的环节,大家都沉默不语,只有一个男孩给我讲了一个悲伤的故事——爸爸去世了,妈妈走了,奶奶不需要镜子,他家里从来没有镜子。六岁那年,他去找同学玩,在一面墙上看到同学和自己,吓了一跳。同学告诉他,不要怕,那是镜子,能看到自己,他却哭着跑回了家。原来,那就是镜子,他看到了镜子中的自己。他看清了自己的狼狈,反而更难过。说着说着,小男孩又想落泪。

我不知如何安慰他。临走的时候,我送给他一些书和一面小镜子,以及一句话:人这一生要拥有两面镜子。普通的镜子,只能让你看到表面的自己,而读书,是心灵的镜子,能看到真正的自己是什么模样。男孩似懂非懂,推托着说:"不想要你送的镜子，更喜欢你送的书。"

听完小男孩的故事，再接出差的任务时，我更愿意去偏僻的地方讲课，仿佛觉得那里的学生更需要我这束微弱的光。我讲经典文学名著，讲其中的故事，讲我的感受和人生启发。现在想起来，好怀念那时特别努力讲文学课的自己，真是动力满满，好像永远不知疲惫。感谢那段辛苦出差讲课的时光，需要不停地看书，不停地讲课，我也因此会背诵许许多多的文学段落，直到现在，依然可以倒背如流。

··· 2 ···

后来，我离开生活了九年的北京，来到上海。在北京，我跟索明丹老师是邻居，她也是讲师，到现在她还在全国各地演讲。我真的很佩服她，也有些不太舍得离开她。但那个时候的自己，也到了一个非要抉择的时刻。要么背水一战去捷克留学，有同事恰好要一起去，要么义无反顾地来上海，跟一个男孩开始尝试一段感情，不一定有结果，但应该很浪漫。我选择了后者。现在想来有些后怕，也有些冒险。那时的我，真的是非常有勇气。这勇气，可能是那本书——《少有人走的路》给予我的。书里有两句话，我到现在还记得。第一句话是人生苦难重重，第二句是人生最大的安全感，是敢于直面不确定性。好吧，我要去直面人生的不确定性了。2018年的植树节，我的生日，没有蛋糕，没有祝福，我丢掉所有的旧衣服，把所有的书都囤在了自己的小房子里，拉着一个小皮箱就来到了上海。

初到上海的那些天，一直下雨。我就在那场春天的雨中，很快投身工作，犹如一滴水落入一片海。上海这座冷漠又客气的城市，不会有人在意我的到来，就像北京那座古朴又文艺的城市，根本不会有人在意我的离开。

我一直住在上海的森兰国际社区，工作也在那里。在我的印象中，上海就是森兰国际社区。每次为活动做主持，乘坐地铁来到上海繁华且崭新的街道，我的内心会很排斥，但走到南昌路那种老街，又会生出许多亲切感。

带着那种复杂的情绪，我在上海这个炼炉中，真正地长大了，也开悟了许多。就在今年，我重新读那句"人生苦难重重"，好像终于读懂了它的真正含义。每个人都要去面对和经历无数次的绝望，才能重获光明。我们每天都可以看到阳光，看到光明，理所当然地以为这是属于自己的一部分，但其实不是。光芒与爱都是奢侈品。年纪越大，越能深刻地认知到这件事。走过那么远的路，我觉得自己的不惑提前到来了。因为经历，磨难，也因为读书，思考。

经常有人问我，一个人最重要的能力是什么？每个人的评价标准应该不同，或者说，每个人在每个阶段的认知不同，所以评价标准不同。之前，我更看重工作的能力。后来，我更认可一个人的前提是，他与这个世界相处的能力。

慢慢地，我发现，最重要的能力，其实是他对这个世界感受的能力，一种链接能力，一种感受他人的情绪的能力。或者是一种不管何时，在哪一种困境中，都可以积极向上、保持乐观的能力，不管经受怎样的考验，都能保持一种隐忍的耐力。经历、处境都会改变一个人的心态，人的想法甚至会每七秒钟变换一次。我很怕自己在这种动荡中垂垂老矣，慢慢失去了少年时的锐气，从而日益麻木。

所以，我更期待自己，不管何时，可以很爱一个人，也可以全身而退。拥有时，可以很珍惜，该舍弃时，也可以忍痛转身。在拥有和舍弃之间，永远不失去自己，不失去感受的能力。有好的心情去感受自然，也有好的状态去远方看看，更有向上的姿态和健康的体魄。保持好的审美力，不论何时，我们都能因一段喜爱的音乐而备受鼓励，也可以因读懂一幅画的寓意而产生共鸣。

对，就是这种对生活的感知能力，与他人的链接能力，弥足珍贵。

愿你我都拥有它。

当我开始远行

✻ 陶立夏

梦想的实现似乎要比想象中容易一些。冰岛航空FI454次航班自伦敦希思罗一号航站楼起飞，飞越夜色中的大西洋。

我清楚记得那年春天的某次晨会后，总裁助理特意偷偷跟我透露："部门合并后，我们会去总部办公。"这句话在公司有特别深远的意义，意味着我们整个团队的新上司人选终于确定，薪资也有望再上层楼。这本应是与我休戚相关的事，但如今已经跟我毫无关联，因为我在打印辞职信。

看清楚信件的抬头，她有些困惑："是职位不够满意？大企业，人事构架是死板一点，但是留得青山在，不怕没柴烧。你还年轻，再熬一熬。"

我感激她的关心："我的柴要烧光了，再不走，来不及了。"

她顿一顿说："你真有勇气。"

我把个人物品归拢到一个纸箱里，搬上车，办公大楼在后视镜中越来越小，终于不见。有些答案并不在这幢灰色的高楼里，有些心也注定不在。既然可以远行，为什么不去远方？

谈论什么是真正的勇气是件很难的事，因为勇气无法像钻石一样按成色与大小来划分等级。恐惧却如此具体：对于一个幽闭恐惧症患者来说，一扇门就是地狱。我怕深水。为克服这个恐惧，我在大四暑假拿熬夜写稿赚来的零用钱学习潜水。我上过理论课，第一次下深水泳池训练，教练说："你胆子真大，这么平静。"其实我是吓傻了而已。胃里翻江倒海不停抽搐，来不及脱脚蹼就想冲去洗手间呕吐，结果绊了一跤，结结实实摔在瓷砖地上。现在想起来，都觉得膝盖疼。

深夜加班后回家的路上，广播里传来熟悉的旋律，总是让我想起那晚安达曼海上的快船，呼啸在深不见底的夜色里。那是我第一次夜潜，第二年我因为中耳炎引发耳膜破裂，医生建议我就算康复后也不要再轻易尝试潜水。尽管觉得自己还处在什么都有可能的年纪，却原来已有那么多事在我们生命里成谜。于是我尝试攀岩，当深度成为不太可能的事，高度就是另一个选择。

不记得是什么时候开始故意逃避庆祝生日的。我也怕老，但我真正害怕的是当时间逝去，梦想尚未实现就已经被遗忘。我的梦想就是荒野中那一座座沉默的高山，它们无言的存在就是无尽的话语，要我前往并用最谦卑的姿态倾听。

我收拾行装出发，这几年工作攒下的积蓄让我可以选择条件略好的酒店，以及最好的装备。我的旅行从挪威峡湾开始，到伦敦中转拜访朋友，再去往冰岛。从夏到秋，从秋到冬，这一路上我把衣服从旅行箱里取出，一层层穿上。

当我自六百零四米高的布道台下降，垂直岩壁下是蓝灰色的指纹般细腻的水纹。当年奥斯卡·王尔德在伦敦蓝灰色天空下苦涩地说："对于我们，时间本身不是向前推移，而是回旋运转。它似乎在绕着一个哀苦的圆心盘旋。"但让我更觉哀痛的还是他那句："我生命所处的，却正是一切

都在收成归仓的季节。"

时间无法倒转,人生没有回旋。所谓无法选择,或许只是懦弱的借口。我们需要的是一点勇气,走出那个轮回的圆圈,向新的轨迹出发。

我的梦想曾是要去看世界上最深最广阔的海,如果不能够,那就去看最高最险峻的山。于是就悄悄地、默默地准备着,出发了。因为梦想的单纯而得以保持孩童才有的深情与勇气。

冰岛的天气无法预料,尤其是入冬之后。所以出发前我在雷克雅未克订下一间小公寓,屋主麦克在邮件里说:"随时等你来。"出乎意料的是,在凯夫拉维克国际机场等待我的却是个美国口音的男生。他熟练地将我的装备放到车上:"什么东西这么沉?"

"我是为海尔聚布雷兹山而来。"

"啊,一个登山者。"

公寓在麦克开的咖啡馆楼上,设施齐全,但浴室没有热水器。我只好去敲麦克的门:"怎么洗热水澡?"他笑了:"在冰岛,我们有些人选择不用热水器,热水龙头打开就是温泉来的热水。冷水龙头打开就是直接喝的纯净水。"温泉水有股硫黄的味道,但是滚烫,洗掉了我一路的劳累。

我吹干头发在客厅看电视,播放的是听不懂的冰岛语新闻,因为好奇,我看得津津有味。"来来来,跟我走。"麦克举着手机跑到客厅,不等我提问,已经径直往楼下奔去。我穿上外套下楼的时候,车已发动好引擎。麦克开车疾驰过街道,在市郊的码头停下,然后关了引擎和车灯。

"北极光。"他轻轻说。跳跃的绿光,像晕开的烟花,但是那样轻盈,又那样安静,不闪也不吵闹,只是静静在星光下曼延。消散又聚拢,黯淡复又闪亮。是一场静默但壮丽的奇迹。

"真没想到一口气走这么远。"我突然有些感慨。

"其实并没有远方这回事。"麦克说,"我们的心可以装下整个宇宙。五年前,我一个人从纽约来到这里,并没有想过就此留下。去年我申请了永居。"

"为什么留下?"

"我喜欢这里的静,这里粗糙朴素的单纯。"就这一个原因,他跨越大西洋和格陵兰海,在将近万里之外的城市住下,开一家咖啡馆,只卖两种咖啡:一种叫冰岛,一种叫纽约。但是环境舒适,甜点精致,老主顾的口味他都用心记下,生意虽不至于火爆却足以维持轻松的生活。与其说那是一家咖啡馆,不如说是一间向朋友敞开的客厅。

我们都在做选择。人生到最后是自己给自己一个交代,别人的眼光和意见仿佛落在身后的烟花,虽有一时照亮,但留不下痕迹。那一刻我很羡慕麦克,已经走过那片五光十色,可以专心面对内心的黑暗与光亮。或许我们的幸福并不是来自各种关系的维持,甚至不是来自华服与美食,而是从内心对自我的肯定。

现在,我终于站在自己向往的风景里。我的旅程,要开始了。

请用谈恋爱的姿态去工作

✽ 闫晓雨

在这个世界上，只有工作是你付出就能换来成果的。

即便你一无所有，仍能在"战场"上披荆斩棘，做英雄。

胡杨小姐是个很酷的姑娘。

这样说，并不是指她百毒不侵、金刚护体，而是当她深陷情绪沼泽，仍能努力借助内心足够坚韧的精神藤蔓攀缘而出。

最难熬的那段时间，是胡杨小姐和前男友刚分手的那两年，本该谈婚论嫁的锦绣时光转眼就被现实燃烧成灰烬。

两个人从大学开始恋爱，在北京多年，经历过毕业、合租、跳槽、争吵、出走、和好，终于在胡杨小姐28岁这年，两个人的职业生涯进入稳定状态。两家凑一凑，在北京付个首付没有问题。

对于这段弥足珍贵的校园恋情，胡杨小姐是真心爱护的。

听到好听的歌忍不住递给他一只耳机，看到好看的电影忍不住标记分享给他，吃到好吃的店铺就情不自禁想着下次带他来。路过的云、惊动的风、泛起泡沫的啤酒……忍不住分享给他的一切里，都藏着那份手舞足蹈的喜欢。

那么雷厉风行的胡杨小姐，在爱人面前竟是这般小心翼翼，掰碎了所有温柔以喂养甜蜜的憧憬。

和前男友在一起的那些年，胡杨小姐努力得不像话。

除了本身自带励志属性，其中亦不乏少女的一点点私心，胡杨小姐想，要是她努力工作，早日攒够房子的首付，他们两个人在北京就不用总搬家，不用过得战战兢兢，也能让原本喜欢陶艺的男朋友辞掉程序员的工作，尽情去做自己喜欢的事情。

可没想到，在他们恋爱八周年纪念日这天，那个人会向胡杨小姐提出分手，不容商量，给出的理由是胡杨小姐太像个女强人。她越来越忙，两个人在一起的时间越来越少，他感受不到任何爱情的旖旎气息。

纵然有千万种委屈，也不允许自尊变得拮据。

有些东西一旦有了裂缝就很难再和好如初，胡杨小姐明白，问题不是出在所谓"忙"上。工作没有错，努力没有错，提出分手的男朋友也没错，错的是时间，两个还没有足够能力承担生活真相的人，注定只能拥有一份摇摇欲坠的爱情。

　　从大学时代两人因文学社结缘，到毕业后一起来到北京求职，从最初3500块的打杂实习生到能够在各自领域里独当一面，胡杨小姐回想起这些年来两个人的种种经历，最穷时，连去三里屯吃顿浪漫的法式简餐都只能停留在幻想阶段。

　　可那又怎样呢，当胡杨小姐在大街上收到男朋友递过来的小熊维尼气球时，还是忍不住泛起眷恋。

　　多幼稚，可她爱死了这份孩子气。

2

　　分手后的第二天，胡杨小姐准时出现在办公室。

　　没有人看出她遮瑕膏后隐约红过的眼眶。正红色口红，张扬而不失分寸，敲击在键盘上的手指灵活有力，一个字，一个字，都是怒放的生命力。

　　哪里像个失恋的样子，比起寻常人的萎靡、失落、郁郁寡欢，胡杨小姐行走在烟火人间的姿态是昂首、明朗，绝不允许自己灰头土脸过日子。

　　说不难过是假的，但比起沉沦在失恋的阴影中踽踽独行，胡杨小姐更希望自己能够在单身时扬起热情的鞭子，把恋爱的精神劲头，挥洒在职场上。

　　每想他一次，她工作就用力一分。

　　忍不住想给他打电话时，她就去找客户谈合作。

　　深夜里，当回忆翻箱倒柜地翻涌出酸涩味道，她就咬咬牙为下个项目加油努力。

3

　　失恋不可怕，因为有工作在，世界就不会崩塌。

　　见过很多"为了爱情而活"的姑娘，虽然佩服，但这种佩服里多多少少有心疼的成分。将一个人当作全世界，这样的爱，撑起来太不易。一旦失去，万劫不复。

　　比起终日将回忆当作下酒菜的人生，我更喜欢胡杨小姐，不管今天扑在爱情上有多么泪若梨花，第二天都能挎着包包踩着高跟鞋奔跑在通往未来的路上，用力拼搏。

　　很多人说她坚强，其实她并不坚强，她也会软弱、会流泪、会孤单，可是那又怎样？

　　生活从不会因为你的遭遇而有所改变：商场不会因为你钱包干瘪而打折，饭店不会因为你贫穷就馈赠你免费午饭，客户不会因为你失恋就暂停项目等你恢复。伤过，哭过，日子还是得过。

　　胡杨小姐与生活短兵相接，却从未退缩。她是从时间的坟墓里摸爬滚打出来的人，因为太懂得生活残酷，所以才要在精神世界裹上厚厚的外壳。

　　她热爱工作，如同爱人一般，从不因内心的崩塌而对无辜事物迁怒。她抚慰孤独、保护自尊、善待回忆，以慈悲之心真正爱着这个世界。

　　人生越是无力，她越是不肯低头。

　　胡杨小姐用谈恋爱的姿态去努力工作，不是为了证明什么，只是可以更好地告诉自己：好看的衣服可以自己买；想去的地方可以自己去；漂亮的情话我已经在心口攒了个够，如果有一天，遇见你，手中会握有同命运自由抗争的权利。

　　先独立，再长大。

　　先学会爱自己，才能续写出美丽传奇。

何以倾诉

* 闫晗

在契诃夫的小说《苦恼》中，一个叫姚纳的车夫刚死了儿子，想向别人倾诉心中的痛苦，竟找不到一个能听他说话的人，坐车的乘客每个都行色匆匆，想着自己的烦心事，催促他快点赶路，不要再说了。故事的最后，车夫只好把一肚子话说给自己的马听。马认真地听着，仿佛能听懂，让倾诉者得到些许安慰。

话总憋在肚子里，情绪得不到宣泄，人会生病的。鲁迅笔下的祥林嫂，把她的痛苦向鲁镇的人讲了一遍又一遍，她的儿子阿毛没了，坐在门槛上剥豆子时被狼叼走了，她不知道狼会到村子里来……她沉浸在后悔之中，诉说之后情绪应该是暂时缓解了一些，只是她的苦痛太沉重，还没有释放完，看客们就已经厌弃了这个故事，不想再听下去。

我给一个上小学的女孩讲祥林嫂的故事，她不明白：那些人为什么不可以好好听呢？可在现实中，被全身心地倾听是件奢侈的事。我没法告诉她，他人的遭遇，原本就是故事，人类的悲欢并不相通。一个悲伤的故事，在最初发表时或许尚能打动人心，叫打趣的人都住了口，为自己不能共情生出些许羞愧。可一旦故事变得陈旧，震撼力也会消失，烦躁的空气滋长起来。对于不必敷衍的人，看客们会明明白白地表示厌弃。大多数人都是吞噬信息的怪兽，喜欢新鲜刺激的东西。

互联网上听众众多，一有人爆猛料，立即会聚拢大量人群，刨根问底挖出更多线索。可无论是悲伤的故事还是桃色新闻，总会被新一波的故事淹没，最初讲述的人无法操纵互联网的力量，也渐渐如同祥林嫂似的被厌弃。

春晚曾经有个小品，年老的爷爷一遍遍讲《粮票的故事》，回忆当年捡粮票的事情，像电脑重启似的，儿孙只有假装津津有味地听，才会让老人高兴起来。重复是一种酷刑，孙子如坐针毡，得不断做心理建设才能忍受老套的故事。

这个小品很真实，我爷爷也喜欢讲年轻时的事情。讲的时候他仿佛穿越到过去的时光一般，整个人精神焕发。他讲得很好，可大家不爱听。我们对待自家人保持耐心尚且困难，何况是他人。

《水浒传》里有一段因为不被倾听引发的"血案"。江边酒楼上，李逵突然将卖唱"女娘"用两个指头一戳，姑娘立即晕倒在地，起因就是这位歌女突然过来唱歌，打断了他想要卖弄的"胸中许多豪杰的事务"。宋江、戴宗等人不倾听，李逵非常恼怒，不好意思怪地位比自己高的人，却将气撒在弱势的卖唱姑娘身上。

我看到的关于倾听最温柔的故事，是在史铁生的文章中。

那是一个小号手的故事。战争结束了，有个年轻号手回到家乡，却听说未婚妻已嫁与他人。年轻号手痛苦至极，便离开家乡，四处漂泊。路上，他吹响小号，号声凄婉悲凉。一个国王听见了他的号声，让人把他唤来，问他："你的号声为什么这样哀伤？"号手便把自己的故事讲给国王听。国王听了非常同情他，但并没有像童话故事里讲的那样，把女儿嫁给他，而是选择了一种特别的方式——请国人都来听号手讲他的故事。

从此，日复一日，只要那号声一响，人们便围拢来，默默地听。就这样，不知从什么时候起，小号手的号声不再低沉、凄凉。又不知从什么时候起，号声开始变得欢快、嘹亮，变得生气勃勃了。时间和温柔会治愈，而音乐又比一成不变的语言耐听些，人们得到了艺术享受，小号手的情绪在倾诉中得到了修复，实在是幸运。

是归处
shi gui chu

· · ·

饿的时候吃饭，爱的时候不必撒谎

拾荒者与猫

* 成焰

我本科刚毕业的时候，找了家宠物诊所当实习医师。有天傍晚我刚要下班，一个老爷子从门外伸了脑袋进来问我："姑娘，这是给猫看病的地方不？"

我说是，请他进来，老爷子不肯进，说怕他的编织袋把店里的地弄脏了，让我把猫接进去看看就行。我再一看，才注意到他背后拖着个巨大的编织袋，应该是个拾荒者。

我说："没事儿，您进来，猫看不见您也不听话不是，编织袋就放这里，不碍事，我待会儿拖一下地就当运动运动。"老爷子才惴惴不安地进来，从怀里抱出只偏瘦的橘猫，说它最近吃得少，尿得也很少。他很紧张地问我："是不是尿毒症啊？我老伴就是尿毒症走的。"

我给猫做了检查，让他放宽心，是膀胱炎引发的尿闭症，住个院，导尿，再输几天液，也就差不多了。

老爷子松了口气，又紧张起来，问我："要多少钱啊？"

说这话的时候，他小心翼翼地拿出个布兜，在手心里摊开了，露出十几张毛票块票。说真的，我自从长大以后，已经很少看见这些面额的现钞了，就在那里愣了一下。

他的猫突然叫了一声，有气无力地，但是很温柔地拿爪子碰了碰我，又舔了舔我的手指。一下子让我想起小时候爷爷抱着我看病的样子了。

我就哄他："老爷子您运气好，您是我们诊所今天最后一位顾客，我们搞优惠，您这些钱够的。"

老爷子很高兴地把猫交到我手里，摸了又摸，看了又看，叮嘱了又叮嘱，大概是说这是给你看病呢，要乖一点，过几天就来接你，最后一步三回头地走了。

猫也的确很乖，前面的治疗都很配合，后面插尿管的时候可能实在不舒服，趁看护的小姑娘打盹儿的时候把尿管舔出来了，得重新下尿管，治愈的日子就往后挪了几天。老爷子对着猫那个叹气啊，问它："你就不能忍忍？"神情慈祥又无奈，我就在旁边看着乐。

老爷子虽然是个拾荒者，但是每次来诊所都把自己拾掇得很干净，我在门口给他划了块地方放编织袋，我们自己有能卖钱的东西，饮料瓶啊快递纸盒啊，也收集好了给他，一来二去就聊起来了。老爷子本来是县水泥厂的工人，后来买断了工龄。老伴尿毒症，家里钱花光了也没把人留住。两个儿子为了攒给母亲看病的钱，都出去打工了，虽然最后也没看好，但他们也算在外面看世界了，两个孙子也接走念书了。本来是个人挺多的家庭，最后就剩他和这只猫。

猫是老爷子捡的，准确说是喂过几次，这猫机灵，知道跟着他有饭吃，就一直跟着了。

也好，有个伴儿。老爷子看着猫，笑呵呵地问："是不是啊，猫？"猫也跟着叫了一声。

猫并没有名字，老爷子就叫它"猫"。

猫是只又高冷又话痨的公猫，看见人就喜欢喵喵叫，但是又一脸不屑。可能正值发情期吧，老爷子没给猫绝育。总体来说这只猫很乖，扎针什么的都不挠人。后面能自主排尿了它就对扎针挺不耐烦的了，我给它擦屁股上的尿的时候，它还会骂骂咧咧，可能觉得在我这儿丢了公猫的尊严。

猫出院的那天，老爷子换了身新衣服来接它，跟它说："猫啊，跟医生说再见。"猫并不理我，只是很痛快地尿了一场，像在展示我们的治疗成果。

我站在门口目送，看它走在老人旁边，昂首挺胸的，像只神气的小豹子，像要一直走到岁月里去。

猫虽然出院了，但老人在附近拾荒，还是经常可以看到它。它有些时候跟在老人旁边，有些时候蹲在老人的板车上，更多的时候自己去玩了，身形矫健，看不出一点过去尿糊满屁股的样子。

老人翻完垃圾桶，找不见它，也不着急，就扯着嗓子唤"猫啊""猫啊"，过一会儿它就回来了，有些时候干净，有些时候脏，有些时候嘴里还叼着只老鼠。

节日时老人会送饺子过来，说包都包了，他一个人也吃不完，给我们分分。老人的手艺很好，饺子煮出来很香。

送饺子的时候猫当然也在，它跟诊所里所有人都很亲，除了我，可能还记恨我帮它擦屁股。

后来我有了其他的工作，没再去那家宠物诊所当医生。我在外地工作了一段时间，过年了回老家，想着去看一看以前的同事，护理小姑娘还是以前那个，她看见我就问我："你还记得那只橘猫吗？你给它擦过屁股的那只。"

"哪只？"我是真不记得了，我擦过屁股的橘猫少说也有十几二十只。

"那只，捡瓶子的老爷子养的那只。"

"啊，想起来了。"

"老爷子的小儿子回来了一趟，说知道当时你说有优惠是哄老人的，过来把钱给补上了，待会儿你找老板，让他把你当时垫的钱退给你吧。"

"小事，小儿子回来了啊，是接老爷子一起去生活吗？"

"不是。"她有些唏嘘，"是来给老爷子奔丧。老爷子去年夏天走了。"

"啊。"我舌头突然僵住了一样，半晌说不出话来，过了一会儿才问，"那只猫呢？"

"听说走丢了，老爷子走后就走丢了，小儿子还拜托咱们要是看见了就联系他呢，说老爷子生前可宝贝它了。"

后面她还说了些什么，我没听清。怎么和老同事们告别的，也记不住了。我就记得我走出宠物诊所大门的时候，看了一眼曾经划给老爷子放编织袋的那块地方，又看了一眼门外的那条街，仿佛老爷子拖着他的编织袋刚刚走过，他的猫就昂首挺胸地跟在他旁边，过一会儿看不见了，老人就不慌不忙地开口叫一声："猫啊。"

"猫啊，回家了——"

"喵。"

温柔转弯

✲ 刘华剑

我的妈妈四十岁后开始长胖，穿衣服越来越不讲究。高三的时候她去学校看我，我都不乐意和她一起走，觉得非常没面子。

可是我的一群朋友都很喜欢我妈，因为我妈很亲和，每次去学校都带着一大包吃的，到我寝室后就给我室友发东西吃。当时寝室的一哥们儿感冒很严重，我妈来的时候还给他带了药，当时把我那哥们儿感动得眼泪都快掉下来了。冬天的时候我妈还给我们每人织了一条围巾，当时我一哥们儿不要，说不习惯戴围巾。我妈就敲了敲他的头，说："找冻呢你，武汉这么冷。"我那哥们儿就傻笑。

我高考结束之后玩得比较疯，有时候凌晨一两点都还在外面乱逛，我妈给我打电话，我挺不耐烦地说不回去了，哥们儿就轰我走，说："回去回去，别让阿姨担心。"

他们还喜欢来我家玩，虽然我家房子不大，装修也一般，但每次他们来了我妈就乐呵呵地问他们吃什么，看那样子仿佛他们才是我妈的亲儿子一样。

后来我家买了新房，装修那会儿电梯经常失灵，他们就把装修用的材料一包一包扛到我家。我家住八楼，而且那时候已经快到八月份了，他们扛上去后一个个热得跟洗了热水澡似的，我妈当时感动得差点哭了，要他们都走："要你们小孩子搬什么东西，这么热的天，赶紧找凉快地方去歇着。"他们就像猴子一样说："没事儿阿姨，这点东西还不够我们活动的。"说完又跑下去接着搬。

那时候我就在想，我妈妈是不平凡的。

再说我爸爸，我爸爸当过兵，脾气也很大，我小时候一犯错他的皮带就抽过来了，而且他对我要求很严：不准赖床，起来要叠被子，吃完饭自己洗碗，晚上别玩电脑，等等。所以我在家都不爱理他。每次他跟我说话，我就敷衍他两声，把他气得吹胡子瞪眼。

我已经记不清爸爸打了我多少次，我小时候不听话在外面玩，结果掉到脏水潭里，被他看见二话不说就是一巴掌，我趴在地上半天才爬起来。

后来我在学校和别人打架，打破了人家的脑袋，老师让叫家长，回家后门一关，我第一时间就挨到爸爸的一飞脚，我在空中看到那飞逝的画面就好像自己无法挽回的童年。

到了高中，寒假结束去学校报到的那一天，我和几个哥们儿在网吧打游戏，一直打到晚上九点钟，班主任还以为我们失踪了，直接打电话给几位家长，没说的，放月假回去之后我又挨了一顿鞭子。

我每次被打的时候，都对我爸恨得咬牙切齿，暗暗发誓等他老了我会把一切都找回来。

高三的时候，我和我爸起了一次冲突，因为我的成绩一直都不大好，班主任每次都把我当反面教材在班上训。开家长会的时候，班主任的第一句话居然是"我们班的同学在高三期间学习都很努力，只有一个叫刘×（也就是我）的同学玩物丧志，他如果考得上大学，我就回家养猪"。

我爸在下面听得脸色通红，表情非常尴尬。

而我怒不可遏，拿起一本书就朝班主任砸过去，班主任吓得一哆嗦，然后回过神来一拍桌子，喝道："你想干什么？"

我心想：没想到你长得这么胖，身体还挺灵活。我就抄起旁边一椅子准备继续砸，我爸把我的手一扯，想把我从教室里拉出去。

我们两个就像小丑一样，在全班同学还有他们的家长眼前拉拉扯扯地出去，班主任惊魂未定地忘了接下来的台词。

开完会后班主任铁青着脸说："这孩子没救了，不思进取，你把他领回家吧。"

我爸低头弯腰地说："您大人有大量，别和他一般见识。"

班主任一挥肥手说："不是这回事，他就不是读书的料子，趁早让他学点手艺吧，免得他以后饿死。"

我在旁边冷笑一声说："不读就不读了，跟谁稀罕读似的。"

我爸给了我一巴掌，我脸上火辣辣的，虽然我爸经常打我，但这是他第一次当众打我，我发现他的手在发抖，他对我低声吼："你给我闭嘴！"

全办公室的老师都在看着我，羞辱感冲昏了我的理智，我一脚踹翻班主任的桌子说："我就是不读了，我以后还得好好地活着，活给你看！"

我爸对我又是一顿拳打脚踢，被几个好心的老师拉开。

那时候距离高考只有三个月，我收拾了行李回家，途中没有和我爸说一句话，回到家他瞥了我一眼，不知是不是我的错觉，我觉得他眼中满是哀伤。

我自暴自弃地在书房里玩了两天电脑，他居然没数落我，只是天天借酒消愁，喝醉了就睡觉。有时候早上起来他会跟我说话，让我下楼买早饭，我把钱丢在桌子上回屋接着睡，然后就听见门外轻轻的叹息声。

有一天，我吃完晚饭出去散步，回到家发现桌子上有一封信，我爸居然给我写了一封超长的信，述说了他这一辈子的历程，吃了多少亏、受了多少苦，如果有个好学历，那大部分的亏和苦都可以避免。我很难想象我爸那种纯爷们儿会拿着钢笔写这么长的信，信的结尾是"不管你成绩如何，会不会考上大学，我只希望你在今后的岁月里回想起来不会后悔，因为没有比那更难过的事情了"。

大学的时候我挂科比较多，老师打电话跟我爸说情况，接到电话后他隔天就来到学校，气势汹汹地走向我，我连忙拉住他说："换个人少的地儿。"谁知道他只是带我去吃了顿饭，苦口婆心地劝我："既然已经在大学了，就好好学点东西，也算对得起自己。"

我看着他离开的身影，才发现自己从未看清楚自己的父亲。

他从小约束我也只是为了让我养成好习惯，所以到现在我每天都是七点钟准时起床，房间弄得整整齐齐，给不少朋友留下了好印象；长大后他尊重我的个人意愿，而且在我的无数次任性后都默默地帮我处理；高中我和人家打架，是他去找人家家长赔不是；高考成绩一般，是他每天从早到晚看志愿书给我意见。我人生的每个路口，他都会为我守望。

我妈妈的好，总是转个弯，然后我才能察觉；我爸爸的好，总是会延迟，后来我才能明白。

好在，现在他们还没老！

有故乡，无故人

陆俊 文

我参加过两次盛大的葬礼，2002年祖父去世，2006年祖母去世。那个圆球形建筑的殡仪馆里，乌泱泱几百号人穿着清一色深黑丧服，哀乐奏起前，是一个声音低沉的男人在诵读手中长长的纸卷，关于祖父和祖母漫长的一生，细碎，平静，两次葬礼，如出一辙。

漫长有多长？甚至父亲也说不清，祖父去世的时候究竟是九十几岁。他的生命几乎要横跨一整个世纪，等到我出生的时候，他已经垂垂老矣。他有八个儿子，前两个长到十几岁，没养活，还有九个孙子孙女，算上旁系亲属，枝叶繁盛。他记不清我，在我幼年的记忆中，也没有太多关于他的身影。

父亲说，祖父原本是个使枪的好手，家里那把陈旧的驳壳枪，祖父每隔几年都会拿出来擦得锃亮。可惜后来，本领无处使，被迫在运输公司当劳力养家糊口，盛夏拉卸生禽，被闷死的鸡鸭鹅大多成了父亲碗中的加餐。父亲排行老七，小叔叔生下来没多久就被送给别人当养子，所以父亲转而成了老幺，最受宠，也最叛逆。

2006年祖母去世后的那个夏天，如同当年祖父的家产被一夜抢夺一空，家族里也开始争得天翻地覆。因为遗产归属明争暗抢，原本看似稳固的血亲，在一场肃穆的葬礼过后，变得分崩离析。

我从没见过我的外祖父，他是在我出生时的1992年离世的。母亲说，那时候乡下还没通车，她们姐妹俩大着肚子，从城里坐着颠簸的牛车赶回去操办葬礼。母亲娘家人清一色的女子军，七个孩子，只有小舅是男娃。那会儿小舅不过二十出头，一大家子事全仗姐姐们处理。

母亲说，当年她差一点就不姓覃了。这姓氏是我们壮族大姓，谭覃同源，在壮语里有池塘之意。外祖父一族世辈绕龙潭而居，后来外祖父成了族里第一个大学生，去了省城。新中国成立后，外祖父被分配到百色，母亲就是在路途上出生的。那时候百色是西南通海腹地，中越边境，新中国成立初期，山匪横行，外祖父一个文弱书生，九死一生，才到了驻地。一贫如洗的外祖父怕养不活那时年幼的三女儿，也就是我的母亲，只好忍痛送人。结果几岁大的母亲哭了三天三夜，高烧不退，外祖母不忍，又给抱了回去。

2016年，外祖母去世。全家人瞒了我好几个月，直到清明节放假，我从上海回家，在饭桌上，我提出想给外祖母买一副镯子积福，母亲努力克制情绪，云淡风轻地提一嘴，让我回去给外祖母上香，至此，家里最后一位老人离世，我才知道自己错过了什么。

扫墓那天很漫长。我沿着小时候最热闹、如今冷清干涸的溪流一路往回走，两边是被风高高吹起的甘蔗地，外祖母曾背着我在田间走，炎炎夏日，她用芭蕉叶遮在头顶，靠在剑麻堆旁，一遍一遍讲过去陈芝麻烂谷子的往事，可惜我年幼不懂事，早已记不清那些因果传奇。后来在城里，她总是独自迷惘地走在马路边，车流穿梭，年迈的她常常走失其中。她最疼爱的小舅舅娶了个颐指气使的胖女人，把她赶回那幢红墙老宅，让她独居。她比外祖父多活了几十年，眼睛早已看不清事物，她凡事用摸，那双粗糙的手摸着我脸的轮廓，她总是泪流满面。母亲说，我们俩都长得像外祖父，但不让我学外祖父，犟脾气，不会说漂亮话，憋屈了一肚子才学，郁郁而终。

母亲不是个聪明人，全凭一股蛮劲。她这辈子爱三个男人，舅舅、父亲、我。

舅舅十八岁考上省城的学校，却被人冒名顶替，盗取了录取通知书。母亲一个女孩子，拖着几捆甘蔗，从乡下骑着五六十千米山路的自行车来到省城，人生地不熟，竟像秋菊打官司一样，挨个单位跑，硬是把舅舅的名额给磨了回来。

母亲三十岁时潦草嫁给我父亲，没有婚房，连酒席都是自己掏钱置办。父亲是个酒鬼、赌徒，债主上门时，父亲跑得远远的，家徒四壁，空留我和母亲相依为命。她一个人咬牙打拼，还清父亲的每一笔欠款，即使当年最穷的时候，她也绝不会委屈我，要我堂堂正正抬起头做人。

十八岁我离开家，六年间辗转许多城市，母亲说，从南方到北方，你真是越走越远了。《论语》里讲："父母在，不远游，游必有方。"我心怀愧疚，但又无能为力。我们这代人，一出生，就注定会像浮萍一样漂泊无依。念书那会儿，老师就不停地说，你们得考出去。祖国有大好河山，我们却渺如尘埃。后来是真的所有人都出去了，儿时玩伴散落天涯，多年挚友不知归期，故乡，俨然成了一座空城。

父亲说，活到他这个岁数，最难的就是去朋友葬礼，去一次，少一个。

他十五岁下乡插队，在农场里和人打架斗殴被遣返，十九岁一腔热血报名参加对越自卫反击战未果，成为无业游民在街头浪荡，二十三岁结婚，三十岁离婚，三十二岁再婚，玩世不恭，鬼混了大半辈子，酒肉穿肠过，至今一事无成，在世间唯有二三知己。

他就像《老炮儿》里的顽主六爷，为兄弟抛妻弃子，讲义字肝脑涂地。他一身的江湖气，哪处伤疤没有往事，哪条瘀痕不是前尘？

只是他还没过够江湖的瘾，如今已近六十，耳顺之年，他躺在家里那张旧沙发上，浑噩，入梦。他每日往复走在老城那条曲曲折折的街道上，两边是摇摇欲坠的晚清骑楼，他回忆起从前他还小的时候，水果摊从街头摆到巷尾，他们几个兄弟伙伴，一路摘捡一路吃，等什么时候吃饱了停下来，回过头喘息，却发现已走过漫漫长路，热闹不减，昔人却早已不复当年。

1998年，我们第一次搬家，父亲的集体宿舍房拆迁，我们搬到50平方米的单位公寓，麻雀虽小五脏俱全，我第一次拥有了自己的房间，母亲也不再和别人共用浴室厨房。世纪末的绝望和欣喜同时笼罩着这座小城，家旁边新修了全城最大最漂亮的体育场。那一年父亲买了一台彩电、一台激光唱机。像《山河故人》里那样，循环了一整年叶倩文的《珍重》。直到那张光盘被我当作飞碟，从阳台打出去，被飞驰的卡车无情碾碎。

2007年，我们从城西搬到城北，西江河从中穿过，那儿有一条老街，和一个衰败凉亭。老人们喜欢蹲在岸堤下棋，孩子们吵吵嚷嚷看别人钓鱼。母亲送给我一台相机作为中学毕业礼物，那个夏天我对着太阳拍糊了一整卷胶片。我的眼睛有轻微的近视，但我不愿戴眼镜，总对不准焦，站得稍远，就看不清人脸。母亲让我拍张全家福留个纪念，这话足足说了十年，可家族里的人来来去去，直到祖母葬礼过后，一家人也没凑齐过。

我记忆里最热闹的一次过年，大概是2002年。那年正月里，祖父去世，春节我们守了七天的灵堂，没有年糕，没有红包，没有新衣，没有鞭炮，可全家族的人都穿黑戴白守在同一间屋子里，第一次因为什么事情而齐心协力。这七天里除了沉默，便是回忆。事无巨细一件件梳理过去的事，以此确认记忆中的彼此是否有差距。那年的烟花特别绚烂，幼小的我躲在人群里仰望惊叹，我回头，却看到正在苍老的他们面露哀愁。

很多年后，当我独自生活在异乡，走在上海空荡荡的街道上想寻找一丝年味时，除夕夜里那束明亮的烟火把这座城市的每个角落都照得通明，但仍有一处，是再温暖的光也照不到的地方，我明白，那就是故乡。

没见过羊的牧羊犬

※ 卢十四

奥斯陆第一次寄养到我家的时候，还是只未满一岁的小狗。虽然年纪小，但它已经被主人老王训练得很好，几乎从不乱叫。

"如果它乱叫，就马上呵斥它。"老王说，"它要是乖乖地听话，就摸摸它，夸夸它。"

"令行禁止，赏罚分明，让它知道什么是对，什么是错。"

老王交代完就离开北京，出长差去了。我按老王说的那样严格管教奥斯陆，奥斯陆也果然是条好狗，就算偶尔叫出声来，只要我一呵斥就马上停止。

只有在一种情况下，它会狂吠不已，完全不听管教——我出门上班。它知道自己将被独自关在家里，要再过十几个小时才能见到人。它心急如焚，连声狂吠哀求。我只能隔着门对它喊："奥斯陆！别叫！"它叫得越发凄惨了。我狠狠心转身就走，走出单元楼还能听到叫声从楼上传来。

我从不知道，在我走后它还会继续叫多久。

后来奥斯陆长大了，更加训练有素，再到我家暂住时已经彻底不叫了。即便我早上上班出门，它也只是趴在地上看着我，眼神漠然。

我不知道奥斯陆是怎么改变的，是自己长大成熟了，还是被老王强行驯服了。我也不知道奥斯陆如何看待自己的处境，是坦然接受了，还是麻木绝望了。

有件事奥斯陆并不知道：其实它是一只边境牧羊犬。

边境牧羊犬原本生活在广袤的牧场，它的天性决定了它每天就应该有十几千米的运动量。如今奥斯陆被关在几十平方米的房间里，十几个小时动弹不得，当然会觉得难受憋屈。它挣扎、狂吠、不听话、扰民，是它的错吗？

以前出门上班时，看到奥斯陆狂吠不止，我心里难过。如今我出门上班时，奥斯陆趴在地上一声不吭，我却没有舒服起来，反而好像更难过了。"它要是乖乖地听话，就摸摸它，夸夸它"，我摸了摸奥斯陆，不知该怎么夸。夸它是条好狗吗？是的，它摆脱了野蛮，得到了驯化。但一只边境牧羊犬搞成这副德性，真的算"好"吗？

下班回家后，我会出去遛奥斯陆。到河边空旷处，我松开狗绳，它就飞奔出去满地撒欢。这是它一天最开心的时刻，也是唯一有意义的时刻。为了让它多开心一会儿，我尽量延长遛狗时间，但也到不了一小时，总共也就遛个两三千米。

和所有的狗一样，奥斯陆没心没肺，不哀伤，不抱怨，对这每天不到一小时的自由时间十分满意。到时间带它回家，它也从不依依不舍。对它来说，生活本来如此。它可能从来没有想象过其实还可以有另一种生活：没有狗链，没有牢笼，和羊群在一起，自由不止一个小时。

因为它从来没见过羊。

"边境牧羊犬天生就会牧羊"，所有关于边境牧羊犬的介绍里都这么说。但从未见过羊的奥斯陆，又怎么知道自己拥有的天赋呢？又怎么知道自己其实是牧羊犬呢？

命运给了你天赋，却不给你施展天赋的环境，这样的遭遇可能不只发生在奥斯陆身上。我时常想：一个人很可能有海贼王的天赋，却不幸生在茫茫沙漠，一辈子没见过海。还有人说不定是练习中国书法的奇才，但生在欧洲，一辈子不知毛笔为何物。甚至我自己，我觉得也未必就应该朝九晚五，在电脑前一坐就是一天。可我的天赋是什么呢？我得见过我的羊才知道。我的羊在哪儿呢？

小时候读过一个故事：一位老和尚捡到一只小老虎，带回庙里饲养，每天让老虎喝粥吃素。小老虎长成了大老虎，也没觉得有什么不对，温顺得像只猫咪。有天老和尚上火流鼻血，滴了两滴血到地上，就招呼老虎过来舔掉。老虎一舔："原来血这么好喝！"它顿时什么都明白了。所有的驯服教化都化为乌有，它毫不犹豫地把老和尚吃了。

看到奥斯陆无忧无虑的样子，我时常想起这个故事。一滴血就能让老虎觉醒，要是让奥斯陆见到羊会怎样？

一个周末的下午，我又带奥斯陆去河边玩。由于周末时间宽裕，我们比平时多走了两里地。奥斯陆在我前面十来米的地方溜达，突然兴奋起来，窜到一片树后面，汪汪叫个不停。

我赶紧追过去一看：天哪，居然有几只羊在这里吃草！北京市区里居然有人放羊！

奥斯陆疯了一样围着那几只羊团团转，试图靠近，驱赶。羊们也十分紧张，咩咩叫着躲闪。个头最大的那只羊甚至试图拿角去顶奥斯陆。奥斯陆全身绷紧，左右闪躲，伺机前扑。

羊的主人是一位老大爷，面对这只突如其来的狗也有点不知所措。我心里扑通扑通跳，赶紧过去死命抱住奥斯陆，装上狗绳。一边往回拉，一边对老大爷说："对不起！对不起！"

老大爷笑呵呵地说："没事没事。"对他而言，这只是放羊途中的一段小插曲。他不知道这一幕的意义：一只牧羊犬，一生中第一次见到了羊。

我蹲下来抱住奥斯陆的头："你明白了吗？！你明白了吗？！"

奥斯陆吐着舌头，喘着粗气，尾巴狂摇不止。

我们的耳朵曾经错过一些什么？

*陈思呈

— ❶ —

村子里的老式房屋，是瓦片做的屋顶，新修的那些却自甘堕落，屋顶都是由两块铁皮中间夹着一大片泡沫做成的。这是为了省钱，听说也能够隔热，但有个大问题，我不能忍。

那天晚上我刚抵达这个村子，洗漱完毕正要入睡。就在醒和睡的夹缝里，头顶正上方一声锐响，有物体砸落屋顶。我从夹缝里被拉出来，拔剑四顾，只隐隐听得一个小物体滚动而去的细微声响，仿佛刺客正从屋顶用轻功逃窜。

我没追它，重新躺下，抱着对世界的乐观态度再次入睡。谁知世界报我以暴击，不久，正上方又传来一声锐响，比刚才那声更具挑衅性，坠落之物的体积似乎更大。

这次我爬起来，尽力望向夜空。一片漆黑，一片寂静，我百思不得其解。房子里其他人都在沉睡，仿佛只有我一个人的听力是正常的。我总不好叫醒屋主相询。

这次我已经从乐观主义者变成怀疑主义者，果然，接下去整夜，重物坠落的锐响不定时地响起，那个"等待另一只鞋落下"的故事，在这里，变成了蜈蚣的鞋子，一个团的鞋子。

谁说乡村之夜是静美的呢？

天一亮，顶着鸡窝发型的我迫不及待地问屋主人，那个声音是什么。屋主人吃惊地反问："什么声音？！"

她沉思了一会儿说，应该是屋后的龙眼树吧。难以置信，小小的龙眼掉在屋顶会有那样的锐响。但屋后确实有棵巨大的龙眼树，此时正是果子成熟的季节。如果不是闹鬼或者刺客，罪魁祸首确实只能是它了。

南方的夏天常有台风，龙眼落得多。铁皮做的屋顶和夜的静，一起放大了这种声音。但村里人都习惯了，对这种声音浑然不觉。就像我走在村里的路上时，经常会吸着鼻子问："这是什么树的香气？"他们都表示没闻到。

第二天晚上我果然也习惯了，慢慢地入睡了，还睡得很好。

我在微博上发了一条有奖竞猜："大家能不能猜到，在粤东乡村，夜里被某种大自然的声音不定时吵醒。是什么声音？"有150多个回复，只有一个答对了。所以我的无知也并非世间罕见。

我从其他人的回答里得知，在乡间夜晚，还有各种被吵醒的可能性。比如，蛀木虫的声音，据说就像有人在你耳朵边持续吃着薯片一样。

我很庆幸我住的地方只是有一个铁皮屋顶，要是再加一些里面有蛀木虫的木头梁子，那就双重倒霉了。

至于蛙声蝉鸣那些，都是意料之中的，倒没什么好说。

— ❷ —

有一天下午，我坐在村子里的一条小石头路旁边的树下刷手机。我很喜欢那条路，因为路上铺的是碎碎的小石头，这些石头是附近的一家人铺的，有点日本枯山水的味道。极少有人经过这里，这里真是一个风水宝地。

用眼久了，便闭眼休息一下。四周是乡村特有的宁静。突然，我听到一阵非常轻微的声音，又轻又快的"唰、唰、唰"，不是风吹竹叶，也不是细雨落池塘——雨落池塘，再小的声音也有共鸣，而是连成一大片的，成规模的。

原来是一只小狗，在那条铺着小碎石头的路上来回地走，它厚厚的狗掌摩挲路面的小碎石头，就发出了那种非常轻快的"唰唰"声。

真好听，让人心里毛茸茸的。更重要的是，这细微的声音，好像给我的耳朵开了光，我的耳朵仿佛瞬间有了明暗的对比，它突然听懂了此处的安静。

此处并非纯粹的安静。如果混沌一片地听着，会觉得一切本该如此，但如果是一双新鲜的耳朵，就能听出多层次、多声部。

首先，蝉鸣，是一片不知疲倦的背景色，连绵一片又易被忽略，但它与蓝天是多么般配。

然后一些鸟的啼叫点缀其上，勾勒出纵深。

短促而干净的叫声，仿佛乐意发表意见但又决不饶舌。那大概是长尾缝叶莺？

另一个是更有底气的声音，明显它发表的意见更有分量，也更准确，那大概是黑脸噪鹛？

还有一个跟班……是红耳鹎？

群鸟的叫声与远远的群山唱和着。这时，低音部也不可或缺。

那是蛙鸣。沼蛙的声音像狗叫，本来应该是刺耳的，但又融入了混沌的寂静，竟让人不觉突兀。还有弹琴蛙，叫起来是"哎哎哎，哎哎哎"的声音，与悠扬的鸟声相比，像以身为大老粗为荣的文盲。

一阵"嘟嘟嘟"的声音，那是附近农家养的两只番鸭，它们在喝水，嘴巴一下下地碰触搪瓷碗底。

各种声音被分解的过程，让我想到电影《八月迷情》。小男孩奥古斯特有副好耳朵。第一次走出孤儿院来到街上，第一次听到街上各种车子的喇叭声、车轮摩擦声、刹车声、人们的交谈声……对他而言，这些组成了天然又有序的乐章，他能听到很多细节，仿佛把一场演奏会中的乐器，一件件识别出来。

又想到电影《借东西的小人阿莉埃蒂》。借物小人很小很小，所以在她的听觉里，人类世界的无数声音被放大，她能听到水流在水管里流动的缓急，能听到昆虫在叶子表面腾翅飞走时带动的空气气流。

那么我们到底错过了多少声音呢？作为一个用眼过度的资深近视者，我意识到自己听觉的荒废。

== ❸ ==

但比大自然的声音更迷人的，还是街市巷陌中，人类的声音。

那天仍然是在乡村——一个离市区相对比较近的乡村，我听到有人挑着担子来卖鱼。叫卖声从远及近、由近及远地笼罩着整个村子。那是一首自创的歌谣，歌谣的内容不外是把各种鱼的鱼名，按它们的发音顺口程度连缀起来而已。但他天生的好歌喉，加上韵律的科学搭配、鱼名的合理罗列，使整个过程婉转悠扬。

琢磨很久，知道他非这么唱不可。鱼名是顺势而为，元音必须恰好用在高音，高音才能把叫卖声往外扩散，如果都用平常说话的方式来发音，如何扩散？另外，在发音方法上，他故意含糊了原来的发音，一来可能是省力（清晰发音太累），二来听者会努力分辨他唱的是什么，注意力不知不觉地被吸引了过去。

民间的才华。

想起来，有很多叫卖声都才华横溢。叫卖声一定是符合发音学和音律的，包括收破烂的——"旧电器旧报纸，旧电视旧摩托，旧书旧被，旧铜废铁"，增一字则多，减一字则少，每一字不可调动位置，像前贤论诗所说，好的字有黏性，调动之后都不如原文贴切。

每一类叫卖声又有区别。卖鱼的，叫卖声悠扬远传，高处直入云霄，低处拖曳不去，戏曲一般，竹筐里的每一片鳍翅鳞光大概都是他的底气。收破烂的，声音则短促简洁如快板，如三句半，讲究的是直入耳膜，不容置疑。

但最为优雅的卖花声，吾生也晚，竟没听过。"卖花声过，人唱窗纱""数歇卖花声过耳，谁家斗草事关身"的情形，只在资料里得见。

也不是只有卖花声才诗意。几乎所有的声音都是诗意的，在某个时段。比如在老家，醒得很早很早的时候，天还没有亮透，能听得到路口的小集市，猪肉铺老板率先排开案板，然后将一大扇猪沉重地甩在案板上，"砰"一声，意味着一天的开始。

他旁边的早点铺子，卖油条豆浆肠粉的，当然也没闲着。风炉烧起来，炉膛里越来越响，碗、碟、筷，各就各位，间插着这一切的，是早点铺子老板娘和猪肉铺老板的大声聊天，他们比邻工作已经多年。

这是平凡的一生中平凡的一天。

一程又一程

✱ 赵不易

虽然这么说非常不好，但我确实觉得于程程给我丢人了。我心一软答应陪她去音乐节，在偌大的草坪上遇到同学后，她竟然不能消停哪怕一小会儿。

同学脸上，挂着一抹奇异的笑，问我："那个人是你妈妈？"

"嗯。"

空气凝固了一秒，同学发出了一声生涩的"哇哦"，又支吾着说："好……好有活力。"我讪笑一下，场面就彻底僵下来。

但没有于程程破不了的局，她冲我们伸出手："鸭鸭，是你同学？快来'开火车'呀。"

舞台上是一首很流行的歌，台下挤满了做着手势、尖叫着的人，于程程把我的手搭在她肩上，又让同学把手搭在我肩上，开始喊着什么跟着人群跑起来。然后，我也不知道怎么回事，放下手逃跑了。

我不知道有什么好喊的，大家都不认识，为什么可以把手搭在别人肩上一起做游戏？这么做卫生吗？小学生都不玩的游戏，至于笑得像开花了似的吗？一切都莫名其妙！

我穿过人群，避开那些打扮得五颜六色、蹦蹦跳跳仿佛下一秒要跟我撞个满怀的人，搭上一辆摆渡车，再转地铁，打开家门，瘫在沙发上。

手机铃声响起来，于程程在她嘈杂的世界里大喊："鸭鸭，你在哪？"

晚上于程程带回一份鲜虾意面，敲我的屋门让我吃饭。食物温暖了胃，我的表情逐渐缓和，于程程问我："你今天怎么提前走了？"

"不喜欢。"

"可你答应了陪我去的。"她不依不饶，"如果不喜欢，你一开始可以拒绝我，而不是花几百元买了门票再把我一个人丢在那儿，既浪费了钱，又打乱了我全部的计划。"

我猛地站起身，头也不回地往屋里走："钱我会还你，而且你一个人也玩得很好啊！"

门关上又弹开，我坐在地板上看漫画，路飞又在瞎指挥了，我哈哈大笑，于程程在我旁边坐下我也没停下，直到她叹口气，问我："你是不是有点喜欢那个男生？"

"哪个？"我装傻。

"所以你需要我怎么做？"

"我只是觉得他的气质很干净，成绩又很好，每次都耐心给我讲题，所以我想多跟他相处一会儿，这样应该不算喜欢吧？"

于程程笑了："我是说，你今天生气是因为什么？我做出怎样的行为，你会不生气？"我愣住了，因为我也不知道。于程程拿来纸笔："那我们梳理一下。"

我点点头："你今天玩得太疯了，那时候我就有点不高兴，而且你和别的家长不一样，这让我在同学面前有点难堪。"

我顿了顿，心里并没有那种"咯噔"一下钥匙打开的感觉，这不是最终答案。于程程又在纸上写2。"之后你就回来了，刚才吃饭时你怎么想的？是因为我责怪你吗？"

"可你的话都没错呀。"我支吾一下，其实我意识到答案了，"那个，我觉得你完全把我当朋友，当成独立、完整的个体了。"

"这样不好吗？"于程程似乎有点迷茫。

同桌曾跟我说，如果她妈妈愿意认真听她说话就好了。

我不知道于程程有没有认真听我说，但好像每次她都能猜出或问出我真正想表达的，而且不会生气。

举个例子，同桌有次跟她妈妈说："我觉得你不像个妈妈。"她妈妈立刻大喊大叫起来："那你去找像的，哪个妈不这样？"同桌跟我强调，她妈妈喊了至少30分钟，就像爆米花在耳边连续爆你却不能捂耳朵的感觉。

我跟于程程聊，于程程乐得要命："这么多话我听着都头疼。"

这次我跟她说："我觉得你不像我妈妈，就是，不太有长辈站在我身边时的牢靠的感觉。"于程程愣了一会儿："哦，那我知道了。"

但一切都没有变化。

第二天清晨，我把荞麦面包丢进微波炉，我吃完后，于程程起床了，骑电动车送我去学校。这是一天里我最快活的时刻，汽车挤得水泄不通，但于程程一路飞驰，我像个不会迟到的女王。

她本来连电动车都不会骑，后来共享车满大街，我又升入了初三，想多睡会儿，她就学会了。

《你好，李焕英》上映时，我在电影院哭得稀里哗啦，于程程就很扫兴了，她说："我可不是为了你学的车，我自己一直想骑，又不太敢，正好你那么需要，才给了我最后还差的那点动力。"

当时旁边有个女孩回头看了我们一眼，我觉得她眼睛里写满了羡慕。

于程程这点确实特别好——从不邀功。她做饭是因为她想吃，她给我买东西是因为看到我开心她就开心。我看着长发飘飘的她，心也安定下来，36岁的于程程依旧打扮得像个少女，我们住姥姥留下的房子，她每天给别人拍照，再写点文案，在我们这座小城市足够生存。

于程程和我爸在我很小的时候就和平分开了，我没打探过关于他们的太多事情，只知道他们偶尔还聊聊天，我要是想，随时都可以去爸爸那儿住。

一想到这些，我的心就会柔软起来。

甲处缺失的，乙处会加长。我拥有这样的于程程，就不能体会同桌妈妈对她的那种事无巨细、控制思想的照顾。但说实话，当个大人挺累的，什么事都要自己解决，自由和束缚永远共存亡。

我又抽丝剥茧地想起一些事。上周末，学校组织了一场研学活动，说是初三了，既要给学生减压，也要让学生德智体美劳全面发展，给了我们半周假，可以飞到大连。

挺远的，要带很厚的衣服，加上洗漱用品和课本，箱子特别沉。回来时，大家都买了特产，毕竟看海对我们来说都是件难得的事儿。反正等飞机落地，我的拉杆箱上堆了大书包和大袋子，我还拎了3个袋子。

抵达学校已经是晚上8点。大家都打电话喊爸妈接，于程程也发消息问我下飞机了没，需不需要接。不知道为什么，我虽然很想，但拒绝了："不用啦，我自己打车。"

她说好，可我心里突然像踩空了一脚。

我等出租车的时候，同桌的妈妈来接她，同桌的妈妈也不会开车，但力气很大，一下就把同桌的全部东西都压在自己肩上，连箱子也不让她拖，还说："你快回家吃饭，今晚再背一单元单词，听到没有！"

同桌冲我撇撇嘴。而我回到家，于程程特别开心，说自己最爱吃鱿鱼丝，我带的比超市里买的好吃一万倍，我的心情一下转晴。

和同桌不同，回家对我来说好像挺开心的，即便是今天——包里装了三张低分考卷的日子。同桌一拿到试卷就哭了，初三的考试太多，她几乎每天都唉声叹气："我妈才不管试卷是不是难，名次和分数她都要。"可惜同桌的成绩始终平平，她喜欢弹琴，身材也适合跳舞，我不知道她妈妈为什么非得让她死磕文化课。

但今天有点不同，我到家时，于程程正蹲在门口哭，目光里没有一丝神采。

"你怎么了？"我赶紧跑过去。于程程用一种没有起伏的声音说："我好累啊。"

"啊？"我愣了一下，"那你怎么不进家门？"

"这样显得比较可怜。"

"……"

我把于程程拽进屋子，给她倒了杯热咖啡。于程程掰着手指跟我数："生活太难了，要打扫卫生，要赚钱，等你中考完要带你去旅行，我自己也想学几个新技能，我还想办健身卡，但我得先还上所有信用卡……"

我有点紧张了："你不会欠了十几万元吧？"我已经在想怎么给爸爸打电话要救济金了。

于程程摇摇头："大概差了三五千元吧。"说完她就笑了，我没好气地拿了张卡给她，里面是我攒了很久的压岁钱。于程程推给我，露出一种小孩子恶作剧得逞的表情："发泄完好舒服，我又有干劲儿了！"

"那我去写作业了。"我有点无奈。我好像意识到了，之前没让于程程接我，是因为我觉得她来了也起不到作用。她看起来不够可靠。可我还是得通知她："下周五我们要开家长会，你有时间吧？这次一定要去，要说很多关于中考的内容，因为这次家长会也是动员大会。"于程程给我比了个OK的手势，继续瘫着。

她真的不像一个妈妈，但每次有人提到，于程程都嗤之以鼻："谁规定妈妈就要跟钢铁侠一样？"

她肩不能扛手不能提，有点任性，还爱惹事。她会因为公司让大家轮流扛纯净水桶就果断离职，还会和我的班主任吵起来。

同桌给我发短信，屏幕一亮，我头都大了："快来教室，你妈妈和徐班吵起来了。"我拎上书包就往学校跑，听到班主任用极轻蔑的语气说："怎么有你这样的妈妈？！"

虽然这是我之前一直在思考的问题，但听别人说，我还是有种护短的生气。我想冲进去，被同桌拉住了，她手舞足蹈，激动得要命，像是看了一场大戏："我一直在门口听着呢，你妈妈太酷了。"

"所以到底怎么回事？"

"刚才徐班说，初三了，建议大家周六周日也来学校学习，你妈妈就站起来说：'那孩子什么时候休息？'徐班当时脸都绿了，说：'这个时候还能休息？'你妈妈说：'是人就得休息呀。'"我没忍住，哈哈大笑起来。不过我也没想到，有于程程起头，大部分家长竟然都表示让孩子周末在家学习就好，还能省去来回学校的路程。

同桌握住我的手："帮我跟你妈道谢啊，我妈是单休，周六真的是我唯一一点自由的时间了。"

家长会一结束，于程程抓着包就往外跑，已经被家长围得水泄不通的班主任却还是一把拉住她："于鸭鸭的妈妈，感觉你和于鸭鸭对初三的态度都不够严肃，这样她会考不上重点高中的。"

"她说她能考上啊，而且她每天都很努力地学习，我对她很满意。"于程程说完，就挽着我回家了。

我们走在路灯下，一天又要结束，我突然很感动。

就是那种觉得跟以前每一天都没什么不同，又有一万点差别的滋味。或许生活就是这样吧，在一程又一程、一件又一件中发掘一些事物。这一次，我发现了于程程是值得我信任和依靠的，而我们更是彼此的依靠。

我的卑微与骄傲

＊ 楼缓

1

"你父母是做什么的呀？"

"做生意的。"

以前每当有同学、朋友问起我父母的职业时，我都如此回答，而无法坦荡地与人说，我的父母是卖猪肉的。我害怕说出口，迎来的是嘲笑。

我上幼儿园时，父母就开始卖猪肉了。每天清晨5点，万籁俱寂，天还灰蒙蒙的，他们已经拿着工具和零钱悄然出门。到了菜市场以后，一天的忙碌就开始了。杀猪的大叔早将一头猪处理好，分成两半放在摊位上，父母需要解剖它。猪头、猪脚、排骨、前后腿肉、内脏……分解好的猪肉被井井有条地摆好。

童年的记忆大部分已经模糊了，但我一直记得这样的画面：幼儿园放学后，别的孩子早就被接回家，只剩下我和其他几位同学，苦等着迟迟不来的父母，从漫天火烧云的傍晚，等到月亮挂枝头的黑夜，才看到他们匆忙赶来。

从什么时候开始，我不敢与朋友说父母的职业了呢？大概是从初中时吧。

我现在仍然记得，初中第一天报到，我站在5楼的走廊上往下看，突然发现大部分同学都穿着清爽的T恤和牛仔裤，脚下蹬一双帆布鞋或者皮鞋。只有我，穿着小学时的校服和凉鞋，像是误闯天鹅湖的丑小鸭，格格不入。我猛然意识到，自己与他们可能不是一个世界的。

教室里，新认识的同学们在聊天，他们聊以前的小学，聊成绩，聊父母的职业。我默默地听着，他们的父母大多数任职于公司、银行、学校等体面的地方。没有人的父母在菜市场工作。

突然有同学问我："你父母是做什么的呀？"我沉默了一会儿，答道："做生意的。"

13岁那年，我开始知晓人与人之间的差距原来可以大到无法想象。当我攥着每星期80元的生活费，舍不得买牛奶、水果时，我的同桌已经在用几千元的手机；当我每天只能穿校服时，有同学在包厢庆祝生日，大手大脚地吃吃喝喝；当我连手机都不会使用时，很多人已经拥有了PSP游戏机。

条条大路通罗马，但有的人一出生就在罗马。

青春期是最敏感的时候,我小心翼翼地假装和别人一样。

最令我惊慌失措的一次是在初二。那天,同桌怡突然问我:"你父母是不是在菜市场卖烤鸭?"一瞬间,我的心脏像是漏跳了一拍,我呆呆地看着她,好一会儿才反应过来——卖烤鸭?还好,我父母是卖猪肉的。我鼓起勇气回复她:"不是,我父母不是卖烤鸭的。"

她告诉我,她在校外的补课班认识了一个男生,这个男生正好是我的小学同学,因为他妈妈经常光顾我家的生意,所以他隐约知道我父母在菜市场工作。虽然不知道中间出了什么差错,让他得到了错误信息,但是谢天谢地,他知道得不多。

我以为只有我一个人在苦苦遮掩家里的情况,但某天,班里突然对同学雨议论纷纷。

我现在还能想起雨说父母是银行职员时骄傲的模样。后来,不知道其他人从哪里得到消息,说她的父母只是市场里卖菜的,她说谎了。

封闭的学校,无聊的同学们因为这样的"新鲜事"一下子快活起来了。他们开始喊她"说谎精",总是喜欢和她"开玩笑"。

我望着被众人包围、面无表情的雨,听着一句句好奇又残忍的话,心如刀割。

总说年少不懂事,伤人不自知。他们从不曾想过有人在千疮百孔的伤害里变得沉默孤独。爱笑爱闹的雨,从此再也没有了笑容。

一直到23岁大学毕业步入社会,我与形形色色的人打交道,受过委屈,明白了生活不易之后,好多以前在意的东西,一下子变得不重要了。

慢慢地,我开始理解父母,体会他们的辛苦,我终于找回了小时候的勇敢,可以大大方方地说:"我父母就在菜市场里卖猪肉,一只猪我想吃哪里就吃哪里。"

而父母是否知道我曾经的懦弱,是否知道我曾连介绍他们职业的勇气都没有?我想是知道的。但是,他们从来都没有责备过我。所以,当我告诉他们,办公室的领导询问我父母职业,我回答在菜市场里卖猪肉时,父母既惊讶又有些不好意思:"怎么和领导说了?多不好呀。"我笑道:"有什么不好的。我领导还夸你们厉害,不但把四个孩子养大成人,还供孩子读书。"

那是我看到父母笑得最开怀的一次。他们终于被孩子承认,终于成为孩子的骄傲。

前段时间,卖了20多年猪肉的父母失业了。非洲猪瘟疫情的发生让菜市场里卖猪肉的摊主难以为继。

当我得知这个消息时,担心父母可能会一下子支撑不住。不过,父母还算乐观,他们笑道:"工作20多年了,除了过年休息几天,平常从来没有休息过,现在就当放个假。"

第二天早上,我正在房间里看书,妈妈敲我的门,喊我吃早餐。打开门的一瞬间,我愣住了——早晨的阳光从窗外射进来,暖暖地照在妈妈身上,我突然觉得妈妈既温柔又漂亮。从小我就希望妈妈可以给我编辫子、喊我吃早餐、送我上学,20多年过去了,此刻仿佛有种梦想实现的感觉。

而这20多年,父母夜以继日地卖猪肉,落下一身病。他们都有胃病,因为早上常常来不及吃早餐;他们的腰也不好,因为经常需要搬很重的肉;他们的手也容易酸痛,因为经常需要用力地剁骨头。劳累了这么久,他们终于可以松口气了。

而我也终于明白,哪里有什么"上等人""下等人",只不过是自卑作祟罢了。世上本来就没有卑贱的职业,每一个努力工作、热爱生活的人,都值得尊敬。

认真生活的人呀,都值得被阳光拥抱。

做个明媚的人，过刚刚好的生活

※ 潘云贵

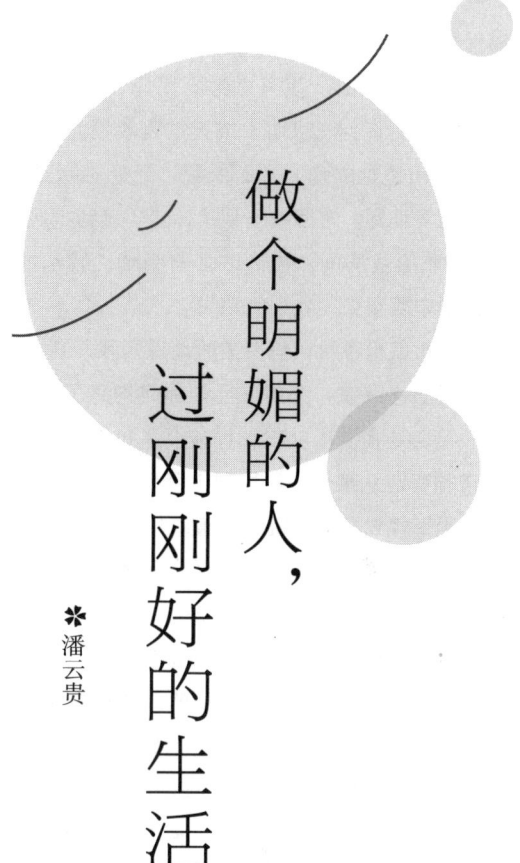

我就职的学校对老师的管理十分严格，最重要的一点体现在日常考勤上。

有老师只因上课迟到二十分钟，就被调离岗位，从"教师岗"变为"保安岗"，其意图明显，希望老师主动请辞。还有老师期末被安排监考，因为有事不能来，就请学生代为监考，结果被学校查到，该老师就被记一次重大教学事故。

我每次想到这些，都提心吊胆，生怕出差错而丢了自己非常看重的第一份工作。刚来的第一学期，我常常半夜惊醒，起来检查自己的教学材料，确定第二天的上课信息。

有一次，我睡眼惺忪地起身找材料，翻遍了卧室，又跑到客厅，最后还钻进厨房，愣是没找到。我有些着急，又找了第二遍，仍旧无果。这时一甩头，看见桌上的闹钟，针脚已经迈过了半夜1点，我打了个哈欠，太困了。我放弃了第三遍寻找，身心疲惫地躺在床上，想睡，但内心的害怕、紧张又使自己无法入睡。我像枚失去针尖的图钉被搁在床上，窗外的月光把我照得锃亮。

那天晚上，我一直在思考一个问题：为什么包括阳台在内55平方米的范围里，找一份材料竟这么费力？我定好闹钟，把醒来时间由平常的早上六点半提前到了五点钟，我要用一个半小时好好翻翻这个屋子的每个角落。

清晨，我在简单洗漱之后开始忙活了。秋末，天色未亮，我打开了房子里全部的灯。这下把自己平常生活的空间都看得清清楚楚：大大小小的物品横七竖八地摆放着，把家里堆得满满当当。床边是下晚课回来后随手撇下的大衣，下面压着前两天未清洗的衣物；沙发上是取回快递后没有及时扔掉的箱子和塑料包装袋；墙角有办完社团活动没舍得扔的广告板；书架上是一沓取出后就没归类整理的图书，它们歪歪斜斜地放着，稍微一动好像就会从架子上摔下来；还有充电器、数据线、发票、纸张等杂物散落在房间四处。

突然间，我才发现自己平常除了应对学校里的事情，很少把心思放在家中物品的收拾上，现在要从这繁杂的空间里找寻自己想要的东西，真有点难

度，耗费的时间也要比自己预想中的长。而这些，都得怪自己。

以前在老家时，我有点讨厌我妈，她有洁癖，见不惯家里有任何一点脏，成天忙着收拾，一个又一个的房间是她的病。那时的我，还处在叛逆期，有时故意刁难她。东西找不到了，就全赖到她头上。"干吗要收拾我房间，被你这么一倒腾，我都找不到自己的东西了！"我生气地说。

我妈火气也不小，劈头盖脸地说了我一通："你也不瞧瞧自己卧室，又脏又乱，都成狗窝了，我不帮着收拾，半夜老鼠就得钻你被窝了！"说完，她就非常神奇地从某个抽屉里取出我想要的东西，她对我屋里每件物品的位置都一清二楚。

现在想起来，我真得对自己向我妈发火这事儿认个错。她在日常生活里处处显示着收纳物品的能力，而我不仅没有学到，还嫌弃她。现在自己一个人开始生活，经历了痛，受过了苦，才明白这些。

得到或占有并不是幸福，有时它们甚至会成为一种负担，让我们在生活中喘不过气来。

同事阿风就住在我家附近，有时傍晚从学校回来，会看到他站在阳台上给他栽的花卉浇水、除草、施肥。他很爱笑，常常我还没看到他就先听到他的招呼。我抬头，就看见这么一个身形清瘦、理着板寸头、笑容和善的人，被黄昏涂上一层非常明亮的色彩，像站在旷野上的人。

我去过阿风的家，他跟我一样，都是一个人住。他家房子的户型和我家相似，但每次我走进去，总觉得他那里异常空旷。客厅里只有一盏挂灯，一排沙发，一桌两椅；卧室中是一张单人床，书桌挨着窗户，桌上有一个相框、一个插着花的花瓶和几本摆放整齐的书；打开壁柜，空空荡荡，不像我家塞满了大大小小的纸盒跟超市塑料袋。

阿风比我入职早，工资比我高很多。当我看到他家的配置，我有点被逗乐了，笑着跟他说："你啊，别太省了，多买点东西回来，你家太空了。"

阿风看着我，只轻轻地说了一句："够了就行，我不想要太多东西，我只想生活足够简单，这使我快乐。"

那次听阿风这么一说，我突然意识到了什么。在逝去的许多日子里，我活在被物质的重重包围中，好像没有快乐可言，所谓"富足"只停留在被物品簇拥的表面，是一种拥挤，甚至是一种窒息。我真正向往的精神原野无比荒芜。

当阿风一次次打电话约我去爬山或散步的时候，我正在取快递；当阿风在阳台上跟我打招呼的时候，我正提着从超市买来的打折商品气喘吁吁往家走。我不知道这些东西是否真的对我有用，我只是享受着当时拥有它们的那种感觉，像是在寻找一种被物质环抱的安全感。但拥有就是幸福吗？

当我在路上汗流浃背、跌跌撞撞地搬回一堆物品时，我幸福吗？

当我一大早就得起来用本来可以睡觉的时间找一份材料时，我幸福吗？

当我看着此刻房间里堆满的摆放无章、又脏又乱的杂物时，我幸福吗？

答案是否定的。

在这个疾速飞奔的时代里，许多人都以物质作为自身信仰，他们表面上都乐于享受生活中物质带来的充实感，却忽略了内心的承受能力，导致自己痛苦抑郁也无法知道原因。我承认我曾经也是其中一员。

但现在，我领悟到了：世间万事都讲究一个度，过度地拥有并不能得到幸福，只会让你感觉困顿、疲乏、难受，活得不自在，丧失自我，进而成为物质的附庸、奴隶，使你远离那些原本属于自己的美好与快乐。

当下，多数人都在负重生活，世界于我们而言，仿佛就是一台没有生气、无休止运行的机器，我们总有种错觉，自己会在被动中度过一生。所以及时放下，是我们需要学会的姿态。

扔掉无用的杂物，清空内心的房间，重拾轻盈的自我，回归简单的生活。

当我们能够及时审视自我，懂得简化人生，千头万绪也会被我们梳理得井井有条。

愿你能做个明媚的人，过自己刚刚好的生活。

守望者 shou wang zhe

和光同尘，与时舒卷

墙下短记

✳ 史铁生

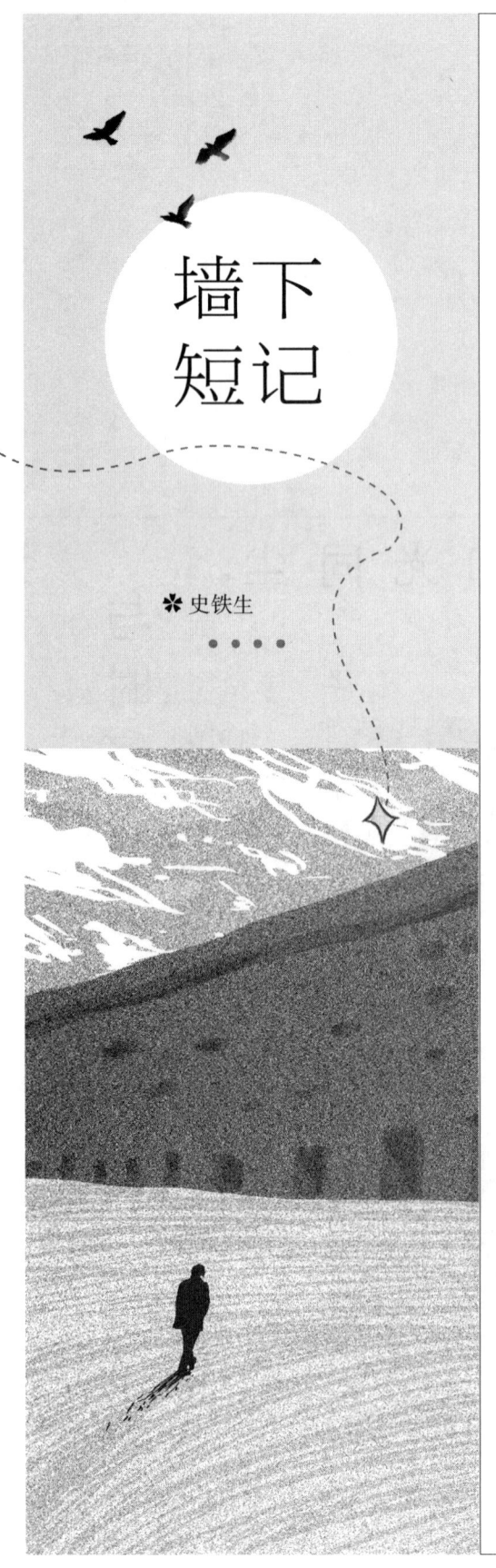

  一些当时看去不太要紧的事却能长久扎根在记忆里。它们一向都在那儿安睡，偶尔醒一下，睁眼看看，见你忙着（升迁或者遁世）就又睡去，很多年里它们轻得仿佛不在。千百次机缘错过，终于一天又看见它们，看见时光把很多所谓人生大事消磨殆尽，而它们坚定不移固守在那儿，沉沉地有了无比的重量。比如一张旧日的照片，拍时并不经意，随手放在哪儿，多年中甚至不记得有它，可忽然一天整理旧物时碰见了它，拂去尘埃，竟会感到那是你的由来也是你的投奔；而很多郑重其事的留影，却已忘记是在哪儿和为了什么。

  近些年我常常想起一道墙，碎砖头垒的，风可以吹落砖缝间的细土。那道墙很长，至少在一个少年看来是很长，很长之后拐了弯，拐进一条更窄的小巷里去。小巷的拐角处有一盏街灯，紧挨着往前是一个院门，那里住过我少年时的一个同窗好友。叫他L吧。L和我能不能永远是好友，以及我们打完架后是否又言归于好，都不重要，重要的是我们一度形影不离，流动不居的生命有一段就由这友谊铺筑成。细密的小巷中，上学和放学的路上我们一起走，冬天和夏天，风声或蝉鸣，太阳到星空，十岁也许九岁的L曾对我说，他将来要娶班上一个女生（暂且叫她作M）做老婆。L转身问我："你呢，想和谁？"我准备不及，想想，觉得M确实漂亮。L说他还要挣很多钱。"干吗？""废话，那时你还花你爸的钱吗？"少年之间的情谊，想来莫过于我们那时的无猜无防了。

  我曾把一件珍爱的东西送给L。一本连环画呢，还是一个什么玩具，已经记不清。可是有一天我们打了架，为什么打架也记不清了，但丝毫不忘的是打完架，我又去找L要回了那件东西。

  老实说，单我一个人是不敢去要的，或者也想不起去要。是几个当时也对L不大满意的伙伴指点我、怂恿我，拍着胸脯说他们甘愿随我一同前去讨还，再若犹豫就成了笨蛋兼傻瓜。我就去了。走过那道很长很熟悉的墙，夕阳正在上面灿烂地照耀，但在我的记忆里，走到L家的院门时，巷角的街灯已经昏黄地亮了。这只可理解为记忆作怪。

  站在那门前，我有点儿害怕，身旁的伙伴便极尽动员和鼓励，提醒我："倘掉头撤退，其可悲甚至超过投降。"我不能推卸罪责给别人：跟L打架后，我为什么要把送给L东西的事告诉别人呢？指点和怂恿都因此发生。我走进院中去喊L，L出来，听我说明来意，愣着看一会儿我，让我到大门外等着。L背着他的母亲，从屋里拿出那件东西交在我手里，不说什么，就又走回屋去。结束总是非常简单，咔嚓一下就都过去。

我和几个同来的伙伴在巷角的街灯下分手，各自回家。他们看看我手上那件东西，好歹说一句"给他干吗"，声调和表情都失去来时的热度，失望甚或沮丧料想都不由于那件东西。

我贴近墙根独自往回走，那墙很长，很长而且荒凉，记忆在这儿又出了差误，好像还是街灯未亮、迎面的行人眉目不清的时候。晚风轻柔得让人无可抱怨，但魂魄仿佛被它吹离，飘起在黄昏中再消失进那道墙里去。捡根树枝，边走边在那墙上轻划，砖缝间的细土一股股地垂流……咔嚓一下所送走的，都扎根进记忆去酿制未来的问题。

那很可能是我对于墙的第一种印象。

随之，另一些墙也从睡中醒来。

几年前，有一天傍晚"散步"，我摇着轮椅走进童年时常于其间玩耍的一片胡同。其实一向都离它们不远，屡屡在其周围走过，匆忙得来不及进去看望。

记得那儿曾有一面红砖短墙，墙头插满锋利的碎玻璃碴儿，我们一群八九岁的孩子总去搅扰墙里那户人家的安宁，攀上一棵小树，扒着墙央告人家把我们的足球扔出来。那面墙应该说藏得很是隐蔽，在一条死巷里，但可惜那巷口的宽度很适合做我们的球门。巷口外的一片空地是我们的球场，球难免是要踢向球门的，倘临门一脚踢飞，十之八九便降落到那面墙里去。墙里是一户善良人家，飞来物在我们的央告下最多被扣押十分钟。但有一次，那足球学着篮球的样子准确投入墙内的面锅，待一群孩子又爬上小树去看时，雪白的面条热气腾腾全滚在煤灰里。足球事小，我们乘暮色抱头鼠窜。好几天后，我们由家长带领，以封闭"球场"为代价换回了那只足球。

条条小巷依旧，或者是更旧了。可能正是国庆期间，家家门上都插了国旗。变化不多，唯独那"球场"早被压在一家饭馆和一座公厕下面。"球门"对着饭馆的后墙，那户善良人家料必是安全得多了。

我摇着轮椅走街串巷，闲度国庆之夜。忽然又一面青灰色的墙叫我怦然心动，我知道，再往前去就是我的幼儿园了。青灰色的墙很高，里面有更高的树，树顶上曾有鸟窝，现在没了。到幼儿园去必要经过这墙下，一见这面高墙，退步回家的希望即告断灭。那青灰色几近一种严酷的信号，令童年分泌恐怖。

这样的"条件反射"确立于一个盛夏的午后，之所以记得清楚，是因为那时的蝉鸣最为浩大。那个下午母亲要出长差，到很远的地方去。我最高的希望是她不去出差，最低的希望是我可以不去幼儿园，在家，不离开奶奶。但两份提案均遭否决，"据哭力争"亦不奏效。如今想来，母亲是要在远行之前给我立下严明的纪律。哭声不停，母亲无奈说带我出去走走。"不去幼儿园！"出门时我再次申明立场。母亲领我在街上走，沿途买些好吃的东西给我，形势虽然可疑，但看看走了这么久又不像是去幼儿园的路，牵着母亲的长裙心里略略地松坦。可是！好吃的东西刚在嘴里有了味道，迎头又来了那面青灰色高墙，才知道条条小路相通。虽立刻大哭，料已无济于事。但一迈进幼儿园的门槛，哭喊即自行停止，心里明白没了依靠，唯规规矩矩做个好孩子是得救的方略。幼儿园墙内，是必度的一种"灾难"，抑或只因为这一个孩子天生怯懦和多愁。

三年前我搬了家，隔窗相望就是一所幼儿园，常在清晨的懒睡中就听见孩子进园前的号哭。我特意去那园门前看过，抗拒进园的孩子其壮烈都像宁死不屈，但一落入园墙便立刻吞下哭声，恐惧变成冤屈，泪眼望天，抱着对晚霞的期待。不见得有谁比我更能理解他们，但早早地对墙有一点儿感受，不是坏事。

我最记得母亲消失在那面青灰色高墙里的情景。她当然是绕过那面墙走上了远途的，但在我的印象里，她是走进那面墙里去了。没有门，但是母亲走进去了，在那些高高的树上蝉鸣浩大，在那些高高的树下母亲的身影很小，在我的恐惧里那儿即是远方。

坐在窗前，看远近峭壁一般林立的高墙和矮墙。我现在有很多时间看它们。有人的地方一定有墙。我们都在墙里。没有多少事可以放心到光天化日下去做。规规整整的高楼叫人想起图书馆的目录柜，只有上天可以去拉开每一个小抽屉，查阅亿万种心灵秘史，看见破墙而出的梦想都在墙的封护中徘徊。还有死神按期来到，伸手进去，抓阄儿似的摸走几个。

我们有时千里迢迢，只像是为了去找一处不见墙的地方：荒原、大海、林莽甚至沙漠，但未必就能逃脱。墙永久在你心里，构筑恐惧，也牵动思念。一只"飞去来器"，从墙出发，又回到墙。你千里迢迢地去时，鲁滨逊正千里迢迢地回来。

意义的原因很可能是意义本身。干吗要有意义？干吗要有生命？干吗要有存在？重量的原因是引力，引力的原因呢？又是重量。学物理的人告诉我：千万别把运动、能量以及时空分割开来理解。我随即得了启发：也千万别把人和意义分割开来理解。不是人有欲望，而是人即欲望。这欲望就是能量，是能量就是运动，是运动就走向前面或者未来。前面和未来都是什么和都是为什么？这必来的疑问使意义诞生，你逃得开某种意义，但逃不开意义，如同你逃得开一次旅行但逃不开生命之旅。

你不是这种意义，就是那种意义。什么意义都不是，就掉进昆德拉所说的"生命不能承受之轻"。你是一个什么呢？生命算是个什么玩意儿呢？轻得称不出一点儿重量你可就要消失。我向L讨回那件东西，归途中的惶茫因年幼而无以名状，如今想来，分明就是为了一个"轻"字：珍宝转眼被处理成垃圾，一段生命轻得飘散了，没有了，以为是什么，原来什么也不是，轻易、简单、灰飞烟灭。一段生命之轻，威胁了生命全面之重，惶茫往灵魂里渗透：是不是生命的所有段落都会落此下场啊？人的根本恐惧就在这个"轻"字上，比如歧视和漠视，比如嘲笑，比如穷人手里作废的股票，比如失恋和死亡。轻，最是可怕。

要求意义就是要求生命的重量。各种重量。各种重量在撞墙之时被真正测量。但很多重量，在死神的秤盘上还是轻，秤砣平衡在荒诞的准星上。因而得有一种重量，你愿意为之生也愿意为之死，愿意为之累，愿意在它的引力下耗尽性命。不是强言不悔，是清醒地从命。死亡光临时有一个仪式，灰和土都好，看往日轻轻地蒸发，但能听见，有什么东西沉沉地还在。不期还在现实中，只望还在美丽的位置上。我与L的情谊，可否还在美丽的位置上沉沉地有着重量？

不要熄灭破墙而出的欲望，否则鼾声又起。

但要接受墙。

接受残缺。接受苦难。接受墙的存在。哭和喊都是要逃离它，怒和骂都是要逃离它，恭维和跪拜还是想逃离它。

我常常去跟墙谈话，对，说出声，默想不能逃离它时就出声责问，也出声请求、商量，所谓软硬兼施。但毫无作用，谈判必至破裂，我的一切条件它都不答应。墙，要你接受它，就这么一个意思反复申明，不卑不亢，直到你听见。直到你不是更多地问它，而是听它更多地问你，那谈话才称得上谈话。

我一直在写作，但一直觉得并不能写成什么，不管是作品还是作家还是主义。用笔和用电脑，都是对墙的谈话，是如衣食住行一样必做的事。寂静的墙和寂静的我之间，野花膨胀着花蕾，不尽的路途在不尽的墙间延展，有很多事要慢慢对它谈，随手记下谓之写作。

朝抵抗力最大的路径走

※ 朱光潜

我提出这个题目来谈，是根据一点亲身的经验。有一段时间，我学过作诗填词。往往一时兴到，我信笔直书，心里想到什么，就写什么，写成了自己读读看，觉得很高兴，自以为还写得不坏。后来我把这些处女作拿给一位精于诗词的朋友看，请他批评，他仔细看了一遍后，很坦白地告诉我说："你的诗词未尝不能作，只是你现在所作的还要不得。"我就问他："毛病在哪里呢？"他说："你的诗词都来得太容易，你没有下过力，你喜欢取巧，耍小聪明。"听了这话，我捏了一把冷汗，起初还有些不服，后来对于前人作品多费过一点心思，才恍然大悟那位朋友批评我的话真是一语破的。

我的毛病确实在没有下过力。我过于相信自然流露，不知道第一次浮上心头的意思往往不是最好的意思，第一次浮上心头的词句也往往不是最好的词句。意境要经过洗练，表现意境的词句也要经过推敲，才能脱去渣滓，达到精妙境界。洗练推敲要吃苦费力，要朝抵抗力最大的路径走。福楼拜自述写作的辛苦说："写作要超人的意志，我却只是一个人！"我也有同样感觉，我缺乏超人的意志，不能拼死力往里钻，只朝抵抗力最低的路径走。

这一点切身的经历使我受到很深的感触。它是一种失败，然而从这种失败中我得到一个很好的教训。我觉得不但在文艺方面，在立身处世的任何方面，贪懒取巧都不会有大成就，要有大成就，必定朝抵抗力最大的路径走。

"抵抗力"是物理学上的一个术语。凡物在静止时都本其固有"惰性"而继续静止，要使它动，必须在它身上加"动力"，动力愈大，动愈速愈远。动的路径上不能无抵抗力，凡物的动都朝抵抗力最低的方向。如果抵抗力大于动力，动就会停止，抵抗力纵是低，聚集起来也可以使动力逐渐减少以至于消灭，所以物不能永动，静止后它要续动，必须加以新动力。这是物理学上一个很简单的原理，也可以应用到人生上面。

人像一般物质一样，也有惰性，要想他动，也必须有动力。人的动力就是他自己的意志力。意志力愈强，动愈易成功；意志力愈弱，动愈易失败。不过人和一般物质有一个重要的分别：一般物质的动都是被动，使它动的动力是外来的；人的动有时可以是主动，使他动的意志力是自生自发自给自足的。在物的方面，动不能自动地随抵抗力之增加而增加；在人的方面，意志力可以自动地随抵抗力之增加而增加，所以物质永远是朝抵抗力最低的路径走，而人可以朝抵抗力最大的路径走。物的动必终为抵抗力所阻止，而人的动可以不为抵抗力所阻止。

照这样看，人之所以为人，就在能不为最大的抵抗力所压服。我们如果要测量一个人有多少人性，最好的标准就是他对于抵抗力所拿出的抵抗力，换句话说，就是他对于环境困难所表现的意志力。我在文中说过，人可以朝抵抗力最大的路径走，人的动可以不为抵抗力所阻。我说"可以"不说"必定"，因为世间大多数人仍是惰性大于意志力，喜欢朝抵抗力最低的路径走，抵抗力稍大，他就要缴械投降。这种人在事实上失去最高生命的特征，堕落到无生命的物质的水平线上，和死尸一样东推东倒，西推西倒。他们在道德、学问、事功各方面都绝不会有成就，万一以庸庸得厚福，也是叨天之幸。

人生来是精神所附丽的物质，免不掉物质所常有的惰性。抵抗力最低的路径常是一种引诱，我们还可以说，凡是引诱所以能成为引诱，都因为它最能迎合人的惰性。惰性是我们的仇敌，要克服惰性，我们必须动员坚强的意志力，不怕朝抵抗力最大的路径走。走通了，抵抗力就算被征服，要做的事也就算成功。历史上有伟大成就者，大半都靠有极坚强的意志力，肯向抵抗力最大的路径走。

失败了以后

※ 林语堂

有很多的人要是没有大难临头,往往不会发挥出其真实力量。除非遭着失望之悲哀,丧家之痛苦,及其他种种创痛的不幸事——足以打动他们的生命核仁,否则他们内在的隐力,是不会唤起动作的。

测验一个人的品格,最好是在他失败的时候,失败了以后,他要怎样呢?

失败会唤起他更多的勇气吗?失败能使他发挥出更大的努力吗?失败能使他发现新力量,唤出潜在力吗?失败了以后,是决心加倍坚强呢?还是就此心灰意冷?

爱默生说:"伟大、高贵人物最明显的标志,就是他坚韧的意志;不管环境变换到何种地步,他的初衷与希望,仍不会有丝毫的改变,而终至克服阻碍,以达到企望的目的。"

倾跌了以后,立刻站立起来,而去向失败中争取胜利,这是自古以来伟大人物的成功秘诀。

有人问一个小孩子,怎样他竟得学会溜冰。小孩子回答:"其方法就在每次跌跤后,立刻就爬起来!"个人的成功或军队的胜利,实际上也是由这种精神决定的。倾跌算不得失败,倾跌后而站立不起来,才是失败。

过去生命之对于你,恐怕是一部创巨痛深的伤心史吧!在检阅着过去的一切时,你会觉得你自己处处失败，碌碌无为吧！你热烈地期待着成就的事业，竟不会成就；你所亲爱的亲戚朋友，甚至会离弃你吧！你曾失掉职位，甚至会因不能维持家庭之故，而失掉你的家庭吧！你的前途，似乎是十分惨暗吧！然而虽有上面的种种不幸，只要你是不甘永远屈服的，则胜利还是等在远处，向你招手呢！

这里是可测验你人格之大小的地方。除了你自己的生命以外，一切都已丧失了以后，在你的生命中，还剩余些什么？换一句话，在你迭遭失败了以后，你还有多少勇气的剩余？假使你在失败之后，从此僵卧不起，放手不干，而自甘于永久的屈服，则别人可以断定，你只是个凡夫俗子；但假使你能雄心不灭，迈步向前，不失望，不放弃，则人家可以知道，你的人格之大，勇气之大，是可以超过你的损失灾祸与失败的。

你或者要说，你已经失败的次数过多，所以再试也属徒然吧；你已经倾跌的次数过多，再站立起来也是无用吧！胡说！对于意志永不屈服的人，没有所谓失败！不管失败的次数怎样多，时间怎样晚，胜利仍然是可期的。狄更斯小说中所描写的守财奴斯克鲁奇在他的暮年，忽然能从一个残忍、冷酷、爱财如命，而整个的灵魂幽囚在黄金堆中的人，一变而为一个宽宏大量、诚恳爱人的人，这并不是狄更斯脑海中凭空所虚构的，世界上真的有这种事实。人的根性，可以由恶劣转变为良善；人的事业，又何曾不可由失败转变而为成功？常常，据报章记载，或为我们所亲身见闻，有许多男女，努力把自己从过去的失败中救赎出来，不顾以前的失败，奋身做再度之奋斗，而终以达到胜利。

有千万的人，已丧失了他们所有的一切东西，然而他们还不算是失败，因为他们是有着一个不可屈服的意志，不知颓丧的精神。

人格伟大的人，对于世间所谓成败，不甚介意，灾祸、失望，虽频频降临，然而总能超过。克胜它们，他从来不会失却镇静。在暴风雨猛烈的袭击中，在心灵脆弱的人唯有束手待毙的时候，他的自信的精神、镇定的气概仍然存在，而可以克胜外界一切的境遇，使之不为害于己。

"什么是失败？"菲力说："不是别的，失败只是走上较高地位的第一阶段。"许多人之所以成功，就是受赐于先前的层层失败。假使他没有遭遇过失败，他恐怕反而不能得到大胜利。对于有骨气、有作为的人，失败是反足以增加他的决心与勇气的。

是的！对于那自信其能力，而不介意于暂时的成败的人，没有所谓失败！对于别人放手、而他仍然坚持，别人后退而他仍然前冲的人，没有所谓失败！对于每次倾跌立刻站起来，每次坠地反会像皮球一样跳得更高的人，没有所谓失败。

认识自我

* 季羡林

我想从认识自我谈起。

每一个人都有一个自我，自我当然离自己最近，应该最容易认识。事实证明正相反，自我最不容易认识。一般的情况是，人们往往把自己的才能、学问、道德、成就等评估过高，永远是自我感觉良好。这对自己是不利的，对社会也是有害的。许多人事纠纷和社会矛盾由此而生。

不管我自己有多少缺点与不足之处，但是认识自己我是颇能做到一些的。我经常剖析自己，想回答"自己究竟是一个什么样的人？"这样一个问题。我自信能够客观地实事求是地进行分析。我认为，自己绝不是什么天才，绝不是什么奇才异能之士，自己只不过是一个中不溜儿的人；但也不能说是蠢材。我说不出，自己在哪一方面有什么特别的天赋。绘画和音乐我都喜欢，但都没有天赋。

在中学读书时，在课堂上偷偷地给老师画像，我的同桌、同学画得比我更像老师，我不得不心服。我羡慕许多同学都能拿出一手儿来，唯独我什么也拿不出。

我想在这里谈一谈我对天才的看法。在世界和中国历史上，确实有过天才，我都没能够碰到。但是，在古代，在现代，在中国，在外国，自命天才的人却层出不穷。我也曾遇到不少这样的人。他们那一副自命不凡的天才相，令人不可向迩。别人嗤之以鼻，而这些"天才"则岿然不动，挥斥激扬，乐不可支。此种人物列入《儒林外史》是再合适不过的。我除了敬佩他们的脸皮厚之外，无话可说。我常常想，天才往往是偏才。他们大脑里一切产生智慧或灵感的构件集中在某一个点上，别的地方一概不管，这一点就是他的天才之所在。天才有时候同疯狂融在一起，画家梵高就是一个好例子。

在伦理道德方面，我的基础也不雄厚。我绝没有现在社会上认为的那样好，那样清高。在这方面，我有我的一套"理论"。我认为，人从动物群体中脱颖而出，变成了人。除了人的本质外，动物的本质也还保留了不少。一切生物的本能，即所谓"性"，都是一样的，即一要生存，二要温饱，三要发展。在这条路上，倘有障碍，必将本能地下死力排除之。根据我的观察，生物还有争胜或求胜的本能，总想压倒别的东西，一枝独秀。这种本能人当然也有。我们常讲，在世界上，争来争去，不外名利两件事。名是为了满足求胜的本能，而利则是为了满足求生。二者联系密切，相辅相成，成为人类的公害，谁也铲除不掉。古今中外的圣人贤人们都尽过力，而所获只能说是有限。

至于我自己，一般人的印象是，我比较淡泊名利。其实这只是一个假象，我名利之心兼而有之。只因我的环境对我有大裨益，所以才造成了这一个假象。我在四十多岁时，一个中国知识分子当时所能追求的最高荣誉，我已经全部拿到手。在学术上是中国科学院学部委员，即后来的院士。

在教育界是一级教授。学术和教育我已经爬到了百尺竿头，再往上就没有什么阶梯了。即使我想再往上爬，我决不会奔走、钻营、吹牛、拍马，只问目的，不择手段。那不是我的作风，我一辈子没有干过。

写到这里，就跟一个比较抽象的理论问题挂上了钩：什么叫好人？什么叫坏人？什么叫好？什么叫坏？我没有看过伦理教科书，不知道其中有没有这样的定义。我自己悟出了一套看法，当然是极端粗浅的，甚至是原始的。我认为，一个人一生要处理好三个关系：天人关系，也就是人与大自然的关系；人人关系，也就是社会关系；个人思想和感情中矛盾和平衡的关系。处理好了，人类就能够进步，社会就能够发展。好人与坏人的问题属于社会关系。因此，我在这里专门谈社会关系，其他两个就不说了。

正确处理人与人的关系，主要是处理利害关系。每个人都有自己的利益，都关心自己的利益。而这种利益又常常会同别人的利益有矛盾。有了你的利益，就没有我的利益。你的利益多了，我的就会减少。怎样解决这个矛盾就成了广大芸芸众生最棘手的问题。

人类毕竟是有思想能思维的动物。在这种极端错综复杂的利益矛盾中，他们绝大部分人都能有分析评判的能力。

至于哲学家所说的良知和良能，我说不清楚。人们能够分清是非善恶，自己处理好问题。在这里无非是有两种态度，既考虑自己的利益，为自己着想，也考虑别人的利益，为别人着想。极少数只考虑自己的利益，而又以残暴的手段攫取别人的利益者，是为害群之马，国家必绳之以法，以保证社会的安定团结。

这也是衡量一个人好坏的基础。地球上没有天堂乐园，也没有小说中所说的"君子国"。对一般人民的道德水平不要提出过高的要求。一个人除了为自己着想外能为别人着想的水平达到百分之六十，他就算是一个好人。水平越高，当然越好。那样高的水平恐怕只有少数人能达到了。

至于我自己，我是一个谨小慎微，性格内向的人。考虑问题有时候细入毫发。我考虑别人的利益，为别人着想，我自认能达到百分之六十。我只能把自己划归好人一类。我过去犯过许多错误，伤害了一些人。但那绝不是有意为之，是为我的水平低、修养不够所支配的。在这里，我还必须再做一下老王，自我吹嘘一番。在大是大非问题前面，我会一反谨小慎微的本性，挺身而出，完全不计个人利害。我觉得，这是我身上的亮点，颇值得骄傲的。

总之，我给自己的评价是一个平平常常的好人，但不是一个不讲原则的滥好人。

我生长在鲁西北贫困地区一个僻远的小村庄里。晚年，一个幼年时的伙伴对我说："你们家连贫农都够不上！"

在家六年，几乎不知肉味，平常吃的是红高粱饼子，白馒头只有大奶奶给吃过。没有钱买盐，只能从盐碱地里挖土煮水腌咸菜。母亲一字不识，一辈子季赵氏，连个名都没有捞上。

我现在一闭眼就看到一个小男孩，在夏天里浑身上下一丝不挂，滚在黄土地里，然后跳入浑浊的小河里去冲洗。

再滚，再冲；再冲，再滚。

"难道这就是我吗？"

"不错，这就是你！"

六岁那年，我从那个小村庄里走出，走向通都大邑，一走就走了将近九十年。我走过阳关大道，也跨过独木小桥。有时候歪打正着，有时候也正打歪着。坎坎坷坷，跌跌撞撞，磕磕碰碰，推推搡搡，云里，雾里。不知不觉就走到了现在的九十多岁，超过古稀之年，岂不大可喜哉！又岂不大可惧哉！我仿佛大梦初觉一样，糊里糊涂地成为一位名人。

名利之心，人皆有之。我这样一个平凡的人，有了点儿名，感到高兴，是人之常情。我只想说一句，我确实没有为了出名而去钻营。我经常说，我少无大志，中无大志，老也无大志。这都是实情。能够有点儿小名小利，自己也就满足了。

人要生活在趣味之中

※梁启超

我是个主张趣味主义的人，倘若用化学化分"梁启超"这件东西，把里头所含一种元素名叫"趣味"的抽出来，只怕所剩下的仅有个零了。我以为凡人必须常常生活于趣味之中，生活才有价值；若哭丧着脸挨过几十年，那么，生活便成沙漠，要来何用？中国人见面，最喜欢用的一句话："近来作何消遣？"这句话我听着便讨厌。话里的意思，好像生活得不耐烦了，几十年日子没有法子过，勉强找些事情来消他遣他。一个人若生活于这种状态之下，我劝他不如早日投海。我觉得天下万事万物都有趣味，我只嫌二十四点钟不能扩充到四十八点，不够我享用。我一年到头不肯歇息。问我忙什么，忙的是我的趣味，我以为这便是人生最合理的生活，我常常想动员别人也学我这样生活。

凡属趣味，我一概都承认他是好的。但怎么才算趣味，不能不下一个注脚。我说："凡一件事做下去不会生出和趣味相反的结果的，这件事便可以为趣味的主体。"赌钱有趣味吗？输了怎么样？吃酒有趣味吗？病了怎么样？做官有趣味吗？没有官做的时候怎么样？诸如此类，虽然在短时间内像有趣味，结果会闹到俗语说的"没趣一齐来"，所以我们不能承认它是趣味。凡趣味的性质，总是以趣味始，以趣味终。所以能为趣味之主体者，莫如下面的几项：

一、劳作；

二、游戏；

三、艺术；

四、学问。

诸君听我这段话，切勿误会，以为我用道德观念来选择趣味。我不问德不德，只问趣不趣。我并不是因为赌钱不道德才排斥赌钱，因为赌钱的本质会闹到没趣，闹到没趣便破坏了我的趣味主义，所以排斥赌钱。我并不是因为学问是道德才提倡学问，因为学问的本质，能够以趣味始，以趣味终，最合于我的趣味主义条件，所以提倡学问。

学问的趣味，是怎么一回事呢？这句话我不能回答。凡趣味总要自己领略，自己未曾领略得到时，旁人没有法子告诉你。佛典说的："如人饮水，冷暖自知。"你问我这水怎样的冷，我便把所有形容词说尽，也形容不出给你听，除非你亲自喝一口。我并不是要说学问是如何如何的有趣味，只是要说如何如何便会尝得着学问的趣味。

诸君要尝学问的趣味吗？据我所经历过的，有下列几条路应走。

第一，无所为。

趣味主义最重要的条件是"无所为而为"。凡有所为而为的事，都是以另一件事为目的而以这一件事为手段。为达目的起见，勉强用手段；目的达到时，手段便抛却。例如学生为毕业证书而做学问，著作家为版权而做学问，这种做法，便是以学问为手段，便是有所为。有所为虽然有时也可以为引起趣味的一种方法，但到趣味真发生时，必定要和"所为者"脱离关系。你问我："为什么做学问？"我便答道："不为什么。"再问，我便答道："为学问而学问。"或者答道："为我的趣味。"诸君切勿以为我这些话是故弄玄虚，人类合理的生活本来如此。小孩子为什么游戏？为游戏而游戏。人为什么生活？为生活而生活。为游戏而游戏，游戏便有趣；为体操分数而游戏，游戏便无趣。

第二，不息。

"鸦片烟怎样会上瘾？""天天吃。""上瘾"这两个字，和"天天"这两个字是离不开的。凡人类的本能，只要哪部分搁久了不用，它便会麻木，会生锈。十年不跑路，两条腿一定会废了。每天跑一点钟，跑上几个月，一天不跑时，腿便发痒。人类为理性的动物，"学问欲"原是固有本能之一，只怕你出了学校便和学问告辞，把所有经管学问的器官一齐打落冷宫，把学问的胃口弄坏了，便山珍海味摆在面前也不愿意动筷子。诸君啊！诸君倘若现在从事教育事业或将来想从事教育事业，自然没有问题，很多机会来培养你的学问胃口。若是做别的职业呢，我劝你每日除本业正当劳作之外，最少总要腾出一点钟，研究你所嗜好的学问。一点钟哪里不消耗了？千万不要错过，闹成"学问胃弱"的症候，白白自己剥夺了一种人类应享之特权啊！

第三，深入地研究。

趣味总是慢慢地来，越引越多，像倒吃甘蔗，越往下才越得好处。假如你虽然每天定有一点钟做学问，但不过拿来消遣消遣，不带有研究精神，趣味便引不起来。或者今天研究这样，明天研究那样，趣味还是引不起来。趣味总是藏在深处，你想得着，便要进去。这个门穿一穿，那个门张一张，再不曾看见"宗庙之美，百官之富"，如何能有趣味？我方才说："研究你所嗜好的学问。"嗜好两个字很要紧。一个人受过相当教育之后，无论如何，总有一两门学问和自己脾胃相合，而已经懂得大概，可以做加工研究之预备的。请你就选定一门作为终身正业（指从事学者生活的人说），或作为本业劳作以外的副业（指从事其他职业的人说）。不怕范围窄，越窄越便于聚精神；不怕问题难，越难越便于鼓勇气。你只要肯一层一层地往里面追，我保你一定被它引到"欲罢不能"的地步。

第四，找朋友。

趣味比方电，越摩擦越出。前面所说，是靠我本身和学问本身相摩擦，但仍恐怕我本身有时会停摆，发电力便弱了。所以常常要仰赖别人帮助。一个人总要有几位共事的朋友，同时还要有几位共学的朋友。共事的朋友，用来扶持我的职业，共学的朋友和共玩的朋友同一性质，都是用来摩擦我的趣味。这类朋友，能够和我同嗜好一种学问的自然最好，我便和他搭伙研究。即或不然，他有他的嗜好，我有我的嗜好，只要彼此都有研究精神，我和他常常在一块或常常通信，便不知不觉把彼此趣味都摩擦出来了。得着一两位这种朋友，便算人生大幸福之一。我想只要你肯找，断不会找不出来。

我说的这四件事，虽然像是老生常谈，但恐怕大多数人都不曾这样做。唉！世上人多么可怜啊！有这种不假外求、不会蚀本、不会出毛病的趣味世界，竟没有几个人肯来享受！古书说的故事"野人献曝"，我是尝冬天晒太阳滋味尝得舒服透了，不忍一人独享，特地恭恭敬敬地来告诉诸君，诸君或者会欣然采纳吧？但我还有一句话：太阳虽好，总要诸君亲自去晒，旁人却替你晒不来。

我出门不大说话，是因为我不会说普通话。人一稠，只有安静着听，能笑的也笑，能恼的也恼，或者不动声色。

口舌的功能失去了重要的一面，吸烟就特别多，更好吃辣子、吃醋。

我曾经努力学过普通话，最早是我补过一次金牙的时候，再是我恋爱的时候，再是我有些名声，常常被人邀请。

但我一学说，舌头就发硬，像大街上走模特儿的一字步，有醋溜过的味儿。自己都恶心自己的声调，也便羞于出口让别人听，所以终没有学成。

后来想，伟人都不说普通话，我也不说了。而我的家乡话外人听不懂，常要一边说一边用笔写些字眼，说话的思维便要隔断，越发说话没了激情，也没了情趣，于是干脆不说了。

数年前同一个朋友上京，他会普通话，一切应酬由他说，遗憾的是他口吃，话虽说得很慢，仍结结巴巴，常让人有没气儿了、要过去了的危险感觉。

偏有一日在长安街上有人问路，这人竟也是口吃，我的朋友就一语不发，过后我问怎么不说，他说，人家也是口吃，我要回答了，那人以为我是在模仿戏弄，所以他是封了口的。受朋友的启示，以后我更不愿说话。

有一年，北京的作家叫莫言的去新疆，突然给我发了电报，让我去西安火车站接他，那时我还未见过莫言，就在一个纸牌上写了"莫言"二字在车站转来转去等他。

一个上午我没有说一句话，好多人直瞅着我也不说话。

那日莫言因故未能到西安，直到快下午了，我迫不得已问一个人×次列车到站了没有，那人先把我手中的纸牌翻了个过儿，说："现在我可以对你说话了，我不知道。"

我才猛然醒悟到纸牌上写着"莫言"二字。这两个字真好，可惜让别人用了笔名。

我现在常提一个提包，是一家聋哑学校送我的，我每每把有"聋哑学校"的字样亮出来，出门在外觉得很自在。

不会说普通话，有口难言，我就不去见领导，见女人，见生人，慢慢乏于社交，越发瓜呆。

但我会骂人，用家乡的土话骂，很觉畅美。我这么说的时候，其实心里很悲哀，恨自己太不行，自己就又给自己鼓劲。

所以在许多文章中，我写我的出生地绝不写是贫困的山地，而写"出生的地方如同韶山"，写不会说普通话时偏写道："普通话是普通人说的话嘛！"

一个和尚曾给我传授过成就大事的秘诀："心系一处，守口如瓶。"

我的女儿在她的卧房里也写了这八个字的座右铭，但她写成："心系一处，守口如平。"平是我的乳名，她说她也要守口如爸爸。

不会说普通话，我失去了许多好事，也避了诸多是非。世上有流言和留言——流言凭嘴，留言靠笔。我不会去流言，而滚滚流言对我而来时，我只能沉默。

说话

✽ 贾平凹

山村的墓碣

冯 至

德国和瑞士交界的一带是山谷和树林的世界，那里的居民多半是农民。虽然有铁路、公路伸到他们的村庄里来，但是他们的视线还依然为些山岭所限制，不必提巴黎和柏林，就是他们附近的几个都市，和他们的距离也好像有几万里远。

他们各自保持住自己的服装，自己的方言，自己的习俗，自己的建筑方式。山上的枞林有时稀疏，有时浓密，走进去，往往是几天也走不完。林径上行人稀少，但对面若是走来一个人，没有不向你点头致意的，仿佛是熟识的一般。每逢路径拐弯处，总少不了一块方方的指路碑，东西南北，指给你一些新鲜而又朴实的地名。有一次，我正对着一块指路碑，踌躇着，不知应该往哪里走，在碑旁草丛中又见到另外一块方石，向前仔细一看，却是一座墓碣，上边刻着：

一个过路人，不知为什么，走到这里就死了。

一切过路人，从这里经过，请给他做个祈祷。

这两行简陋的诗句非常感动我，当时我真想给这个不知名的死者做一次祈祷。但是我不能。小时候读过王阳明的《瘗旅文》，为了那死在瘴疠之乡的主仆起过无穷的想象；这里并非瘴疠之乡，但既然同是过路人，便不自觉地起了无限的同情，觉得这个死者好像是自己的亲属，说得重一些，竟像是所有的行路人生命里的一部分。

由于这块墓碣我便发生了一种从来不曾有过的兴趣：走路时总是常常注意路旁，会不会在这寂静的自然里再发现这一类的墓碣呢？人们说，事事不可强求，一强求，反而遇不到了。但有时也有偶然的机会，在你一个愿望因为不能达到而放弃了以后，使你有一个意想不到的收获。我在那些山村和山林里自然没有再遇到第二座这样的墓碣，可是在我离开了那里又回到一个繁华的城市时，一天我在一个旧书店里乱翻，不知不觉，有一个两寸长的小册子落到了我的手里。封面上写着："山村的墓碣。"打开一看，正是瑞士许多山村中的墓碣上的铭语，一个乡村牧师搜集的。

欧洲城市附近的墓园往往是很好的散步场所，那里有鲜花，有短树，墓碑上有美丽的石刻，人们尽量把死点缀得十分幽静，但墓铭多半是千篇一律的，无非是"愿你得到永息"一类的话。可是这小册子里所搜集的则迥然不同，里边到处流露出农人的朴实与幽默，他们看死的降临是无法抵制的，因此于无可奈何中也就把死写得潇洒而轻松。我很便宜地买到这本小册子，茶余饭罢，常常读给朋友们听，朋友们听了，没有一个不诧异地问："这是真的吗？"但是每个铭语下边都注明采集的地名。我现在还记得几段，其中有一段这样写着：我生于波登湖畔，我死于肚子痛。

还有一个小学教师的：我是一个乡村教员，鞭打了一辈子学童。

如今的人类正在大规模地死亡。在无数死者的坟墓前，有的刻上光荣的词句，有的被人说是可鄙的死亡，有的无人理会。可是瑞士的山中仍旧保持着昔日的平静，我想，那里的农民们也许还在继续刻他们的别饶风趣的墓碣吧。有时我为了许多事，想到死的问题，在想得最严重时，很想再翻开那个小册子读一读，但它跟我许多心爱的书籍一样，尘埋在远远的北方的家乡……

骂人的艺术

※ 梁实秋

古今中外没有一个不骂人的人。骂人就是有道德观念的意思，因为在骂人的时候，至少在骂人者自己总觉得那人有该骂的地方。何者该骂，何者不该骂，这个抉择的标准，是极道德的。

所以根本不骂人，大可不必。骂人是一种发泄感情的方法，尤其是那一种怨怒的感情。想骂人的时候而不骂，时常在身体上弄出毛病，所以想骂人时，骂骂何妨。

但是，骂人是一种高深的学问，不是人人都可以随便试的。有因为骂人挨嘴巴的，有因为骂人吃官司的，有因为骂人反被人骂的，这都是不会骂人的缘故。今以研究所得，公诸同好，或可为骂人时之一助乎？

/ 1 /
知己知彼

骂人是和动手打架一样的，你如其敢打人一拳，你先要自己忖度一下，你吃得起别人的一拳否。这叫作知己知彼。骂人也是一样。譬如你骂他是"屈死"，你先要反省，自己和"屈死"有无分别。你骂别人荒唐，你自己想想曾否吃喝嫖赌。否则别人回敬你一两句，你就受不了。所以别人有着某种短处，而足下也正有同病，那么你在骂他的时候，只得割爱。

/ 2 /
无骂不如己者

要骂人须要挑比你大一点的人物，比你漂亮一点的，或者比你坏得万倍而比你得势的人物。总之，你要骂人，那人无论在好的一方面或坏的一方面都要能胜过你，你才不吃亏的。你骂大人物，就怕他不理你，他一回骂，你就算骂着了。因为身份相同的人才肯对骂。在坏的一方面胜过你的，你骂他就如教训一般，他即便回骂，一般人仍不会理会他的。假如你骂一个无关痛痒的人，你越骂他，他越得意，时常可以把一个无名小卒骂出名了，你看冤与不冤？

/ 3 /
适可而止

骂大人物骂到他回骂的时候，便不可再骂；再骂则一般人对你必无同情，以为你是无理取闹。骂小人物骂到他不能回骂的时候，便不可再骂；再骂下去则一般人对你也必无同情，以为你是欺负弱者。

/ 4 /
旁敲侧击

他偷东西，你骂他是贼；他抢东西，你骂他是盗，这是笨伯。骂人必须先明虚实掩映之法，须要烘托旁衬，旁敲侧击，于要紧处只要一语便得，所谓杀人于咽喉处着刀。越要骂他你越要原谅他，即便说些恭维话亦不为过，这样的骂法才能显得你所骂的句句是真实确凿，让旁人看起来也可见得你的度量。

态 度 镇 静

骂人最忌浮躁。一语不合，面红筋跳，暴躁如雷，此灌夫骂座，泼妇骂街之术，不足以言骂人。善骂者必须态度镇静，行若无事。普通一般骂人，谁的声音高便算谁占理，谁的来势猛便算谁骂赢，唯真善骂人者，乃能避其锋而击其懈。

你等他骂得疲倦的时候，你只消轻轻地回敬他一句，让他再狂吼一阵。在他暴躁不堪的时候，你不妨对他冷笑几声，包管你不费力气，把他气得死去活来，骂得他针针见血。

出 言 典 雅

骂人要骂得微妙含蓄，你骂他一句要使他不甚觉得是骂，等到想过一遍才慢慢觉悟这句话不是好话，让他笑着的面孔由白而红，由红而紫，由紫而灰，这才是骂人的上乘。欲达到此种目的，深刻之用意固不可少，而典雅之言辞尤为重要。

言辞典雅则可使听者不致刺耳。如要骂人骂得典雅，则首先要在骂时万万别提起女人身上的某一部分，万万不要涉入生理学范围。骂人一骂到生理学范围以内，底下再有什么话都不好说了。

譬如你骂某甲，千万别提起他的令堂令妹。因为那样一来，便无是非可言，并且你自己也不免有令堂令妹，他若回敬起来，岂非势均力敌，半斤八两？再者骂人的时候，最好不要加入种种难堪的名词，称呼起来总要客气，即使他是极卑鄙的小人，你也不妨称他先生，越客气，越骂得有力量。

骂的时节最好引用他自己的词句，这不但可以使他难堪，还可以减轻他对你的骂的力量。俗话少用，因为俗话一览无遗，不若典雅古文曲折含蓄。

以 退 为 进

两人对骂，而自己亦有理屈之处，则于开骂伊始，特宜注意，最好是毅然将自己理屈之处完全承认下来，即使道歉认错均不妨事。先把自己理屈之处轻轻遮掩过去，然后你再重整旗鼓，咄咄逼人，方可无后顾之忧。

即使自己没有理屈的地方，也绝不可自行夸张，务必要谦逊不遑，把自己的位置降到一个不可再降的位置，然后骂起人来，自有一种公正光明的态度。否则你骂他一两句，他便以你个人的事反唇相讥，一场对骂，会变成两人私下口角，是非曲直，无从判断。所以骂人者自己要低声下气，此所谓以退为进。

预 设 埋 伏

你把这句话骂过去，你便要想想看，他将用什么话骂回来。有眼光的骂人者，便处处留神，或是先将他要骂你的话替他说出来，或是预先安设埋伏，令他骂回来的话失去效力。他骂你的话，你替他说出来，这便等于缴了他的械一般。预安设埋伏，便是在要攻击你的地方，你先轻轻地安下话根，然后他骂过来就等于枪弹打在沙包上，不能中伤。

小 题 大 做

如对方有该骂之处，而题目过小，不值一骂，或你所知不多，不足一骂，那时节你便可用小题大做的方法，来扩大题目。先用诚恳而怀疑的态度引申对方的意思，由不紧要之点引到大题目上去，处处用严谨的逻辑逼他说出不逻辑的话来，或是逼他说出合于逻辑但不合乎理的话来，然后你再大举骂他，骂到体无完肤为止，而原来惹动你的小题目，轻轻一提便了。

10

远 交 近 攻

一个时候，只能骂一个人，或一种人，或一派人，绝不宜多树敌。所以骂人的时候，万勿连累旁人，即使必须牵涉多人，你也要表示好意，否则回骂之声纷至沓来，使你无从应付。

骂人的艺术，一时所能想起来的有上面十条，信手拈来，并无条理。我作此文的用意，是助人骂人。同时也是想把骂人的技术揭破一点，供爱骂者参考。挨骂的人看看，骂人的心理原来是这样的，也算是揭破一张黑幕给你瞧瞧！

不如任性过生活

✽ 蔡 澜

没钱也能好好玩，不玩对不起自己。

生老病死，为必经过程。

既然知道有这么四件事，还不快点去玩？

玩，不需要有什么条件，看蚂蚁搬家也可以看个老半天。养条便宜金鱼、种盆不值钱的花，都可以玩个够。

下棋、种花、养金鱼，都不必花太多钱，买一些让自己悦目的日常生活用品，也不会太破费，绝对不是玩物丧志，而是玩物养志。

"玩物养志，有什么不好？"冯康侯老师说，"能附庸风雅，更妙，现代的人就是不会玩，连风雅也不肯附。"

教你怎么赚钱的专家多的是，打开报纸的财经版每天都有人替你指导，事业成功的老板更会发表言论来晒命。书店中充满有钱人的回忆录和传记，我们把所有的都看遍，也不见得会发达。

还是教你怎么玩的书，更为好看，人类活到老死，不玩对不起自己。生命对我们并不公平，我们一生下来就哭，人生忧患识字始，长大后不如意事十常八九，只有玩，才能得到心理平衡。

我在内地和友人谈起生活之道，经常的反应是你有钱，所以有条件培养种种兴趣，我们做不到。

我一直强调的是兴趣与钱虽然有点关系，但并非绝对。像种花养鱼，可由平凡的品种研究，所费不多。读书更是最佳兴趣，目前的书籍愈卖愈贵是事实，但绝非付不起的数目。而且，图书馆也在免费地等你。

重复又重复地说，兴趣可以变为财富，一种东西研究到深入，就成专家，专家可以以新品种来换钱,至少也能写文章赚点稿费。

钻了进去,以为自己知识很丰富时,哪知道已经有人研究得比自己还深,原来七八百年前已写过论说,便觉自己的无知与渺小,做人也学会了谦虚。

逛书局,对我来说是一种人生乐事,是许多在网上购书的人不懂的。

书有香味吗?答案是肯定的。纸的味道来自树木,大自然的东西,多数是香的。逛书局,用手接触到书,不喜欢的放回架上,看中的带回家去,多快乐!唯一的毛病,是书重得不得了。

逛的意思,是有闲情。书店不能太大,慢慢欣赏,在里面流连上一小时,才叫逛。

我们不会变得更老,我们只会变得更好。

每个人只能年轻一次,大家都歌颂青春的无价:青春小鸟一去不回来!啦啦啦啦!啊!千万别浪费它!

但是每个人也只能有一次中年,有一次老年。人生每一个阶段都珍贵,何必妄自菲薄呢?

老实说,我并不喜欢年轻时的我,我觉得我当年不够充实,鉴赏力不足,自大无知,缺点数之不尽。看以前的照片,只对自己高瘦的身材有点怀念,还有剩下的那点愤世嫉俗的忧郁。

人类都会老,老并不是一件可怕的事,但是老得顽固和老得懊恼就不值得活下去。我们有肉体年龄和精神年龄,父亲说他50岁之后,生日便开始倒数,所以今年算起来才20岁。

反而,看到生活刻板,不苟言笑,毫无嗜好的年轻人,他们才是真正老了。

又老又胖的男人,很失礼吗?那是信心问题,不以财富衡量。家庭清贫,但衣着干净,不蓬头垢面,黑西装上没有头皮屑,指甲修得整齐,是对自己的尊重,别人看见也舒服,与胖和瘦无关。

嫌自己又老又胖的男人,和一天到晚想去整容的女人一样可笑。闲时散散步,看看花,足够矣。

人生必经之路,迟早到来。等它来临时,不如做好准备,享受它的宁静。

人总得向自然学习,最好临终之前,散发出花香。

自觉守旧,但与青年人相聚时,发现有了代沟:我要在工作时拼命,我要在休息时狂舞。他们却要将二者混为一谈,并引证种种哲学。我只感到他们老成,我较年轻。穿着牛仔裤,满脸胡须的怪物,也在证明自己能在商业社会生存。只要有一份真。

年纪大了有个好处,就是可以尽量地少说假话,少骗人。

我们会发觉讲真话是多么舒服,多么过瘾。以我为例,竟然可以用讲真话闯出一个名堂。

老,必须老得庄严。

老,一定要老得干净。

老,要老得清香。

是否名牌已不重要,但天天洗濯烫直。衣着是对别人的一种尊敬,也是对自己的尊敬。

皱纹是自傲,但须根应该刮净,做一个美髯公亦可,只是每天的整理,更花费工夫。

年轻人说:"你们老了。"

不,不,不,不,我们不会变得更老,我们只会变得更好。

但愿自己能像红酒,越老越醇。一股香浓,诱得年轻人团团乱转。对一切看开、放下,人生豁达开朗,那有多好。

活得好一点,简单一点,就是人生的意义。

从小,父母亲就要我好好地"做人"。做

人还不容易吗？不，不容易。

"什么叫会做人？"朋友说，"看人脸色不就是？"

不，做人就是努力别看他人脸色，做人，也没必要给别人脸色看。

生下来，大家都是平等的。人与人之间要有一份互相的尊敬。所以我不管对方是什么职业，是老是少，我都尊重。

除了尊敬人，也要尊敬我们住的环境，这是一个基本条件。

父亲教导的守时、重友情、做事有责任心，从小到老，我都是一心一意牢牢抓住的，但也不是都做得到，实行起来很辛苦，最重要的，还是要放弃以自我为中心。

看惯了人类为了一点小利益而出卖朋友，甚至兄弟父母，也学会了饶恕。人，到底是脆弱的。

年轻时的疾恶如仇时代已成过去。会做人并不需要圆滑，有话还是要说的。为了争取到这个权利，付出甚多。现在，要求的也只是尽量能说要说的话，不卑不亢。

到了这个年龄，最大的缺点是变成了老顽固，但已经炼成百毒不侵之身，别人的批评，当耳边风矣，认为自己是一个人，中国人美国人都没有分别。愿你我都一样。

人生已走一大半，不如意事八九。到现在，可以避免尽量避免，深感不值得有更多的烦恼。

大概自幼就有不喜欢愁眉苦脸的性格，小朋友们为了梁山伯与祝英台痛哭的时候，我在一旁看徐文长的故事笑。

为赋新词强说愁的阶段也曾有过，也曾爱上缠绵悱恻的诗句和小说。

但是，那个时候，痛苦等于一种享受，悲戚是喜剧的化身。

总需要一名小丑吧？让我来染红鼻子。

踉跄伤怀、柔肠百转、五内俱焚、心如刀割、怔忡不已、郁郁寡欢等字眼，最好在我脑海中消失。

活得不快乐，长寿有什么意思？

一个人生命的长短，是不受自己控制的，你看看比我们早一点去的人，这是多么可惜！我们共同认识的亿万富翁，每天吃同样的鲍鱼和鱼翅，就是把一切变得枯燥。做人不管贫富，只要注意生活的每一个细节，小小的欢乐，已经可以享受不尽。重复一句，生命的长短是不受自己控制，但是生命质量的高低，却是我们自己能够把控的！

烧菜给别人吃，给自己吃，都是消除寂寞最好的办法。

没有比吃东西打发时间更好的了，而且饱腹，永远是一种很好的感觉。

人家说失恋的时候，最好拼命找东西吃，便没那么痛苦。我很少失恋，但烦恼事总是有的，拼命吃东西，以我的亲身经历，确实能忘记不愉快的感觉。

做一顿好菜，从一大早逛菜市场开始，看见那些新鲜蔬菜，像在向你招手，惹人欢笑，又见小贩们辛勤地做买卖，被那种辛苦耐劳的精神深深感动。这时，你会发现，自己的问题，不大。

人生的意义到底是什么呢？吃得好一点，睡得好一点，多玩玩，不羡慕别人，多储蓄人生经验，死而无憾，这就是最大的意义吧，一点也不复杂。

我的
精神家园

※ 王小波

我十三岁时，常到我爸爸的书柜里偷书看。那时候气氛紧张，他把所有不宜摆在外面的书都锁了起来。在那个柜子里，有奥维德的《变形记》，朱生豪译的莎翁戏剧，甚至还有《十日谈》。柜子是锁着的，但我哥哥有捅开它的方法。他还有说服我去火中取栗的办法：你小，身体也单薄，我看爸爸不好意思揍你。但实际上，在揍我这个问题上，我爸爸显得不够绅士派，我的手脚也不太灵活，总给他这种机会。总而言之，偷出书来两人看，挨揍则是我一人挨，就这样看了一些书。虽然很吃亏，但我也不后悔。

看过了《变形记》，我对古希腊着了迷。我哥哥还告诉我说：古希腊有一种哲人，穿着宽松的袍子走来走去。有一天，有一位哲人去看朋友，见他不在，就要过一块涂蜡的木板，在上面随意挥洒，画了一条曲线，交给朋友的家人，自己回家去了。

那位朋友回家，看到那块木板，为曲线的优美所折服，连忙埋伏在哲人家左近，待他出门时闯进去，要过一块木板，精心画上一条曲线……当然，这故事余下的部分就很容易猜了：哲人回了家，看到朋友留下的木板，又取一块蜡板，把自己的全部心胸画在一条曲线里，送给朋友去看，使他真正折服。现在我想，这个故事是我哥哥编的。但当时我还认真地想了一阵，终于傻呵呵地说道：这多好啊。时隔三十年回想起来，我并不羞愧。井底之蛙也拥有一片天空，十三岁的孩子也可以有一片精神家园。此外，人有兄长是好的。虽然我对国家的计划生育政策也无异议。

长大以后，我才知道科学和艺术是怎样的事业。我哥哥后来是已故逻辑大师沈有鼎先生的弟子，我则学了理科；我们还在一起讲过真伪之分的心得、对热力学的体会，但这已是我二十多岁时的事。再大一些，我到国外去旅行，在剑桥看到过使牛顿体会到万有引力的苹果树，拜伦拐着腿跳下去游水的"拜伦塘"，但我总在回想幼时遥望人类智慧星空时的情景。千万丈的大厦总要有片奠基石，最初的爱好无可替代。所有的智者、诗人，也许都体验过儿童对着星光感悟的一瞬。我总觉得，这种爱好对一个人来说，是不可少的。

我时常回到童年，用一片童心来思考问题，很多烦难的问题就变得易解。人活着当然要做一番事业，而且是人文的事业，就如有一条路要走，假如是有位老学究式的人物，手执教鞭戒尺打着你走，那就不是走一条路，而是背一本宗谱。我听说苏联就是这么教小孩子的：要背全本的普希金、半本莱蒙托夫，还要记住俄罗斯是大象的故乡（萧斯塔科维奇在回忆录里说了很多）。我们这里是怎样教孩子的，我就不说了，以免得罪师长。我很怀疑会背宗谱就算有了精神家园，但我也不想说服谁。安徒生写过《光荣的荆棘路》，他说人文的事业就是一片着火的荆棘，智者仁人就在火里走着。当然，他是把尘世的喧嚣都考虑在内了，我觉得用不着想那么多。用宁静的童心来看，这条路是这样的：它在两条竹篱笆之中。篱笆上开满了紫色的牵牛花，在每个花蕊上都落了一只蓝蜻蜓。这样说固然有煽情之嫌，但想要说服安徒生，就要用这样的语言。维特根斯坦临终时说：告诉他们，我度过了美好的一生。这句话给人的感觉就是他从牵牛花丛中走过来了。虽然我对他的事业一窍不通，但我觉得他和我是一头儿的。

我不大能领会下列说法的深奥之处：要重建精神家园，恢复人文精神，就要灭掉一切俗人——其中首先要灭的，就是风头正健的俗人。假如说，读者兜里的钱是有数的，买了别人的书，就没钱来买我的书，所以要灭掉别人，这个我倒能理解，但上述说法不见得有如此之深奥。假如真有这么深奥，我也不赞成——我们应该像商人一样，严守诚实原则，反对不正当的竞争。让我的想法和作品成为嚣嚣尘世上的正宗，这个念头我没有，也不敢有。既然如此，就必须解释我写文章（包括这篇文章）的动机。

坦白地说，我也解释不大清楚，只能说：假如我今天死掉，恐怕就不能像维特根斯坦一样说"我度过了美好的一生"；也不能像司汤达一样说"活过，爱过，写过"。我很怕落到什么都说不出的结果，所以正在努力工作。

小行星
xiao xing xing

永远相信

童话、英雄和魔法

画龙点睛

✻ 阿 城

故事之一

从前有座庙，庙里有堵墙，白白的好像缺点什么。庙里的和尚于是请来画家张生在这堵墙上画些东西。

张生就画了四条龙。到庙里来的人都说这四条龙画得真好，可是，为什么不给四条龙画上眼睛呢？

原来庙里的人很小气，没有给张生画龙的钱，张生就不画完。可是人来庙里看龙，顺带着香火就旺，庙里的和尚想来想去，付给张生三条龙的钱。

张生拿笔到墙前面，给其中的一条龙画上眼睛。轰隆一声，有眼睛的龙飞走了。

张生说："既然你们只给三条龙的钱，没钱的龙只好到别处去了。"

故事之二

从前有座庙，庙里有堵墙，白白的好像缺点什么。庙里的和尚于是请来画家张生在这堵墙上画些东西。

张生就画了四条龙。到庙里来的人都说这四条龙画得真好，可是，为什么不给四条龙画上眼睛呢？

张生说："龙有了眼睛就活了，活了的龙会飞走，龙飞走了墙就又白了。"大家都不相信。

张生拿笔到墙前面，给其中的一条龙画上眼睛。轰隆一声，有眼睛的龙飞走了。

大家慌了，说："那就让留下的三条龙瞎着吧。"

故事之三

从前有座庙，庙里有堵墙，白白的好像缺点什么。庙里的和尚于是请来画家张生在这堵墙上画些东西。

张生就画了四条龙。到庙里来的人都说这四条龙画得真好，可是，为什么不给四条龙画上眼睛呢？

张生说："龙最见不得人间的丑恶，要想留下这四条龙，就得让它们的眼睛瞎着。"大家都认为张生胡说。

张生拿笔到墙前面，给其中的一条龙画上眼睛。有眼睛的龙四下看看，轰隆一声，飞走了。

大家说："没眼睛就没眼睛吧。"

故事之四

从前有座庙，庙里有堵墙，白白的好像缺点什么。庙里的和尚于是请来画家张生在这堵墙上画些东西。

张生就画了四条龙。到庙里来的人都说这四条龙画得真好，可是，为什么不给四条龙画上眼睛呢？

张生说："龙是道观里的东西，画了眼睛的龙一看这里是庙，就会飞走。"大家都不相信。

张生拿笔到墙前面，给其中的一条龙画上眼睛。有眼睛的龙四下看看，轰隆一声，飞走了。

大家说："那就把这儿换成道观吧。"

故事之五

从前有座庙，庙里有堵墙，白白的好像缺点什么。庙里的和尚于是请来画家张生在这堵墙上画些东西。

张生就画了四条龙。到庙里来的人都说这四条龙画得真好，可是，为什么不给四条龙画上眼睛呢？

张生叹了一口气，拿笔到墙前面，给四条龙画上眼睛。画完一条，轰隆一声，飞走一条。

前几天,我曾把孩子的家庭教师尤丽娅·瓦西里耶夫娜请到我的办公室来。需要结算一下工钱。

我对她说:"请坐,尤丽娅·瓦西里耶夫娜!让我们算算工钱吧。您也许要用钱,您太拘泥礼节,自己是不肯开口的……我们和您讲妥,每月三十卢布……"

"四十卢布……"

"不,三十……我这里有记载,我一向按三十卢布付教师的工资的……您待了两个月……"

"两个月零五天……"

"整两个月……我这里是这样记的。这就是说,应付您六十卢布……扣除九个星期日……实际上星期日您是不和柯里雅搞学习的,只不过游玩……还有三个节日……"

尤丽娅·瓦西里耶夫娜骤然涨红了脸,用手牵动着衣襟,但一语不发。

"三个节日一并扣除,应扣十二卢布……柯里雅生病四天没学习……您只教瓦里雅一人学习……您牙痛三天,我爱人准您午饭后歇假……十二加七得十九,扣除……还剩……嗯……四十一卢布。对吧?"

尤丽娅·瓦西里耶夫娜左眼发红,并且眼眶湿润,下巴在颤抖。她神经质地咳嗽起来,擤了擤鼻涕,但一语不发!

"新年底,您打碎一个带底碟的配套茶杯。扣除二卢布……您应该知道我没有按茶杯的全价,它是传家宝……而后呢,由于您的疏忽,柯里雅爬树撕破礼服……扣除十卢布……女仆盗走瓦里雅皮鞋一双,也是由于您玩忽职守,您应对一切负责,您是拿工资的嘛,所以,也就是说,再扣除五卢布……一月九日您从我这里支取了十卢布……"

"我没支过!"尤丽娅·瓦西里耶夫娜嗫嚅着。

"可我这里有记载!"

"哎……那就算这样,也行。"

"四十一减二十七净得十四。"

她两眼充满泪水,长而秀美的小鼻子渗着汗珠。令人怜悯的小姑娘啊!她用颤抖的声音说:"有一次我只从您夫人那里支取了三卢布……再没支过……"

"是吗?这么说,我这里漏记了!从十四卢布再扣除……这是您的钱,最可爱的姑娘!三卢

柔 弱 的 人

✽ 契诃夫

布……三卢布……又三卢布……一卢布再加一卢布……请收下吧!"

我把十一卢布递给了她……她接过去,喃喃地说:"谢谢。"

我一跃而起,开始在屋内踱来踱去。憎恶使我不安起来。

"为什么'谢谢'?"我问。

"为了给钱……"

"可是我洗劫了你,鬼晓得,这是抢劫!实际上我偷了你的钱!为什么还说'谢谢'?"

"在别处,根本一文不给。"

"不给?怪啦!我和您开玩笑,对您的教训是太残酷了……我要把您应得的八十卢布如数付给您!事先已给您装好在信封里了!可是何至于这样怏怏不快呢?为什么不抗议?为什么沉默不语?难道生在这个世界可以这样口笨嘴拙吗?难道可以这样软弱吗?"

她苦笑了一下,我却从她脸上的神态看出了一个答案,这就是"可以"。

我请她对我的残酷教训给予宽恕,接着把使她大为惊奇的八十卢布递给了她。她羞怯地点了一下数就走出去了。

我看着她的背影,沉思着:"在这个世界上做个有权势的强者,原来如此轻而易举!"

人生图书馆

✲ 桃户晴

男人终于来到了他苦苦追寻的图书馆。这里的藏书量令人叹为观止，每本书都记载了一个人从出生到死亡的全过程。

男人试图回想自己的前半生，但从他记事时起，他就已经在一个人生活了。因此，他几乎没有任何有关儿时的记忆。这次他来到这家图书馆，正是为了弥补这段人生空白。

男人在检索卡上写下自己的名字，并将它交给管理员。过了一会儿，管理员拿着一本书走过来，递给他。

知道自己隐秘的过往，确实挺可怕。但是，不知道自己从哪里来、根在何处，这一点更加可怕！

于是，男人鼓起勇气打开封面，开始一页一页地翻看。

令人讶异的是，这本书竟然是从第49页开始的，前48页居然凭空消失了。

男人向管理员提出强烈抗议，要求给个说法。

然而，管理员毫不慌乱，淡定地回答道："哦，原来缺页了，可能是被谁拿走了吧。这种事偶尔也会发生呢！不过，这书全世界独此一本，没有复制本，所以我也没有办法。"

"什么，缺页了？别开玩笑了！"男人对管理员怒吼道。

"不过，既然都过去了，就算了吧。那我的未来会变成什么样呢？"

男人又一次看了看手中的书，发现书后面的部分被腰封封了起来，而前一页赫然写道："男人朝图书管理员怒吼。"

男人吃了一惊，撕开腰封，发现后面是一页页的白纸。

这本书并不是用于预言未来的，它只能记录过去发生的一桩桩事件。

男人猛地意识到：既然如此，我就来书写自己的未来吧！于是，他花了很多天，在图书馆写自己以后的人生。

管理员并没有阻止男人的行为，只是在一旁冷冷地看着。

走出图书馆之后，男人的人生确实如他在书中所写的一样：获得了数不尽的金银财宝，和美女结婚，组建了幸福的家庭，拥有了令人艳羡的权力，受到众人的尊敬……

数年以后，男人再次来到图书馆，对管理员说："我能擦掉当时写下的未来吗？"

管理员面无表情地摇了摇头："只要写上去，就再也擦不掉了。"

男人无奈地说："在那以后，我对将要发生的一切都了如指掌，就像重读一遍已经知道谜底的推理小说，对未来没有憧憬，生活也索然无味。"

管理员同情地对他说："还有一个方法！如果把书中已经使用的几页撕下来，就可以重启你的人生。之前你就是这么做的。不过你撕完之后就失去了记忆，所以什么都不记得了。"

尾生伫立在桥下，等待着她的到来。

他抬头一看，只见高高的石桥栏杆，已被爬上来的攀缘植物遮盖了一半，桥上人来人往，人们的白色衣裳沐浴着灿烂的夕阳，风儿幽幽地吹拂着他们的衣裙。可是，她还不来。

尾生轻轻地吹着口哨，愉快地眺望着桥下的沙洲。

桥下黄色的沙洲，只露出一丈有余便和河水相接了。长满芦苇的河畔，有许许多多的小洞，那也许是河蟹的巢穴，每当水波涌上来，就发出轻微的声响。可是，她还没来。

尾生望眼欲穿地走到河畔，环视着没有一只船通过的平静的河流。

河边上青青的芦苇长得密不透风。而且，在芦苇中，还有一棵棵郁郁葱葱、婀娜多姿的河柳。芦苇和河柳遮住了水面，看不见河面的宽度。只见一条带状的清澈的河流映着天上云母般的云彩，静静地在芦苇中蜿蜒开去。可是，她还不来。

尾生在河畔踱步，现在沙洲越来越小了。尾生一边踱步，一边注意着暮色渐浓的四周的动静。

桥上早就没行人的踪影了。脚步声、马蹄声，还有车轮声，全部消失了。只听见风声、芦苇声、水声，还有不知从何处传来的苍鹭的啼叫声。尾生停下脚步，潮水不知何时涨了起来。裹挟着黄沙的波光粼粼的河水，比刚才更逼近了。可是，她没来。

尾生担忧地蹙起眉头，在桥下昏暗的沙洲上着急地乱转。这时，河水一寸一寸、一尺一尺地涌上沙洲。同时，从河里升起的河藻气冷飕飕地扑在他身上。抬头一看，桥上那灿烂的夕阳已经消失了。只有石桥栏杆，横跨在暮色苍茫中。可是，她还没来。

尾声很害怕，呆立不动。

河水打湿了他的鞋，冰冷的河水渐渐地漫延开来，也许在很短的时间里，他的膝头，腹部，胸部就要被那猛涨的河水无情地淹没。这时候，水位越来越高，他的两条腿已被河水吞没。可是，她还没来。

尾生站在水里，仍怀着一丝希望，不住地向桥上张望。

水已经没到他的腹部了，周围早已笼罩在苍茫的暮色中，远远近近的茂密的芦苇和河柳沙沙的响声，从昏暗的暮霭中传来，一条像是鲈鱼的鱼，翻着白肚，从尾生的鼻子前面跳过。鱼跳过之后，天空中也已出现了稀稀疏疏的星光，连藤蔓缠绕的桥栏，也很快消融在暮色里，变得模糊不清了。可是，她还没来。

夜半，当月光洒在河中的芦苇和柳树上的时候，河水和微风互相低语着，将桥下尾生的尸体，轻轻地朝大海方向托去。也许尾生的灵魂向往着天空中那皎洁的月光，他摆脱了躯壳，就像藻味一样，悄无声息地向那微暗的夜空，袅袅地上升……

时隔几千年之后，他的灵魂历经流转沧桑，又必须托生为人了。他的灵魂就是如今附着在我身上的这个灵魂。所以，我虽然生活在现代，却干不出任何有意义的事情来，一天到晚过着浑浑噩噩的生活，一味等待着某种当来不来的不可思议的东西，正像那个尾生在黄昏的桥下，一直等待着那位始终未出现的恋人一样。

尾生之信

✽ 芥川龙之介

星　星

❋ 于尔克·舒比格

一天晚上，一颗小星星从天上掉了下来，它冲破屋顶，掉进了一家人的屋里，落在泥土地上。住在房子里的女人顺着隆隆声找到了那颗星星，把它放进了她的围裙里。

"发生了什么事？"男人问。

"捡到了一颗小星星。"女人说，"反正我们也没有孩子，就让它和我们住在一起吧。"

她给了小星星一些吃的、喝的，然后将它抱到小床上，并给它盖上被子。小星星很满意，它笑了。

男人却不满意："我们怎么处理这颗星星呢？它没有眼睛，它看不到任何东西。"

"它会笑。"女人回答。

"它没有脚，不能到处走动。"男人说。

"它可以滚呀。"女人说。

她说对了。当星星不睡觉、不喝水、不吃饭的时候，它就在家里滚来滚去。

"相较而言，我更喜欢狗。"男人说，"狗起码有眼睛。"

"狗不会笑。"女人说。

"狗起码有脚呀，有四只呢，两只前脚，两只后脚。"

"狗不会打滚。"

男人和女人一天到晚地争吵。星星也在不断地长大，它需要一张新的床了。后来它又到了上学的年龄了。老师讲过的东西它都能记住，但是它还是不会说话。所有的人都认为它很笨。

"一颗一句话都不会说的星星。"男人说。

"它会唱歌。"女人说。

事实上，星星开始唱歌了。

"它唱错了。"男人说。

"唱得很好。"女人说。

后来星星长大了，它爱上了邻村的一个漂亮的、胖胖的女孩。为了能和她在一起，在一天晚上它带着她离开了家乡，再也没有回来。

它从此没有再回来，或是很久没有再回来。

有人说，多年之后它也曾回来过。它非常憔悴、黯然，除了那个女人，没有人认出它。

另有人肯定地说，它仅仅寄回过一张卡片，卡片上可以看到星光灿烂的夜空。

一天早晨，安斯艾尔教授来到我们班："你们很快就要从社区大学毕业了，在你们离开之前，我想给你们补一堂课，这堂课只需要解一道题。"

"我们所有课程都学完了，任何题都能答出来！"坐在我后面的班杰明喊道。

"这可不一定。"安斯艾尔教授笑了笑问："假设有一天晚上，你骑着摩托车，看到路边有3个人：第一个是食物中毒的老人，他捂着肚子一个劲儿地喊疼；第二个是急着去上夜班的医生，也是你的救命恩人，如果他找不到车，就会因为迟到而被扣奖金；第三个是你的弟弟，他正背着行李打算离家出走。你的摩托车只能载一个人，你会让谁坐你的摩托车？"

"老人会因为食物中毒而失去生命，毫无疑问，我会先救他！"我和同学们异口同声地回答。

安斯艾尔教授又问："但是你的弟弟离家出走了，或许从此以后你们再也没有见面的机会了，你真的愿意错过这个能劝他回家的机会吗？"

"这……"所有同学都沉默了。没错，不管弟弟并非良策。

"那载着弟弟回家？难道任由老人痛苦地死去？""带着那个救过我性命的医生去上班？那样不仅老人会死去，弟弟也会离开……"同学们七嘴八舌地讨论着。在教授刚说出题目的时候，大家还以为是一道很容易的题，但越往细处想，越觉得棘手。

"你们还有10分钟时间，再犹豫10分钟，老人就要毒发身亡了！"安斯艾尔教授提醒。

在这最后的10分钟里，我们想破脑袋也没能决定载谁更合适一些。安斯艾尔教授笑了笑说："现在我公布正确的做法。把摩托车的钥匙交给医生，让他载着老人去医院。这样医生不会被扣奖金，老人能得救，而你也能带着弟弟回家去了。"

"对啊！至于摩托车，第二天去医院骑回来就行了！"我们恍然大悟，"这么简单的办法，为什么我们都没想到呢？"

"是呀，为什么你们都没想到呢？原因就在于，谁都没有想过主动交出自己拥有的东西！"安斯艾尔教授认真地说："如果你们学会了舍弃，或者有勇气承担失去的风险，那么今后不管遇到多么困难的问题，你们都能解决。这就是我要给你们补的最后一堂课。"

这下我们明白了安斯艾尔教授的真正用意，他是要告诉我们，相比于学校里的知识，拥有一颗不计得失的心，才是真正有价值的处世之道。

最后一堂课

✱ 希拉瑞莉·贝丝·富恩

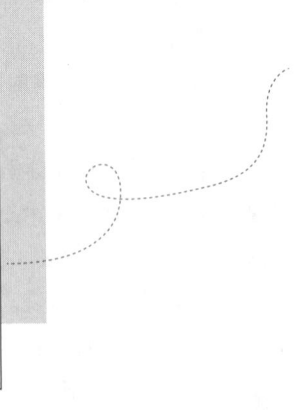

✽ 哲罗姆·K.哲罗姆

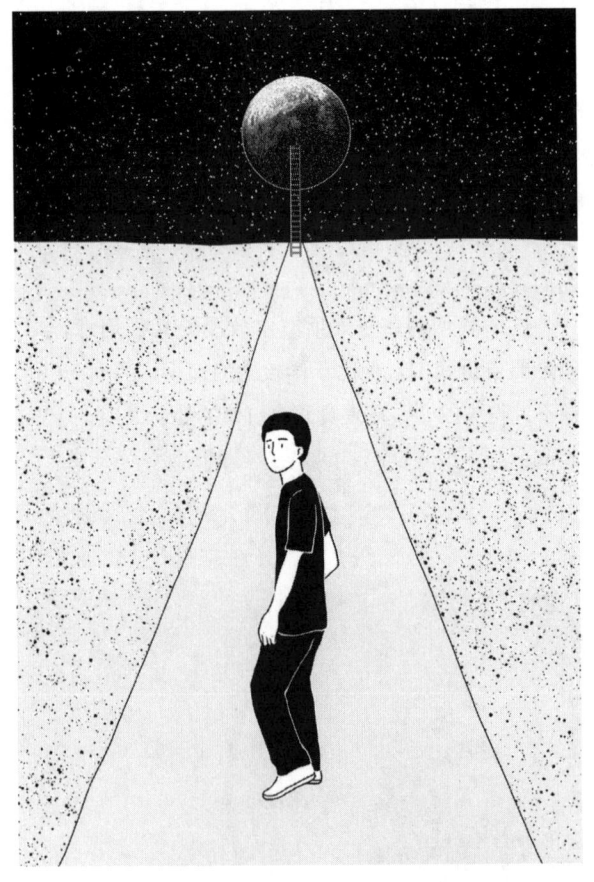

我还记得那天，到大英博物馆去查阅有关接触性花粉症治疗方面的资料，我猜我大概得了这种小病。我取下一本医书，一口气读完了所有要读的内容。然后，我慵懒地、漫不经心地随便翻着书，泛泛地研究起其他疾病来。我忘记了全神贯注研究的第一种瘟病是什么病——我知道，是一种可怕的、毁灭性的灾难。没等我把一连串的病症征兆看到一半的时候，我便意识到自己肯定得了这种病。

我惊恐万状，万分绝望，没精打采地呆坐了好一会儿。然后又拿起那本书，翻了起来。翻到伤寒，看了看它的各种症状，我发现我又得了伤寒，一定已经染病在身好几个月了，我竟然还蒙在鼓里，不知道我还患上其他什么疾病没有。翻到舞蹈病，我发现，正如我预料到的那样，我也患有这种疾病。就这样，我开始对自己的病情产生了兴趣，并决定一查到底，于是我开始按字母顺序逐个排查。翻到疟疾，了解到自己已经出现了疟疾的某些症状，大约在两个星期后就会进入急性发作期；翻到肾小球肾炎，我心中稍微感到一丝安慰，因为我发现自己得的只是其中较轻的一种，就目前状况而言，我的生命还可以延续一些年。此外，我还染上了霍乱，并伴有严重的并发症，我好像还是先天性白喉患者。我认认真真地按照26个字母挨个儿检查了一遍，得出的结论是，我唯一没有得上的疾病就是髌前滑囊炎。

起初，我还挺受打击的，心里好像还有那么几分失落。为什么我没有得上髌前滑囊炎呢？这一缺憾岂不让人不快？不过，过了一会儿，我那贪婪的感觉渐渐平复下来。我回过味儿来了，从药理学讲，我已经把药理学上所罗列的其他各种常见疾病都得了，于是我变得没那么自私了，确认没有得上髌前滑囊炎也可以接受。反正痛风已经处于恶性晚期了，它好像是在我毫无知觉的情况下找上了我，而我显然是在孩提时期就染上了发酵病。鉴于发酵病是这本书的字母表中能查到的最后一种疾病名称，我得出一个结论，我没什么别的病了。

我坐在那里陷入了沉思。我想，从医学角度来看，我一定是一个非常有趣的病例；对于医学院的教学课堂来说，我更是一个极为难得的病例！医学院的学生们有了我的话，他们就没必要再去医院实习了。倘若他们有了我的话，我一个人就是他们的"实习医院"。他们只需围着我走一走，就可以领他们的毕业证了。

我不知道自己究竟还能活多久，我想自查一下。我摸了摸自己的脉搏。一开始，我一点儿脉象都没摸到。接下来，脉搏突然跳了起来。我掏出怀表，测算脉搏的次数，大概每分钟147次。我又摸了摸心脏，却感受不到心脏的跳动。心脏已经停止跳动了。我劝自己相信心脏还在那里，想必还在跳动，只是我这种现象无法解释罢了。我把自己上半身从腰部到头部拍了个遍，还稍微拍了拍身体的侧面和后背，可我什么也没有摸到，什么也没听到。我想看看自己的舌头，我尽量把舌头伸得长长的，闭上一只眼睛，用另一只眼来检查。我只能看见自己的舌尖，而这么做唯一的收获就是我比以前更加确信我得了猩红热。

于是，我去看病，我的私人医生是一位老朋友。平时，每当我觉得自己生病的时候，他就会摸摸我的脉搏，看看我的舌头，再不咸不淡地谈谈天气，所以我觉得我现在去找他看病是对他的报答。我心中暗想："医生需要的就是临床实践，他有了我这样的病人，比拥有一千七百个常见的普通病人得到的临床实践机会还要多，因为这些病人每个人也只能身患一到两种疾病。"于是我径直去找他。他问我："你哪里不舒服？"

我答："亲爱的伙计，我不会告诉你我得了什么病，浪费你的时间。生命短暂，在我还没说完以前，你可能就离世了。不过，我可以告诉你我没有得什么病，我没有得髌前滑囊炎。至于我为什么没有得髌前滑囊炎，我说不清楚，然而事实就摆在这里，我没有得髌前滑囊炎。可是，除此之外，什么病我都有。"

我还把自己如何发现这些疾病的过程一五一十地讲给他听了。

接下来，他解开我的衣服，俯视着我。他紧握着我的一只手腕，我没料到他会敲打我的胸部，我称之为胆小鬼的做法，又马上把侧着的脸贴到我的身上。最后，他坐下来，开了一个处方，然后把处方折起来递给我。我接了过来揣进衣兜里，走了出去。

我没有打开处方看，就径直来到一家最近的药店把处方递了过去。药剂师看了看处方，又将它退了回来。他说他不收这种处方。

"你是药剂师吧？"我问。

"我是药剂师啊。如果我经营一个合作商店兼家庭旅馆的话，我倒是可以为你效劳。可我只是一个药剂师，我爱莫能助。"

我看了看那处方，只见上面写道：

"一磅牛排，每隔六小时服用一次；

每天早晨散步十英里；

每天晚上11点整准时上床睡觉。

此外不要满脑子装些你不明白的东西。"

✲张佳玮

文明

他的国家处于一个尴尬的地理位置。

在他面前展开地图，他会羞赧地把手指滑向一片无人的荒漠。那里不存在丰沛的水源、茂密的林木，没有群山，没有大河，没有芳香的植物，没有出没的猛禽。没有任何值得大书特书的往昔，没有丝毫值得挂怀的特征，就像一张没有五官的面容。

这个国家的政府和他的疆域一样苍白和茫然。当你要求参阅国家的史册时，他们会告诉你，他们不懂得什么叫作历史，没有任何记忆被流传下来。每一代国民都在享用属于自己的生命，至于他们的前辈和后代，对他们来讲并无意义。

他便是这么一个国家的国王。

一个春天的黄昏，国王在砖石堆积成的王宫里接见了一个旅人。这个异邦人紧张得瑟瑟发抖。如你所知，这样一个荒凉偏僻的国家，难得能够来一个客人。好客的卫兵在郊野中看到了这个人，不由分说地将之横拖直拽到国王的座前。

这个异邦人留着黑色的长发，用白色的丝巾扎住，身上穿着白色的丝制长袍，站在国王面前，他仿佛耀眼夺目的贵金属。慵懒的卫兵们自惭形秽地从他身旁走开，连国王都觉得很尴尬——看看自己灰色的麻布衣服，国王不得不承认，这个旅人比他更像一个国王。

最初的交谈很艰难，因为国王发觉国家的母语体系如此简单，以至于无法准确表达自己的意见，更无法让旅人知会意思。在经过打手势、统一音节等努力后，旅人展现出博学的一面。他很轻松地学会了国王的发音，并且放松了情绪。国王用钦慕的目光打量着旅人，聆听他说话。

“我来自东方，”旅人说，“正要去寻访传说中会唱歌的山谷，在那里果实永远鲜美，流水永远清澈，阳光永远温暖，天空永远蔚蓝。我厌倦了我过去所在的帝国：繁杂的交通、腥臭的城市、尔虞我诈的人际关系、战争、欲望、禁锢。”

国王好奇地听着，并不时看一眼卫兵们——他们和他一样，茫然地眨着眼睛。

“呃，冒昧地请问，”国王说，“交通、城市、战争、欲望、禁锢，这些东西真的那么可怕吗？”

“很可怕，”旅人郑重其事地说，“陛下，像您这样的国王是最幸福的：轻闲、自然、质朴、无为，没有压迫、欲望和邪恶的一切。这是人间帝国最好的状态。”

国王感到很羞惭，因为他觉得旅人在讽刺

他——好些被旅人鄙夷的东西，他的国家都未曾拥有。

"您怎么能够单身穿越沙漠呢？"国王转了个话题，"您身边甚至连食物和水都没有。"

"我有一支笔。"旅人说着从袖子里抽出一支竹管，尖端是白色的毛。国王贪婪地注视着这支奇怪的东西。

"这是东方帝国神话中的物件，无意中被我得到。依靠这个，我能够画出任何我想要的东西，而那件东西随即会变成真的。"

"嚄？"国王惊讶极了，"现在，能给我画一棵仙人掌吗？"

卫兵和国王注视着旅人的笔尖在空气里画动。一棵仙人掌立在大殿上。国王的眼珠都快爆出来了。

"这这这……这就是说，只要您辛苦一下，我们的国土，就可以遍布仙人掌啦？"

"这样一来，我们的国土就成为绿洲了。"一位大臣谄媚地说道。

东方的旅人微微地皱了一下眉。国王没有放过他这个细微的动作。

"您有什么问题吗，尊贵的客人？"国王说。

"没有……只是……为什么要画无数仙人掌呢？"旅人问。

国王想要回答他"因为我们的国家最美的植物就是仙人掌啊"，可是，某种奇特的思绪攫取了他的冲动，他微笑着，摆出一副莫测高深的模样。

"啊，当然，我也希望能够有一些别的……嗯，亲爱的客人，您可以画一些有意思的东西。一些淳朴的、美丽的、可以为我的王国增色的东西。我们固然很难给予什么，但是善良智慧如您，一定知道给一个贫穷的国家展示一些繁荣昌盛的景象，是何等重要。"

"嗯，好的。"

国王随着旅人走到了王宫外，面对着荒漠和几株仙人掌。日光灼热，落到国王的脸上。国王皱着眉头用手挡阳光。旅人看了一眼国王，然后信手一挥——一棵巨大的悬铃木出现在了地面上，那茂密的树叶，为国王和大臣们提供了阴凉。

"啊，这真美！这样太好了！"国王兴奋地喊道。

旅人挥舞着长袖，随心所欲地描画。悬铃木一片一片地立起来，地上开始盛开烂漫的紫菀，香荚兰丛掩映在广袤的草地上，群鸟开始在枝头鸣啭，灌木丛的清香混合着风吹落的花瓣，在王宫的周围蔓延。清澈的流水出现在林间，河底的圆石光滑得几乎能反射阳光，细碎的沙子不断地在水中散开。草丛中开始有兔子和刺猬出没，松鼠的身影在树枝间若隐若现。越过树林，出现了起伏的山峦、奔涌的河流。山峦的青翠曲线渐行渐远，向大地的远方铺展开去。

国王目瞪口呆地观望着这一切。他的卫兵已经无法抑制住喜悦，操起手里的长枪，朝那些飞奔的兔子追去。在漫天草长莺飞的烂漫之中，国王转过脸来看着旅人，后者正微笑着摆弄着笔尖，嘴角是一丝矜持却无法遮挡的自得之情。

旅人被作为贵宾留了下来，国王大摆宴席，散居在国家周围的一些国民也来参加，国王亲自为贵宾斟酒。大宴三天之后，所有人都酒足饭饱，满意地捧着肚子，躺在了王宫用花朵铺就的地毯上。国王与旅人并肩躺着，两人从王宫屋顶的残破之处望见了星辰的流转。国王用很低的声音问旅人："这就是您以前所在国家的样子吗？"

"嗯，差不多吧。"

"什么叫差不多呢？"

"应该说，我以前的国家，一度是这个样子。"

"那现在呢？"

旅人用警惕的神色瞥了眼国王。

"您的意思是？"

"我的意思是……"国王满脸通红，不知道是因为醉酒、胀饱，还是羞报。"能不能让我，再领略一点，你们国家的样子？趁着大家都喝醉了，睡着了。我想给他们一个新的惊喜。"

旅人坐起身来，安静地看了会儿国王。他的眼神凌厉而深邃，直射到国王的内心。

"有些事，"他说，"可一而不可再啊。"

"没关系的，"国王说，"您就放手干吧。"

国民和卫兵们醒来时，发觉他们睡在一个大理石砌成的宫殿的台阶上。他们站起身来，走到阳台上，看到宫殿的外面是一圈浩荡的河流。鳞次栉比的房屋布满了宫殿的四周，河流之中有着载满粮食、香料、丝绸的木舟，远方有庙宇、冶炼所和回廊，伐木工人正急于制造新的船只和弓箭。牛羊成群地穿过草原和森林，走向远方的田野。此时，旅人和国王正并肩坐在王宫的屋顶，俯视着这辽阔的疆域。

"这些真美！"国王赞叹道，"这些真是太美了！我热爱这种感觉，这使我感觉到人是异于其他动物的。人是美的，世界是美的。啊，我亲爱的贵宾，这些本来需要我们用漫长的时间，经历多少的磨难才会成真，而您大笔一挥便可以成就这一切。您难道不是上天的使者吗？您难道不是上天赐给我们的礼物吗？"

"您现在爱这一切，"旅人说，"就像所有的君王爱他们的国度一样。但是，这些都不会长久。寺庙会发生宗教的斗争，旱涝会带来农田的歉收，牛羊死去，百姓愤怒，他们会捣毁船只和农具，向您这个国王发起讨伐。您会被迫与他们辩论、战斗，被他们斩首。因为有草地，有阳光，有水流，所以会有降雨，有风，有不可预知的未来。雷霆会劈毁房屋，劈死人民。猛兽会来侵袭，直至将你们撕咬得粉碎，我的国王。"

旅人的预言使国王又一次开始忧心忡忡。"会这样吗？"他想。"不，我可不能坐待这一切发生。"国王拉着旅人的手，开始央求："我万能的贵宾，我神圣的旅人，智慧和神通的化身，能否麻烦您再次舞动您的笔，为我们提供遮蔽风雨和猛兽的东西？让我们可以不畏惧自然的一切灾难，能够健康而平安地生活。"

旅人思虑了很久，叹了口气。

"好吧。"他说。

又一次夜深人静的时候，旅人和国王开始行动。他们飞速地奔跑，在国土的四周绘画着不可思议的一切。国王热情万丈，不断提醒着旅人，增添他想象到的一切。他欲求不满，他贪心不足，他兴奋得全身发抖。旅人则嘴角噙着微笑，接纳了他的一切要求。

翌日清晨，国民们像在做梦一样，迎接他们的是新国度：他们看见周围是一片海潮般起伏不定又波澜壮阔的城墙。那些浅灰色的城墙曲折优美，带着遥远的上古气息。他们走在由光滑的青石板整齐铺就的大路上，抬头就可以看到悬铃木。树干秀颀挺拔，带着那个风华绚烂的时代特有的诗意轮廓。树皮上遍布着斑斓秀丽的花纹，巨大的树冠将绿森森的影子投映在整个国度。道路的两侧种植着芳草，在早春时节洋溢着清香，在风里习习飘动。在人们居住的地方，有如黄昏般温暖的长廊，洋溢着白银色彩的殿宇以及高大的宫墙。在城墙面对山谷浩浩吹袭的风口，矗立着巨大的风车，用一种傲岸而固执的姿态随着大风的吹动不断旋转，昼夜不停。在围绕着王宫的河流之上，无数细小的支流如水渠一般流去。无数或正方形或六边形或圆形的岛屿广场，由无数平直的青石拱桥或是竹制浮桥互相连接着，漂浮于环宫而流的河上。旧貌换新颜的王室贵胄、达官贵人穿着锦衣华服，牵着毛色鲜明的狗来到广场漫步，观望着静静流逝的河水。和旅人一样穿着白衣的诗人在月牙形的拱桥边弹奏着七弦琴，吟唱着异国他乡的歌曲。致力于钻研艺术的画工将纸铺在桥头，然后手执鹅毛笔支颐沉思，寻找一个合适的入画之景。在那些圆形广场上则围坐着喜爱钻研医卜星象的年轻人，他们正捧着圆规勾画国度的建筑结构。在那些零星分布的岛屿上，盘膝坐着语言艺术家们，他们旁若无人地吟诵着诗歌，一边将浮在河面的木制酒杯轻轻推向其他人所在的岛屿，一边也拿起一杯来一饮而尽。

"您满意了吗，国王陛下？"站在宫殿的穹顶之上，旅人问道。

"我看到的是什么奇迹？"国王说，"我看到了一座城堡，一座可以用来对抗自然的城堡。自然力对我们不再起作用了。我们可以抵抗瘟疫、飓风、暴雨、地震、野兽、灾荒，我们可以自给自足地生活在这片大地上……这是什么，这是人类的伟大创造吗？告诉我，伟大的贵宾，我应该如何称呼这一切？"

旅人鸟瞰着这宏伟的国度，他一手勾画的世界，微笑着说："文明。"

"文明……是的。文明，人类的财富，和自然做斗争的胜利凭证。啊，我们注定要幸福了。我们再也没有忧虑了，是吗，我的贵宾？"

"人类是永不满足的。因为人类彼此永不信任。"旅人说，"因为不信任，所以彼此不愿意奉送自己的私有财产。人与人之间会有货币，有争夺，有矛盾。他们的索求各自不同，而且都远远超过王国可以提供的度。他们需要彼此联系，会浪费时间，他们需要彼此沟通，会不断误会。他们会为了争夺更多的东西而挣扎。文明无法压制人类的野性。他们永远贪得无厌。"

"那么，只要继续发展文明，就可以解决这一切了？"国王说，"是吧？文明是万能的，文明让我的国度从一个荒漠变成了一个城堡，文明使我们不再惧怕那些恐怖的东西，转而开始彼此斗争，文明一定也能消解彼此的斗争。来，我的贵宾，请您最后帮我一个忙吧，好吗？"

旅人深深地叹了口气，把头低了下去。他的脸上有森森的阴影，国王感到诧异。

"怎么了，贵宾？"国王问。

"您可知道，"旅人说，"文明继续发展，就会发生逼迫我离开的事件。您可知道，文明并不能解决一切。出于您对我的礼遇，我可以满足您的愿望，但，这是您的最后一个愿望了。"

"好的，"国王说，"我保证。"

一夜又过去了。

"现在，您感觉如何？"旅人问。

旅人和国王在大街上走着，一个女孩儿在公用电话亭中被三个小流氓抢了皮包，正在后面拼命喊叫着追赶。醉汉们从酒吧里闯出来，跌倒在人行道上。电子屏幕在播报着国度内部各处刑事犯罪的记录、通货膨胀的窘境、跳楼自杀的人数，偶尔穿插的广告在展示着新型的毒品。汽车的尾气使国王不断咳嗽，繁杂的交通使两个人跌跌撞撞无从下足，不断有孩子指着他们寒碜的服装大声嘲笑。楼房在不断被建造，房子的价格在不断攀升。鸟儿被猎枪射杀。森林被夷为平地，变成高速公路。王宫成了旧陈列品展览室，不断有小偷儿从中窃取前朝的碎瓦，作为古董品收藏。

"这便是文明。"旅人说。

"嗯。"国王说。

"我要走了，"旅人说，"离开这个国度。我已经把这个国度变成我必须离开的一个地方。我要去一个没有文明的地方，好好想清楚。"

"您在走之前，最后满足我一个愿望吧。"国王说。

"什么？"

"用您的神笔，让我在这个世界上消失。"国王说，"这是一个没有国王的时代。我已经失去了自己。我永远是一个荒漠的国王，我不可能成为文明的一员。我不属于这个时代，而这个时代也不需要记得我。这个国度的人们拥有新的世界观和记忆，他们是新的神话。而我，已经无关紧要了。让我消失吧，伟大的旅人，亲爱的贵宾。让这个世界拥有属于自己的记忆，不要让他们再看到我，由此想到他们已故的、昏庸无能的、丝毫不文明的国王。"

时空复仇计划

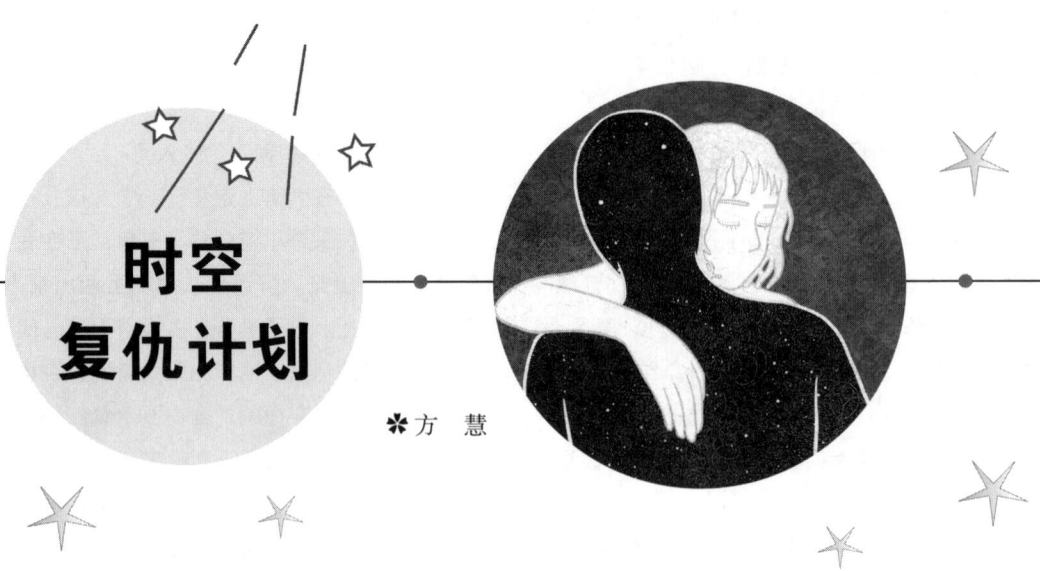

✳ 方 慧

为了阻止现在的发生,我回到五年前的那一天。

1

一觉醒来,我又站在了这里,和五年前一模一样。

我的头顶上,是女生宿舍楼前那棵粗壮的、刻满人名的桂花树,不会认错,我身上的衣服,也还是大学时每天跑步穿的那一套,四周到处是狂喜的人群,商量着如何彻夜庆祝明天的毕业,一切都没有变。

手机震动,是一条短信,"我正在跑过来。"发件人的名字是我(后来)的丈夫,而此刻,我们似乎还没有恋爱、结婚,我只是在等他一起跑步。几乎可以确定,我真的回到了那个夜晚。

是我的悔恨意念太强大,导致祈求生了效?世界上真的有后悔药?我只记得昨天,我还在日志里恨恨地写着:如果再回到五年前的那一天,让我重新选择一次,我绝不会接受他,绝不会跟他在一起……而前天,大前天,我也写了类似的话。这一切,只因为丈夫不再爱我。

丈夫的变化是从几个月前开始的。有一天他下班回家,毫无征兆地避开我的亲吻,也不再像往常那样,一进家门就抱住我,在我的询问下,才敷衍地轻搂一下,我想就是从那天开始,他不再爱我了吧,但当时我只当他太累了,没有在意。

随后的几个月,在他的眼中,我也看不到以往那种高浓度的爱意,尽管我早就知道大多数情侣结婚后激情都会消退,渐渐转化为不痛不痒的亲情,但事情发生在自己身上,才知道这么难以接受。

我们曾经那么黏,一刻也离不开彼此,有时分开一小时就忍不住打电话,谁也不舍得挂断,我一度以为,我们可以一直这样好下去,能够打破大多数婚姻的规律。正因此,他的擅自离场才格外伤人,就像在舞台上配合默契的杂技搭档,有一方半途抽身,留下的那个必定摔得粉身碎骨。我留在空旷的舞台上茫然捂着伤口,心想如果可以选择,我宁愿这一切从未开始。

我静静站在那里,等着我的丈夫出现,无心去应付路过打招呼的同学,也无心体验穿越的新鲜刺激感,只想着把握好这次意外的机会,狠狠心拒绝丈夫,因为就是在这一天夜晚,丈夫要对我进行那场感人肺腑的求爱,要对我说出那些他根本没有履行的诺言。

大学时的丈夫跑向我，慢慢开始减速，原地跑，等着我跟上去。大学四年，我们几乎每天傍晚都一起跑步，一开始是一群人，各个年级，各个系，自由组织，但坚持下来的人越来越少，到最后寥寥无几，剩下的人也就互相熟悉起来，留了电话每天傍晚约好一起跑，我和丈夫就是这样认识的，但除了一起跑步，好像也就没什么交集了。

啊，五年前的丈夫，连额头前一小缕翘起的刘海也回归了原样，皮肤要比现在紧致得多，五官也更清晰立体一点，时间对容貌的改变，平时浑然不知，猛一对比才发现这么明显，我细细打量，带着猎奇心，也带着汹涌而至的回忆。丈夫低着头，并不看我，也不吭声，只是茫然地站在那里，似乎被我盯得不太好意思。想到这时候的他还是那么忐忑不安地爱着我，那么不堪一击，我心里的怨恨立刻散去一半。"走吧。"我跟他说。

我们小跑到操场，接下来绕着操场开始慢跑热身，他始终和我保持一两米的距离，在我身后小跑。故地重游，每个角落都能捡起一些细枝末节的回忆，想到一起寒来暑往跑步那么长时间，一起分享那么多个日落时分，虽然极少交流，但一些模糊的好感，一些沉默的暧昧时刻，也不是没有，只是都不敢捅破罢了。此刻，隔着五年的时间回望，一切真是昭然若揭。

有几次我没忍住，回过头去看他，都撞见丈夫也正在看我，看得出神，仿佛满眼都是心事。记忆里的这一天，我们只是沉默地跑完了全程，简单道别，没有多余的话，我并没有回头去看他，也就从没发现他会从身后看我。以前他经常会这样看着我吗？

被我发现几次后，他便开始加速，他跑得很快，马上从身后追上了我，保持一定距离和我同路一小段，就又开始加速，如此循环下去。我想起我们结婚后，他曾经告诉我，以前他每次跑得很快，都是希望快一点再遇到我，和我同路，但又不好意思同路太久，只好再次超过我。

我慢慢停下来，回头看着哼哧哼哧就要追上来的丈夫，原先酝酿好的决绝、狠心，也都瞬间软化下来。丈夫见我停下来，稍作犹豫，便也停下来走向我。

"这大概是最后一次一起跑步了。"他突然垂头丧气地说。

并不是啊，我想，结婚以后我们一起办了健身卡，每周去运动三次，除了跑步，还经常比赛游泳，看谁先游完100米。但我知道他并不只是在说跑步，大概是对晚上的表白没底吧。

"对吗？"他小声地追问，似乎答案很重要。

天色渐渐暗下来，夏天的风吹得人很舒服，我的丈夫就这样久久地看着我，眼里全是迷恋，我一定是太久没有被这么注视过了，正如我太久没有被深爱过了，我心烦意乱，原先的决绝、怨恨，通通抛在了脑后。

我凑上去吻了他。

2

当我再次醒来，几分钟的迟疑、打赌之后，才敢慢慢睁开眼睛，果然，一切又恢复了原样。

依旧是婚后的那间卧室，那张床，那个不再爱我的丈夫，背对我而躺，用手机看一场球赛，也许看得入神，激动处会猛抖拳头，但是因为他和我之间还隔着大约一两个人的距离，我并不能感觉到那阵震动。就好像，我也感觉不到他的体温，他的气息。

刚刚发生的那些是梦吗，可是一切分明那么真实，夜晚操场上的风声还回响在耳畔，两腿上的肌肉甚至还在酸痛。

从什么时候开始，丈夫在床上的时间都是和手机共度，除了睡着。不对，不如说在这个家里的时间，他都是和手机共度。让我联想到工作时偶然参与的一些沉闷的饭局，因为分秒难耐，只好在桌子底下不露声色地打起连连看。那么，丈夫在家里也是同样分秒难耐吗?

但我还沉溺在刚才那个亲吻里,久久不愿意清醒过来,我伸个懒腰,趁着脑热一把搂住他,想要继续这场未褪的温柔——毕竟是同一个人。

"啧。"丈夫脱口而出的是这样一个发音,接着,他愣愣地看着我,半天挤出一个礼貌而充满询问的微笑。

我识趣松手,回以一个"没什么"的笑,悻悻翻回去,心里暗自回味那个发音。那是怎样的发音?被人踩到脚时,被疾雨淋湿时,一切被冒犯到的情况下,人可能会出现的下意识发声。

我打算解释这个拥抱的起因,我想跟他分享这场奇妙的穿越,告诉他:"你知道吗,我做了一个好真实的梦,梦见我和你……"话未出口,就听见身旁传来均匀的鼾声。

但那是一个太安静的早晨,安静到我能听见他的睫毛和被罩摩擦的细小唰唰声,那是只有醒着的人才能发出来的声音。

梦彻底醒来。

几天后,情况更甚一些,丈夫干脆彻夜与手机厮磨,后半夜醒来,常常看见他的脸被映出一片光亮。每隔十秒左右,手机就会低声震动一次,每震动一次,就见丈夫慌乱而迫切地去回复,脸上漾出一丝甜蜜而兴奋的笑意。这样的神情,原来并没有从他的脸上彻底消失,只是不再会为我出现了而已。

爱情在我脚下垂死挣扎,求我搭救一把,而我爱莫能助,只能抱歉地摆摆手,任其吊着最后一口气。

压倒骆驼的最后一根稻草,竟是一件曾经被我真心期盼了好久的事:我怀孕了,已三个多月。仔细推算,他出现的日子,确是与丈夫最后一次相拥而眠的那天,在那之后,我满脑满心只有爱情逝去的痛苦,哪有心思去在意自己的生理周期。

只是这个孩子,来得太不是时候,仿佛半死的爱情尸身上新长出的疣体、毒蘑菇,越是生长得鲜活灿烂,越是痛苦的延伸,越是怨恨的载体。

我突然仇恨起五年前那个夜晚,那些充斥"永远""一直""一辈子"的誓言,那张被爱情的虔诚笼罩的脸,仿佛是一个天大的笑话。

我该怎么办?把这个孩子生出来,让他在一个很可能残缺的家庭里长大,成为一个没有父爱或母爱的小孩,还是就此把他杀死在腹中?

对我来说都太残酷。

我打开日志,再次写下:"如果再回到五年前的那一天,让我重新选择一次,我绝不会……绝不会……"

我一日接一日地写,重重地写,确保每个字都蘸上我足够分量的悔意。我相信有第一次就会有第二次,只要意念足够强大,那个魔法就会再次生效,我就能重新拥有改写命运的机会。

我一定一定,要避免这一切发生,再也不让自己面临这么残酷的抉择。

3

我写了一个月。

一个月后的一天,我一觉醒来,奇迹果然再次发生,我又站在了这里。刻满人名的桂花树,跑步时穿着的运动服,狂欢的人群,一切都没有变。手机震动,依旧是丈夫的短信:"我正在跑过来。"

老天果真又给了我一次机会,还是说,只是重做了一遍旧梦?可这一切分明如此真实,指肚的螺纹丝丝可见,每一片树叶都能清晰对焦。

我暗暗下决心,这一回,我绝不会再掉进温柔的陷阱,白白浪费机会。爱情已死,新的痛苦正在子宫里生长,新仇旧恨交织,我如复仇女神般满脸冷酷,迎风站立,等着去杀灭一切痛苦的源头。

原本,我也可以马上就拒绝他,在他开口之前,断掉一切可能,直接扭转结局。可我突然想要再听一听那些坚定的誓言，再看一看那张爱意充沛的脸，当面嘲讽那些誓言和这张脸的虚伪、可笑，以弥补这段日子以来丈夫带给我的伤害。

为了确保不出差错，顺利等到丈夫的表白，我细细回忆五年前的这一天，大致干了些什么，再原原本本，按照顺序重来一遍。

一切照旧，我面无表情地和他跑完步，不去理会他的欲说还"羞"，也假装没有看见他眼里饱含的深情。我草草告别，回到宿舍，找到记忆里那间熟悉的房间，那张熟悉的书桌，和室友敷衍了几句，坐着随便上了会儿网，洗了个澡，接着，就如期等到了他的电话。

"能来一趟报告大厅吗？"他怯生生地问，"有事想跟你说。"

"好的。"我冷冷地回答。

报告大厅是一间千人阶梯教室，中间有一个大舞台，一般重要讲座、毕业生送别晚会这种时刻才会用到。我推门而入，里面已经灯火通明，人满为患，报告大厅里都是认识或不认识的同学，依稀记得当年此时，自己是那样茫然不解，以为听错了地点，步步犹豫，而现在，步步决绝，为自己的复仇计划热血沸腾。

年轻时的丈夫就站在走道尽头的舞台中央，冲我挥手，我径直往里走，早已在脑子里温习好接下来将要发生的一切：人群如何依次出列，微笑着走到我面前，每人捧出一幅画像递给我，那些画像有素描，有水彩，但画中人无一例外都能明显分辨出是我，画中人有静有动，有笑有怒，画工熟练，笔下生情，换成任何人，多少都会受到震撼吧。

丈夫走向我。也许因为紧张，他在原地兜了半圈，才成功绕到我面前，又在人群的起哄下，兴奋得耳根通红，深呼吸让自己冷静下来后，他终于开口。

"我在无聊的大学时光里，坚持做了两件最美好的事，一件是每天和你一起跑步，一件是每天捕捉你的一个状态，然后珍藏在画布上。"他的声音有些颤抖，不时去看向人群，寻求眼神鼓励后再继续，"每次在做这两件事的时候，都是我最快乐的时候，因为离你无比近。如果你愿意，我希望以后的每一天都守护在你身边，陪伴你一辈子，永远保护你。"

丈夫终于说完，额头已经布满汗珠，可以想象内向的他花了多少勇气，耗了多少力气。大学四年我们说的话加起来，也许都没有这么多。当年此刻，我是怎样被幸福砸昏脑袋，点头扑入他怀里，至今也没有淡忘丝毫。

现在，我站在这里，坦白说，也有一瞬间心软过，动摇过，但想起后来丈夫冷漠的嘴脸，想起那些独自怄气流泪的时刻，那些无处发泄的痛苦，除了通通原样归还给眼前这个等待爱情宣判的全世界最不堪一击的人，没有更解恨的排解方式了。我抹干眼泪，在所有人的注视中，一个字一个字地回答他："我不愿意。"

我看见他像一株植物被开水烫过一般，颓败下来，久久不动。周围一片沉寂，我甚至能听见他的呼吸声，每一声都是那么艰涩、沉重。我掉头就走，丢下他一个人在舞台中央，正如多年后，他也把我丢弃在空荡荡的爱情舞场。

我独自走到漆黑空旷的操场上，到处乱转，等着时效过去，但是过了很长时间，我还是没有回到五年后的早晨。我渐渐明白，原来成功改变了决定，便可以留下来，按照新的轨迹生活下去。

我打算好好体味计划成功的喜悦，但才走了一小会儿，我就走不下去了，缓缓蹲了下来。为什么我并没有尝到喜悦的滋味？我只是不停想起丈夫表白时天真的脸，额头密布的汗，瑟瑟发抖的身体，想起那是我最爱的人，想起那也是他最爱我的时候。

"你在这里干什么？"一个无比熟悉的声音。

我抬头，看见丈夫在另一团黑暗中乱步行走，我们都停下来，呆呆站住，不敢往前一步，也不敢往后一步。

"回去吧，不安全。"他说，未脱沮丧和失落。

年轻时的丈夫，果然深爱着我，被伤害后还牵挂着我的安全，我有过片刻的动摇，但随之而来的是更多的气愤，我再也抑制不住，哭了出来："你不是想问我这是不是最后一次跑步吗，我告诉你，不是！我们以后会跑几百次，几千次，我们还会结婚，搬进大房子，每天幸福地生活在一起。"

丈夫没有说话，也许并不明白我在说什么吧，就连我自己也不明白了，但我停不下来："然后呢，你会渐渐不爱我，厌倦我，再也不抱着我睡觉，再也不亲我，成天只会捧着手机，什么誓言诺言，全是假的，你通通没有兑现！"

长久的沉默之后，丈夫慢慢走过来，抱住了我，我挣扎一会，便不想再动，一头钻进他怀里。多久了，我以为自己已经忘掉这个味道和温度，但我并没有。

"不会有那一天的。"丈夫在我耳边说，"我能想象的最坏的事，就是我不再爱你，我宁愿死也不会让它发生。"

我想打断他，否认他，也想要辩解，但我突然不想再说话，也不想再要什么复仇成功了，我只想用心享受他的怀抱。

我突然明白，即使我成功拒绝了他，成功阻止了爱情淡去这件事，成功避免了未来的痛苦，但有一天我一定会更加悔恨的吧，悔恨在我们最相爱的时候，没能够紧紧抱住彼此，哪怕只有一个晚上，甚至一秒。

我认输了，这一次，我输得心甘情愿。

我牢牢抱住我的丈夫，不愿松手，爱情终会淡去，那就让它淡去吧，我只要在此刻抱得紧一点，再紧一点。

4

一觉醒来，还是那间万年不变的卧室，冷冰冰的床和背影，手机没有再震动，只是床上的人也依然远得够不着。

但我心情平静，没有一丝怨恨。路是我选的，即使重来多少次，还是会做同样的选择吧。这样的结果，在我抱紧丈夫的那一刻，就已经接受了。

我独自出门，来到医院。爱情已死，留下的只是一日一日更加惨淡寡味的人生，腹中的孩子生出来恐怕只会不幸，趁他还没有意识的时候，狠狠心阻止他来受罪吧。

"等一下。"一个无比熟悉的声音。

我抬头，丈夫踏着朝阳走向我，眼里全是疼惜，接着，他一把抱住我，紧得我呼吸不畅。

"我后悔了，我认输了。"丈夫有些激动，抱得更紧了。

"什么？"我不解。

"接下来我要说的话也许很难让人相信。"丈夫握着我的肩膀，满脸严肃，"我是从五年后回来阻止你生这个孩子的。孩子五岁的时候，你就爱上了别人，抛下了我们两个，他太想你，我看着心疼，所以宁愿不让他生出来受罪，这段日子我辛辛苦苦地假装冷漠，就是为了不让你生下这个孩子。"

丈夫伏在我身上，哭起来。我呆住："原来是我不爱你了？"

"我们回家，好不好？"丈夫扶起趔趄的我，"以后我会跟宝宝说，他是爱情的产物，他的爸爸妈妈是在最相爱的时候生下他的，以后不管在不在一起，对他的爱不会有任何改变。我不想等到死前回忆的时候，后悔在我们最相爱的时候没有紧紧抱住对方，没有珍惜每一分每一秒。"

我只感到背后发凉，绝望慢慢袭上来，扼住全身，我想起五年前的丈夫对我说的话："如果有一天我不爱你了，那一定是我能想到的最坏的事，我宁愿死也不会让它发生。"

丈夫只是抱着我，死死不放。

围炉夜话

✱ 赫尔曼·黑塞

它就这样出现在我的面前：肥胖、宽大，大大的嘴巴里充斥着火焰。

"我叫富兰克林。"它说。

"你莫非是本杰明·富兰克林？"我问道。

"不，就只叫富兰克林，或者富兰克利诺。我是一台意大利产的火炉，一项杰出的发明。尽管如此，我发热的本事却不算很特别——"

"是这样的。"我说道，"你说的这些我也很清楚。每一台拥有漂亮名字的火炉，肯定都是一项杰出的发明，但在供暖发热这方面就表现得普普通通了。我很喜欢这种有名字的火炉，它值得人们去啧啧称奇。不过话说回来，富兰克林，你不妨跟我讲讲看，像你这样一台意大利产的火炉，为什么要起一个美国人的名字呢？这样做难道不会很奇怪吗？"

"奇怪？没有的事。你知道吗，这其实是一条潜规则，是一条专门用来拉关系、壮声势的潜规则。在你们人类的世界里，可到处充斥着这样的潜规则。比如，那些生性胆小的民族，拥有独属于他们的民谣，这些民谣的内容全是在歌颂勇气的；那些日常缺爱的民族，创造出属于他们的戏剧，那些戏剧呢，却都是在歌颂爱情的。在我们的世界里——我们火炉的世界里，也是如此。意大利产的火炉，大部分取的都是美国名字，这就好比德国产的火炉，大部分会取希腊名字一样。虽然是希腊名字，但它们是实打实的德国货，而且，请相信我，它们发热的本事并不比我更好些。不过，它们叫的名字可是赫乌瑞卡，或者菲利克斯，或者赫克托耳。总之，起这些名字能够勾起人类的很多历史回忆。依照同样的道理，我也就起名叫富兰克林了。我是一台火炉，但是，依照我身上所具备的一些特点来看，我也完全符合当一位公民的条件：我有一张大嘴巴，需要给我很多，发光发热却很少，通过一根管子把烟给排出去，有个响当当的名字，能够唤起其他人的不少回忆。瞧瞧，我就是这个样子的。"

"显然如此。"我说道，"那么，我要向您致以最深切的敬意。对了，鉴于您是一台意大利产的火炉，那么我们显然也可以在您的身体里面烤栗子吃了，对吗？"

"确实可以，显而易见。毕竟这也是一种消磨时间的方式嘛。很多人都喜欢的。你看，有些人也会选择吟诗作对或者下棋来消磨时间，显然也可以在我的身体里面烤栗子，为

"什么不呢?栗子烤得焦焦的,时间花得多多的。人类就是喜欢消磨时间,而我又是人类创造出来的,我们按照人类的喜好去行事,也是在尽我们本身该尽的义务。我们这些纪念碑,既不会多干,也不会少做。"

"您等等!'纪念碑',您刚刚是这样说的吗?在您看来,自己实际上是一座纪念碑?"

"当然是。我们所有的火炉,都是纪念碑。我们这些通过工业生产制造出来的产品,从根本上来讲,全是人类天性或者道德的纪念碑。要知道,那可是一种特别的天性,在自然界是极为罕见的,唯有人类在较高的文明发展水平下才能达到。"

"所以,那具体是一种怎样的天性呢?请您讲讲看。"

"这种天性的核心在于,无用之用,也是有其意义的。在其他很多无关的意义之外,就连我本身,也是这种意义的纪念碑。我名叫富兰克林,我是一台火炉,我有一张大嘴巴,这张嘴巴能够吞下柴薪;还有一根大烟管,透过这根烟管,我内部所发出的热量就能够找到通往外界空间的最迅捷的路径。除此之外,我身上也有一整套的装饰花纹。对了,我还有两个气阀,可以开也可以关,操控自如。就连这两个气阀都是一种十分美妙的消磨时间的方式。人们可以用它们来演奏一曲,就跟用一根笛子来表演一样。"

"您可真令我感到开心,富兰克林。在我曾经见过的所有火炉里面,您当真是最聪明的。不过,您刚才说的究竟是怎么一回事呢?按照您的说法,您究竟是一台火炉,还是一座纪念碑?"

"您的问题可真多啊!大千世界里,人类是唯一能够赋予事物'意义'的生灵,关于这点,您又怎么可能会不知道呢?对于整个大自然而言,一棵橡树就是一棵橡树,一缕风就是一缕风,一团火焰就是一团火焰。但是,对于人类而言,一切可就统统变了样,因为一切都是充满意义的,一切都是紧密联系的!对于你们,一切都是神圣的,一切都具有象征意义。一次杀人行为,可以是英雄壮举;一场瘟疫,可以是上天旨意;一场战争,可以是革命起义。照此看来,一台火炉怎么可能仅仅是一台火炉呢?当然不啦,就连火炉也具有象征意义——火炉是一座纪念碑,是一位传道者。正因如此,人类才会这么喜爱火炉;正因如此,人类才会对火炉表示关注;正因如此,人类才会在火炉上安装装饰用的花纹和气阀;恰恰因此,火炉才不会把区区的发热供暖视作自己唯一的使命;正因如此,我这座火炉才会被命名为富兰克林。"

时间河
shi jian he

风后面是风，

天空上面是天空

李贽：不自由，毋宁死

* 王汉周

1

这世上，有才的人都很狂。

在古代，敢狂的人挺多，狂到敢骂孔子的，却掰着手指头也数不出十个来。在这仅有的几个狂人里骂得最狠的，一个是庄子，还有一个是李贽。

李贽骂孔子，直截了当就说"虽孔夫子亦庸众人类也"，学孔子的都是"丑妇之贱态"。他读过私塾，学过孔孟朱子之道，却坚决不肯信孔夫子说的话，还把人骂了个狗血喷头。他觉得，圣人之言都是错的，什么孔子孟子，不如自立门户。

这可不是一时的哗众取宠。他打小就喜欢骂孔子，十二岁就写出了轰动乡里的《老农老圃论》，把孔子视种田人为"小人"的言论大大挖苦了一番。

李贽有这样惊世骇俗的想法，大概与他的家庭背景有关。他祖上就没有学儒的传统，也不是什么书香世家，而是做着当时人们瞧不起的商人行当。

李贽的六世祖是泉州巨商。明朝的泉州可是个通五洋揽四海的商业大都会，李家扎根此处，专门跟霍尔木兹人做生意。

李贽是个离经叛道的家伙。他不尊孔子，也不肯信其他什么教派，誓要做一个无信仰的自由人。

2

当时明朝已有了海禁政策，李家没法像祖上那样去海外做生意，家道逐渐中落，只好谋一条读书取仕的道路。

李贽中了举当上官后，家里人都很欣慰，觉得他迈上了一条康庄大道，李家能够从此复兴。然而他这人当官没什么本事，却有两大特点，一曰傲慢，二曰两袖清风。

明朝科举取士，旁人中了举要先烧两炷高香，再大宴亲朋，然后发奋图强，再考进士。可李贽呢，却当着大家的面儿说以后再也不考啦，举人也挺好的。

一个人有了北大硕博连读的资质，偏偏要读完本科就打住，那就怪不得这一辈子只能当个小城市的小公务员了。

当了小公务员，李贽还不愿意往上升官，一应人情往来都不做，升职考试也不去考，每天闭门研究学问，美其名曰不为五斗米折腰。

明朝的俸禄是很低的，基层小官的俸禄更是微乎其微，养家糊口都难。长期的傲慢让李贽的工资单难以跟上明朝飞速发展的经济形势，这官越当越穷。

李贽做过姚安知府。俗话说"三年清知府，十万雪花银"，可李贽呢？他写了副楹联，说是"做官无别物，只此一庭明月，两袖清风"。

当了很多年的官，就攒下了一轮明月。

李贽在姚安知府任上干得很不错，上司十分满意，向朝廷举荐他，要给他升官儿。但没想到，李贽一听这个消息，拔腿就跑，跑进了山里不肯出来。上司无奈接了他的辞职信，他拍拍屁股便走人了。

3

五十多岁的李贽，带着一家老小投奔好朋友耿定理，在天台书院里谋了一份讲课的活计。因为房租太贵，他们一家直接住到了耿定理家里。

按理说，书院老师也是份很有面儿的工作，工资也还可以。但李贽可不是为了找工作而找工作，他想要一个讲台、一群观众，看他手拿麦克风随心舞动。

李贽在天台书院里发表了许多惊世骇俗的言论，从此在大明第一思想犯的道路上策马狂奔。

他批判"君君，臣臣，父父，子子"那一套伦理纲常，揭露道学家们的伪善面目，反对以孔子的是非观为是非标准，把宋代的理学家周敦颐、程颢、张载、朱熹都骂了个遍。

他崇尚把个人私欲放到首位，痛骂道学家们提倡的无私奉献，批评理学家"高谈性命，清论玄微，把天下百姓痛痒置之不问，反以说及理财为浊"。

他还说焚书坑儒的秦始皇是千古一帝，而大肆诛杀功臣的朱元璋则比秦始皇更伟大，是万古一帝。

中国各个封建王朝无不重农抑商，李贽却说："不言理财者，决不能平治天下。"

他要求人类生而平等，要解放妇女天性，歌颂自由恋爱，反对宗教迷信。针对当时盛行的提倡"存天理、灭人欲"的理学，李贽高呼"穿衣吃饭即是人伦物理"，以此作为反抗。

他把自己写的文集取名叫《藏书》《续藏书》《焚书》《续焚书》。

这些思想，即便放到现代来看也是先进且睿智的，所以在那个年代，他不可能为世所容，就连他的好朋友耿定理也不能理解这位千古狂生的所作所为。

于是，李贽干脆从他家里搬了出来，跑到芝佛院里落发为僧了。

从小到大，他没有什么信仰，如今五六十岁了，当然更不可能去信佛祖。

他出家的原因，只是如袁中道在《李温陵传》中所说："一日恶头痒，倦于梳栉，遂去其发，独存髭须。"

李贽只是因为头痒痒就给自己剃了个光头，连胡子都没舍得剃，仍然喝酒吃肉，百无禁忌。他在《焚书》中说："出家为何？为求出世也。"

4

李贽还公然招收女学生，坚持妇女和男子一样有读书的权利，也有自由决定人生的权利，所以他招女学生，只有一个要求：要足够离经叛道。

但那个年代的女人，谁不是被三从四德绑得死死的？称得上离经叛道的女人，大约就只有风月场里的美人儿了。于是李贽招收的很多女弟子，都来自这些世俗人眼中"不正当"的地方，以至于当真有良家女子做了他的徒弟，还要被人攀诬为"僧尼宣淫"。

这说的便是六十多岁的李贽和他一位女弟子梅澹然之间的故事。梅澹然是李贽好友梅国桢的三女儿，小时候跟刘家结下亲事，但还没来得及成婚，小刘就死了。梅澹然心如死灰，不想再嫁人，便给李贽写了信，说要出家。

李贽并不支持小姑娘这么做，可她老爹梅国桢却支持，他为女儿修建了一座绣佛精舍，让她一边念佛一边绣花，两不耽误。

没多久后，梅澹然正式落发为尼。李贽给她写了一首诗，两人也有了半师之谊。

其实，李贽的女弟子远不止梅澹然一个人，梅家的其他女儿、媳妇都拜了李贽为师，可人们却热衷于八卦他和梅澹然之间的故事，大概是因为梅澹然长得好看吧。

大家都说，李贽做了假和尚，却给真尼姑写情诗，好不要脸。

5

李贽的离经叛道之举触怒了许多人，他大骂的孔夫子、朱熹、周敦颐这些人，都被当时的读书人奉为至圣先师，更何况李贽公然宣扬那些与朝廷法度背道而驰的言论，早惹怒了朝野上下。

正统思想的卫道士东林党人最先发难，指责他有伤风化。

著名的东林党领袖顾宪成这么说李贽："李卓吾大抵是人之非，非人之是……学术到此，真成涂炭，惟有仰屋窃叹而已，如何？如何？"

意思是李贽这家伙，就是世上人都说对的，他偏要说错，世上人都说错的，他偏要说对，这么跟人拧着来，如何能不得罪人？

有人一纸状书递到皇帝面前，用一篇标准的诬陷范文把李贽打成了十恶不赦的思想犯。大臣们声泪俱下地控诉着他的荒唐行径，锦衣卫们则非常高效地把他关进了大牢。

当时，李贽已经是古稀高龄了，路都走不动了。他主动束手就擒，还让来逮捕他的人给他抬个门板来，让他躺上去。于是，李贽就这么被人用门板抬进了大牢。

在牢狱里，他亦无所畏惧，说："今年不死，明年不死，年年等死，等不出死，反等出祸。"

李贽不畏死，可万历皇帝偏偏不想让他死。

李贽太有名了，举国上下，遍地都有他的粉丝，工部尚书刘东星曾请他写书，文坛巨子袁氏三兄弟为了见他跑去陪住，就连意大利传教士利玛窦都和李贽交往甚密。

放在今天说，李贽就是一大流量明星，粉丝多，黑粉也不少，他若是死了，必是要震动整个网友界！

万历皇帝不打算逆流而行，而是要听别人说一句皇恩浩荡，所以只把李贽关进大牢，一应吃穿都不含糊，还宽容地让他在牢中吟诗作赋写歪文："世上何人不读书，书奴却以读书死。"

李贽不怕死，他只害怕不得自由："我可杀不可去，我头可断而我身不可辱。"

这样的人如何能忍受牢狱之困？

一天，李贽嚷嚷着要剃头，等剃头的侍者来到牢中，他趁侍者离开的间隙，用剃刀割开了自己的脖子。

他脖颈上鲜血淋漓，却没有立刻死去，还留下了一段经典对话。

侍者问他："和尚痛否？"

答："不痛。"

侍者又问："和尚何自割？"

答："七十老翁何所求！"

两日之后，李贽终于断气，享年七十六岁。

他曾说："我有二十分识，二十分才，二十分胆。"但这世道容不下这样一个胆大妄为者，也容不下一个任性的道德审判者。

李贽天生就是要死的，他已在这世上活了太久。

王阳明的生命宣言

✱ 余秋雨

王阳明的影响力之大,令人吃惊。

他有很多学生,后来还分成了不同的学派,其中有几位还颇为出名。这种情况,在其他大学者中还能约略找到几个。但是,下面的情况,只能属于他一个人了。

明代灭亡后,不止一个智者说过:如果王阳明还在,这个朝代就不会这样了。

日本著名将军东乡平八郎并不是学者,却有一个写着"一生俯首拜阳明"的腰牌。

王阳明是我家乡余姚人,当地恭敬地重修了他的故居,建立了纪念馆。但是,全国凡是他活动过的地方,都在隆重纪念,而且发起了一次次"联动纪念"。

这种盛况,完全超出了人们的正常想象。前不久我在电视上看到贵州对他的纪念典礼,参加人数之多,延续时间之长,仪式规模之大,让我瞠目结舌。

当然,他是明代一位杰出的哲学家,但中国绝大多数民众历来对哲学家兴趣不大。事实上,除他之外也没有另外一位哲学家享此殊荣,包括远比他更经典、更重要的老子在内。很多朋友出于对他的这种巨大影响力的好奇,去钻研一部部《中国哲学史》,仍然没有找到原因。

在哲学史上,他并不是横空出世的孤峰。他的一些基本观念,并非首创,陆九渊也曾有过深刻的论述。在宋明理学的整体流域中,还有周敦颐、张载、程颢、程颐、朱熹等一座座夺目的航标。总之,如果纯粹以哲学家的身份来衡量王阳明,他就不会像现在这样耀眼。

而且,按照学术惯例,要安顿这样一个哲学家,一定还会发现他在某些理论范畴,如心、理、意、物、事、无、本等概念上的不周全。读者如果陷入相关的讨论,很快就会头昏脑涨。在头昏脑涨中,还怎么来崇拜他呢?

因此,王阳明产生如此巨大的影响,一定还有超越哲学史的原因。

有些历史学家认为,他善于打仗,却又频遭冤屈,这个经历提高了他的知名度。

当然,这些都很重要,也很不容易,但细算起来,他打的仗并不太大,他受的冤屈也不算太重。而且这些事情还不像歼灭外寇,勇抗巨奸那样简明通俗,容易让朝野激动。

我认为,王阳明的最大魅力,在于把自己的哲思和经历,变成了一个生命宣言。这个生命宣言的主旨,是做一个有良知的行动者。

一般说来,多数君子并不是行动者,多数行动者不在乎良知。对此中国人早已看惯,却又无可奈何。突然有人断言,一个人的生命可以克服这两种情况,达到两相完满，这就不能不让大家精神一振了。

而且，他提出的行动是重大行动，他提出的良知是普遍良知，两方面都巍然挺拔。他自己，又是一个重量级的学者兼重量级的将军，使这种断言具有了"现身说法"的雄辩之力。

不仅如此，他还以一个哲学家的分析能力和概括能力，把这种断言付之于简洁明了的表达。于是，"断言"也就变成了"宣言"。这既不是哲学宣言，也不是军事宣言，而是有关如何做人的宣言，也就是人生宣言。这样的人生宣言在历史上很少出现，当然会对天下君子产生巨大的吸引力。

在王阳明看来，一个有良知的行动者，已经不是一般的君子，而是叩开了圣人之门。因此，这个宣言也就成了入圣的宣言。这一点，对于一切成功或失败的大人物，也都形成了强大的磁铁效应。

至此，我可能已经实现了自己的一个心愿，那就是解析王阳明产生巨大影响的主要原因。

接下来，就要具体论述他的人生宣言了。一共只有三条。

第一条："心即是理"。

不管哲学研究者们怎么分析，我们从人生宣言的层面，对这四个字有更广泛的理解。天下一切大道理，只有经过我们的心，发自我们的心，依凭我们的心，才站得住。无法由人心来感受、来意会、来接受的"理"，都不是真正的理，不应该存在。因此王阳明说，"心外无理"，"心即是理"，理是心的"条理"。

这一来，一切传统的、刻板的、空泛的、强加的大道理都失去了权威地位，它们之中若有一些片段要想存活，那就必须经过心的测验和认领。

王阳明并不反对人类社会需要普遍道德法则，但是这种普遍道德法则太容易被统治者、权势者歪曲、改写、裁切了。即使保持了一些经典话语，也容易因他们而僵化、衰老、朽残。因此，他把道德法则引向内心，成为内在法则，让心尺来衡量，让心筛来过滤，让心防来剔除，让心泉来灌溉。对理是这样，对事也是这样。

他所说的"心"，既是个人之心，也是众人之心。他认为由天下之心所捧持的理，才是天理。

有人一定会说，把一切归于一心，是不是把世界缩小了？其实，这恰恰是把人心大大开拓了。把天理大道、万事万物都装进心里，这就出现了一个无所不能、无远弗届的伟大圣人的心襟。

试想，如果理在心外，人们要逐一领教物理、学理、地理、生理、兵理、文理，在短短一生中，那又怎么轮得过来，怎么能成为王阳明这样没有进过任何专业学校却能事事精通的全才？

在江西平叛时，那么多的军情、地形、火器、补给、车马、船载等专业需求日夜涌来，而兵法、韬略、舆情、朝规、军令又必须得时时取用，王阳明只有把内心当作一个无限量的仓库，才能应付裕如。查什么书？问什么人？都来不及，也没有用，唯一的办法，从心里找活路。

于是，像奇迹一般，百理皆通，全盘皆活。百理在何处相通？在心间。

由此可见，"心即是理"是一个极为重要的人生宣言。

依凭着这样的人生宣言，我们看到，一批批"有心人"离开了空洞的教条，去从事一些让自己和他人都能"入心"的事情。

第二条："致良知"。

心，为什么能够成为百理万事的出发点？因为它埋藏着良知。

良知，是人之为人、与生俱来的道德意识，不学、不虑就已存在。良知主要表现为一种直觉的是非判断和由此产生的好恶之心。

王阳明还认为，他所说的良知很大，没有时空限制。他说："自圣人以至于愚人，自一人之心以达于四海之远，自千古之前以至于万代之后，无有不同。是良知也者，是所谓天下之大本也。"

把超越时空、超越不同人群的道德原则，看成是"天下之大本"，这很符合世界上很多高层思想家的论断。所不同的是，"良知"的学说包含着"与生俱来"的性质，因此也是对人性的最高肯定。

良知藏在心底，"天下之大本"藏在心底，而且藏在一切人的心底，藏在"自圣人以至于愚人"的心底。这种思维高度，让我们产生三种乐观：一是对人类整体的乐观，二是对道德原则的乐观，三是对个人心力的乐观。

把这三种乐观连在一起，也就形成了以个人之心来普及天下良知的信心。

把"致良知"作为目标的君子，遇到困难就不会怨天尤人，而只会觉得自己致良知的功夫尚未达到，才会出现种种负面现象。负面越大，责任越重。这样，他一定是一个因善良而乐观，因善良而负责的人。

在这个问题上，王阳明曾经概括了四句话：
无善无恶心之体，有善有恶意之动；
知善知恶是良知，为善去恶是格物。

从浑然无染的本体出发，进入"有善有恶""知善知恶"的人生，然后就要凭着良知来规范事物（格物）了，这就必须让自己成为一个行动者。于是，有了人生宣言的第三条。

第三条："知行合一"。

与一般君子不同，王阳明完全不讨论"知"和"行"谁先谁后、谁重谁轻、谁主谁次、谁本谁末的问题，而只是一个劲儿呼吁：行动，行动，行动！

王阳明认为，"知"和"行"并不存在彼此独立的关系，而是两者本为一体，不可割裂。他说，"知是行之始，行是知之成"，"未有知而不行者，知而不行，只是未知"。

对这个判断，我需要略作解释。

我们在日常工作中总是说："我知道事情该那样办，但是行不通。"王阳明说，既然行不通，就证明你不知道事情该怎么办。因此，在王阳明那儿，是否行得通，是判断"知否"的基本标准。他本人在似乎完全办不到的情况下办成了那么多事，就是不受预定的"知"所束缚，只把眼睛盯住"行"的前沿，"行"的状态。他认为，"行"是唯一的发言者。

王阳明不仅没有给那些不准备付之于行的"知"留出空间，而且也没有给那些在"行"之前过于洋洋自得的"知"让出地位。这让我们颇感痛快，因为平日见到的大言不惭的策划、顾问、研讨、方案实在太多，见到的慷慨激昂的会议、报告、演讲、文件更多得无可计算。有人也在批评"文山会海""空谈误国"，但批评仍然是以会议的方式进行的，会议中讨论空谈之过，使空谈又增加了一成。

其实大家也在心中暗想：既然你们"知"之甚多，为何不能"行"之一二？王阳明先生让大家明白，他们无"行"，只因为他们无"知"；他们未"行"，只因为他们未"知"。

为此，我曾斩钉截铁地告诫学生：千万不要听那些"文艺评论家"的片言只语。转头我又会质询那些"文艺评论家"，你们从来连一篇小说也没有写过，连一篇散文也没有写过，连一首诗也没有写过，何以来谈论如何创作？如果你们还想问津文艺，那就动手吧，先创作几句短诗也好。

一定有人怀疑：重在行动，那么由谁指引？前面说了，由内心指引，由良知指引。这内心，足以包罗世界，这良知，足以接通天下。因此，完全可以放手行动，不必丝毫犹豫。

说了这三点，我们是否已经大致了解一个有良知的行动者的生命宣言？与一般的哲学观点不同，这三点，都有一个明确的主体：我的内心、我的良知、我的行动。这个稳定的主体，就组合成了一个中心课题：我该如何度过人生？这个课题，当然能吸引一切人。王阳明既提出了问题，又提供了答案，不能不让人心动。

因此，王阳明的影响力，还会延续百年、千年。

虽然意蕴丰厚，但王阳明的词句却是那么简洁："心即是理""致良知""知行合一"，一共才十一个汉字。

《道德经》中寻答案

* 白岩松

第二次世界大战后相当长的一段时间，德国很多知识界的人都走进《道德经》的世界去寻找解脱，在那样一个出哲学家的国度，人们居然是去东方，在《道德经》里寻找一些答案。

我喜欢《道德经》，喜欢老庄的哲学。

忘掉了空的东西

第11章中，老子讲了几个小故事，形象地作比喻。好的哲学都要作比喻，让大家容易懂。越伟大的典籍，越不枯燥，《庄子》里全是故事，《老子》里有很多比喻。

他比喻什么呢？比如说杯子，杯子真正的价值是围出来的空间，而不是看到的实物部分。他接着说房子，房子真正有用的不是屋顶、门、窗等，而是它围出的空间，没有中间的空间，大家坐哪儿呢？

我们总说中国要创新、创造，你看中国人有创新的时间吗？只要一有空，立马掏出手机来填补时间。有一句话说得真好：手机拿走了人们的无聊，也拿走了伴随无聊的那些伟大的东西。

就个人经验而言，我所有的想法和创意，都是在发呆和看书时想到的，在我忙的那段日子里，从来不会有创造力，只是把眼前的事忙完。中国人太爱做有用的事了，把发呆、喝茶、听音乐等当作无用的事，所以现在很难诞生伟大的创造力。

我们的注意力全在墙、门、窗等看得见的地方，却忘掉了空的东西，所以老子说："有之以为利，无之以为用。"

领导不刷存在感

第17章很有意思，老子把人分为不同的种类，但是都蕴藏着智慧，他说："太上，不知有之；其次，亲而誉之；其次，畏之；其次，侮之。"

最好的领导是只知道有这么一个人；第二等的领导是大家觉得他很亲近，因此总是夸赞他；第三等的领导是大家畏惧他；第四等的领导是大家天天挤对他、骂他。

后两种并不出乎意料，但是前两种值得我们思考，为什么最好的领导不是"亲而誉之"，而是"不知有之"？

我想这是最高的境界，领导不刷存在感，但仿佛又无处不有他，因为一切都井然有序。

不笑不足以为道

第41章，"上士闻道，勤而行之；中士闻道，若存若亡；下士闻道，大笑之。不笑不足以为道。"

老子说，最优秀的人，当他听到一个好的道理，立马就去实践；中等人呢，一边做，一边怀疑，现实生活中最多的就是这种人；而最糟糕的人听到道理反而是嘲笑。所以不被人嘲笑的道理一定不是最好和最精妙的道理。

第二次世界大战时，一个将军把人分成四等：最优秀的人是既聪明又勤奋；二等人是聪明但懒惰，聪明的人懒惰不可怕，可以通过各种方法让他勤奋起来；三等人是愚蠢且懒惰；最糟糕的人是愚蠢且勤奋。想想看，是不是这个道理？如果希特勒是一个愚蠢且懒惰的人，就不会祸害众生了，他不仅愚蠢，而且勤奋，把愚蠢的想法付诸行动。

人类历史上无数的悲剧和糟糕的东西，其实是由愚蠢人的勤奋造成的，所以一定要防止愚蠢的勤奋。我经常和别人聊天说："你要监督我，一旦有一天我变成愚蠢却又勤奋的人，你赶紧提醒我，我尽早把自己变成愚蠢且懒惰的人。"

比别人低是境界

第66章，老子用水作比喻，"江海所以能为百谷王者，以其善下之。"在水当中，最辽阔的就是江和海了，为什么江和海最辽阔呢？老子说，因为它比任何事物都低。为什么叫海平面呢？海平面就是零，所有离开海的陆地，除了极个别的区域，都比海高，水都往低处流，所以累积起来，就形成最辽阔的大海。

我喜欢比别人低，这是一种境界。20世纪90年代我去采访季羡林先生，其中有这样一个故事：他当时是北大的副校长，有一个大学生拿着行李来报到，他跟季老先生说："哎，大爷，您帮我看一下东西。"大爷说："没问题。"小伙子就去办手续去了，40多分钟才回来。"谢谢您，大爷。""没事。"第二天开学典礼上，小伙子一看，那个大爷原来是坐在台上的副校长。

最积极的方法论

第81章是终结篇章，"信言不美，美言不信；善者不辩，辩者不善。"

让人信服的语言，不一定是华丽的辞藻，而充满美丽辞藻的话，不值得相信。真正善良的人，面对别人的挤对，一笑了之；天天跟人辩解的人，不一定是善良的。

"知者不博，博者不知。"真正有智慧的人，不是什么都知道；而无事不知的人，一定不够智慧。

有人认为老庄哲学是避世的、无为而治的，我认为，老庄哲学是最积极的方法论，如果是真正消极的，最后四个字怎么可能是"为而不争"呢？他强调的是"不争"，而不是"不为"。

天人之道，如果我们能掌握这样的精髓，并将其变成自己为人处世的核心，我觉得人生会幸福很多。

董仲舒的人生抉择

※ 刘家科

人生几乎每一步都面临抉择。抉择是人生的方向盘和制动器。一般抉择会决定一时一事，关键、重要的抉择则会决定一个人的前途与命运。因而每个人都力图牢牢抓住抉择的权柄，防止抉择失控、失误，争取抉择的自主、正确、如愿。

抉择的权柄并非都能掌握在自己手中。有时会掌握在父母手中，有时会掌握在君王手中，有时会掌握在上司手中，有时又可能掌握在意想不到的人手中……

赐名与择校

董仲舒儿时抉择的权柄如普通人一样，是掌握在父亲手中的。

董仲舒出生在广川一个富裕的农户家里。出生那天，父亲董太公正巧从广川城里买回一车简书。董太公放下牛车，看到呱呱坠地的儿子，马上来了灵感："俺家虽有良田万亩，家财万贯，但自祖辈以来从没有过官运，今天老天爷把儿子和书简一块送到俺家，看来'读书做官'这条路在俺儿子这一辈能走得通！"

于是，董太公做出一个坚定的抉择：豁出万贯家财，供儿子读书做官，光宗耀祖！

董太公有了一系列的举措。

先到孔圣人家乡请圣人后代赐名。广川离曲阜不远，董太公套上车，带着儿子和家人来到曲阜，先拜了孔庙，又去拜见了孔圣人家族当时最年长的老人，向老人家说明来意。老人家正抱着书简专心研读，听了董太公的自我介绍，闭目思索了一会儿，然后取过一片竹简，用刀笔在上面刻了"仲舒"二字。董太公呈上礼品，取了竹简，如获至宝一般返回董家庄。到家后，董太公指挥家人清扫庭院，请来亲朋好友，摆酒唱戏，庆贺了三天。

再是请本村一位老先生为董仲舒启蒙。董仲舒天资聪颖,不爱玩耍,只喜欢读书写字,加上老先生精心启发教导,很快就能背诵诗文。董太公十分喜欢仲舒,但从不娇惯,小仲舒也很快懂得了各种礼法和规矩。

三是在附近村庄选择学校。董家庄东南十里有个村庄,该村苏氏家族世代为官,推崇儒家礼仪,设有供自家子孙上学的私人学堂。董太公求人舍脸,把董仲舒送到学堂念书。年幼的董仲舒每天跑十里路上学,从不缺课。

四是帮儿子拜师归宗。董仲舒在学堂读书多年,打下了深厚的文化基础,此后,他读书的范围日益广泛,儒、道、法、阴阳各家书籍,凡能找到的都要读。虽然各家思想均有涉猎,但他最钟情的还是儒家思想。广川在燕赵与齐鲁交界的地方,而齐鲁是西汉的文化中心。鲁国自春秋以来一直以儒学为正宗,齐国则设立稷下学宫,招揽天下饱学之士。齐鲁浓厚的学术氛围吹到广川,引得青少年时代的董仲舒十分向往。在父亲帮助下,董仲舒到稷下投师公羊寿,研读《春秋公羊传》,真正拜在了儒学门下。

拼命研读成为"博士"

抉择与人生目标是一对矛盾,二者相互依存,相互激励,又相互制约。抉择服从于人生目标,抉择又会修正和调整人生目标。

真正自主的抉择依赖于人格的独立,而明智的抉择则依赖于人生目标的确定和明了。

董仲舒研读《春秋公羊传》,得儒学思想真传之后,把父亲为他选择的"读书做官,光宗耀祖"的人生目标,逐步调整提升,最终归结到"修身、齐家、治国、平天下"。在这个全新的目标确定之后,董仲舒做出了生来第一次自主的重大抉择:拼一生之力,继承改造春秋公羊学,使儒家思想为大汉朝的一统天下效力。

作为一个生长在民间底层的青年学子,要实现如此宏大的目标,谈何容易!董仲舒明知其难,但偏要迎难而上。

为探究春秋公羊学的奥义,他的学习和钻研达到了如痴如狂的地步。他常常顾不得吃饭,忘记了休息,身体逐渐消瘦下来。父亲看在眼里,急在心里。如何分散一下他的精力,使他能够劳逸结合呢?父亲冥思苦想,终于有了一个办法。他请来能工巧匠,精心设计施工,要把屋后的空地建成一个大花园。学习之余可以来园中散步、游玩,天气好的时候也可以在园中摆个桌椅学习!

然而,《太平御览》载:"董仲舒三年不窥园,尝乘马,不觉牝牡……志在经传也。"董仲舒不仅三年不窥自家花园,而且骑马出行也不理会胯下所骑是雄是雌,心中只有"经传"二字。

董仲舒认定,实现自己选定的人生目标,修身是前提。研学"经传"是修身的主课,但平时的言行也要按照春秋大义来规范,他力求做到"进退容止,非礼不行",认为只有这样才是完整的修身。因为拼命刻苦学习,加上天资聪颖、躬身实践,董仲舒在研读春秋公羊学上取得了超人的成就。他不仅继承了春秋公羊学的精髓,而且有了自己的新见解、新领悟、新建树,渐渐地,成了知名人物。

汉景帝继承皇位之后,调整了行政区划,当时,刘彭祖为广川王。刘彭祖到任不久就认识了董仲舒。他认为董仲舒是难得的春秋公羊学专家,可以推荐给朝廷,为国效力,但迟迟没有合适的机会。

这一年机会来了,汉景帝秉承祖训,让各个国王、郡主推荐贤良文学之士,刘彭祖就把董仲舒推荐给朝廷。董仲舒认定了这个机会,告别父母和家乡,奔向遥远的京城。汉景帝把各郡国的推荐人选做一番考察之后,择优任命了一批博士,董仲舒名列其中。汉景帝对春秋公羊学了解不多，但也略知这门学问的深奥，暂且给董仲舒个博士当当，用得着时再委以重任吧。

专为春秋公羊学设立博士，在中国历史上还是第一次，而此次的春秋公羊学博士，只有两个人。一个是年纪老迈的春秋公羊学专家胡毋生，另一个就是董仲舒，而董仲舒正值盛年。

然而，汉景帝过后就把这一档子事给忘得一干二净了。当时的博士是个空头职衔，以微薄的薪俸维持生活，没有实际工作可干，只能等待皇帝的再任命。于是董仲舒和胡毋生一同待在京城，苦等皇帝的御旨。然而，汉景帝只重黄老之学，春秋公羊学及其他学科博士只是当个摆设，做出一副重视天下学人的姿态而已。

以退为进，回乡收徒讲学

任何重要抉择都要审时度势，都要将对情势的判断与自己的人生目标相对接。董仲舒看清这个博士头衔的实质，于是做出了新的抉择：以退为进，蓄势待机。

那一天，董仲舒离开京城，踏上返回故乡的道路。他要回故乡收徒讲学、教书育人，传播儒家思想，扩大儒家学员队伍。回到广川，董仲舒的地位与原来大不相同了。他是皇帝钦点的春秋公羊学博士，在一般人看来，这个博士可是象征着学问与权威啊。董仲舒讲学的消息不胫而走，赶来报名求学的年轻人踏破门槛。随着学生的增加，董仲舒几次更换更大的房子做教室，后来干脆就把教室搬到露天地里，周围用粗布围挡起来，即所谓"下帷讲学"。这样，董仲舒的弟子就更多了。

为了进一步扩大自己的弟子队伍，让春秋公羊学继续发扬光大，也为了腾出更多时间进行自己的学术研究，董仲舒采取新的教学方法，他让先入学的学生给后入学的学生授课，让优秀的弟子给一般的弟子讲解。经过多年的实践，董仲舒舍下的弟子和贤人虽不能与孔子弟子三千、贤人七十二相比，但其规模和数量也相当可观了。史书记载，董仲舒"下帷讲诵，弟子传以久次相授业，或莫见其面"。用现在的话说，就是董仲舒在空地里围起布幔授讲，让学生教学生，高年级给低年级上课，很多学生学业已经结束，快要离开了，还没有见过董仲舒的面。

董仲舒除了教学之余继续研究春秋公羊学之外，还游学四方。一是通过学术交流，提升自己的研究；二是为了传播春秋公羊学，进一步扩大它的影响。在河间国，董仲舒就受到献王刘德的召见。刘德诚恳地向董仲舒求教，二人关系极为融洽。这时，董仲舒声名鹊起，备受世人推崇。一般人看来，董仲舒已非常风光，但深得儒学真谛的董仲舒早已把治国、平天下作为儒学的政治使命，如不能让儒学为国家的政治统治服务，那就是根本的失败。

多少年过去了，董仲舒将近暮年。那等待已久的机遇何时到来呢？董仲舒内心非常焦急、非常迫切！

机遇来了，但董仲舒错过了这次机遇。

公元前140年，汉武帝刘彻即位，年轻的皇帝认为现在不再需要"无为而治"的黄老之学了，对儒家学说表现出很大的兴趣。

董仲舒四方游学，那时他正在河间国与献王刘德切磋学问。皇帝的诏令下达时，董仲舒不在广川国。而董仲舒在河间国又没有户籍，因此两边都没有举荐董仲舒。

当时汉武帝虽已登基，但朝廷的实权仍掌握在他的祖母窦太后手里。窦太后深好黄老之学，她对汉武帝的重儒招贤强加干预，不仅使招贤举措胎死腹中，还把帮汉武帝重用儒生的大臣撤职问罪，逼他们自杀。假如这一次招贤董仲舒名列前茅，说不定早就被窦太后一棍子打死了，哪还有后来的"天人三策"？应该说，冥冥之中的阴差阳错，让董仲舒躲过了一场厄运。

从辅君治国到专心治学

真正的机遇在等待有准备的人。

几年后，窦太后去世。汉武帝真正开启了属于自己的时代。此时的董仲舒感到儒学新曙光的照临。年迈的他胸有成竹地返回长安，以贤良身份等待皇帝的召见。

这次全国被推荐的贤良之士共100多名，而董仲舒名列第一。汉武帝向董仲舒垂询了思考已久的王道之说、天命符契、灾异原因、性命不齐等根本性问题，董仲舒立足于《春秋公羊传》和阴阳学说，为汉武帝作了特异独出的解答。第一次策问完毕，汉武帝意犹未尽，又给董仲舒加了两场策问，让董仲舒把他多年研究的儒学思想和治国之策完备地阐述出来，董仲舒的策问使这位年轻的皇帝茅塞顿开、龙颜大悦。

董仲舒阐述的思想体系，简要概括就是两句话："屈民而伸君，屈君而伸天。"

"屈民而伸君"，就是要人民顺从国君，即服从皇帝。这是董仲舒对历史教训的概括总结。这个"民"，董仲舒重点所指就是那些有政治势力的诸侯国王，因为这些人是国家分裂的主要威胁。董仲舒提倡"大一统"，就是强调统一，反对分裂，这一重要思想既是远见卓识，又是针对分裂危险而提出的先进理论。

"屈君而伸天"，就是要国君服从上天。因为全民统一于皇帝，防止了分裂，但又产生了另外一个倾向——极权专制。那么，天是什么？天人如何感应？董仲舒继承过去的天命论，又与当时盛行的阴阳五行学说相结合，用以说明皇帝的行为如何会感动上天，上天会如何以祥瑞之象表扬皇帝的善政，又会如何以异灾之象批评皇帝、警告皇帝。皇帝要听上天的，而上天是按儒家思想塑造出来的。说白了，就是皇帝要听儒家的，要用儒家思想统一天下，所以要"罢黜百家，独尊儒术"。

以"天人三策"撬动中国封建统治的政治思想史，使儒家思想成为中国两千年封建社会的正统思想，为奠定中华民族的传统精神做出决定性的贡献，仅凭这一点，董仲舒的人生价值怎么评估也不会过高。

自"天人三策"始，董仲舒就把自己人生抉择的权柄交给了皇帝，而汉武帝只看中了董仲舒的学术和治国方略，并没有看中董仲舒这个廉直而不善变通的人。汉武帝在给了董仲舒巨大荣耀的同时，又给了董仲舒一个意想不到的尴尬。汉武帝本应在朝中给董仲舒安排个重要职位，却让他到诸侯国当一个国相。

数年后，董仲舒清醒地认识到自己在仕途上注定是走不远的，而机遇也不会再眷顾自己这样一个廉直、僵化、不入流俗的人。于是董仲舒决定调转方向，暗自回收自己人生抉择的权柄，他要逐步淡出这个不适宜他的王朝政治，转而去做学术研究的老本行。

董仲舒对付皇帝的这种"渐退"和"淡出"策略，对他的人生的确起到了保护作用。一方面，避免了他在政治旋涡中遭遇不测，保护了他的肉体和生命；另一方面，又给他腾出继续研究儒学、著书立说的足够空间，使他的学术成果以文章书籍的载体传之后世，保护了他作为学人的精神和学术生命。

董仲舒是个懂进退、知行止的人。他一生有完全自主的抉择，也有身不由己、由他人执掌权柄的抉择。自主的抉择自不待言，别人强加的抉择，董仲舒都以自己的思想、智慧、经验和方略给以或顺或逆或进或退的二次抉择，使两类抉择共同成就了他的人生价值。

人生抉择的总和约等于命运。

董仲舒让我们得到了有关命运的宝贵启示。

范仲淹与张载

※ 范小红

"先天下之忧而忧,后天下之乐而乐"是范仲淹《岳阳楼记》中留下的千古名言,有人说能与此媲美的唯有"横渠四句":"为天地立心,为生民立命,为往圣继绝学,为万世开太平。"

横渠何许人也?"北宋五子"之张载,字子厚,世称"横渠先生"。

张载小范仲淹很多岁,但是他们两个之间却有着深深的不解之缘。

张载天资聪明,从小就喜欢谈兵论武,加上家住陕西,对西夏犯宋早就痛心疾首,他攻读兵书,研判敌情,立志投笔从戎,建功立业。1040年,张载得知范仲淹任陕西经略安抚副使并代张存兼知延州之后,异常兴奋,写下《边议九条》,投奔延安拜见范仲淹。

史书记载,范仲淹"一见横渠,奇之,授以《中庸》"。

其实,是张载的《边议九条》令范仲淹折服。当时,范仲淹与韩琦正为"对西夏是攻是守"争得不可开交,范仲淹主守,坚持坚壁清野,固守抗敌;韩琦主攻,主张主动进攻,根除隐患。韩琦派范仲淹最好的朋友尹洙前往做说服工作都被拒绝了,分歧到了陕西经略安抚使的夏竦那里,主帅也无法调和,只好交与仁宗皇帝决断。

《边议九条》无疑给范仲淹打了一针强心剂。清野,固守,省戍,因民,讲实,择帅,择守,足用,警败。张载从九个方面全方位分析形势,研判军情,提出方案。范仲淹暗暗叹服:"这小子竟然与我的'攻宜取其近而兵势不危,守宜图其久而民力不匮'如出一辙,通读其文,观其措辞及文势,亦可见张载胸中之武功韬略,大将之风犹存!"

范仲淹深思良久,语重心长地对张载说道:"报国并非只有投笔从戎一途,人尽其才,你父亲为你取名张载,字子厚,是寄望于你能够厚德载物,德行广大,而看你的文字,温厚绵长,宏博广大,'儒者自有名教,何事于兵'。"

范仲淹一席话让张载打了个冷战,原来张载的祖父、父亲真的说过此话,他们从小就教育他立大志,做大事,福载人民。

张载15岁那年,父亲在任上病故,是他带着年幼的弟弟与母亲一起,护送父柩越巴山,奔汉中,至陕西眉县横渠镇,在盘缠用尽的情况下,毅然决定将父亲葬于大镇谷口迷狐岭上,并定居横渠。

52岁的范仲淹是那个时期文武双全,赫赫有名的人物,他说话是很有分量的,张载自然听得入脑入心,他接过范仲淹赠送的《中庸》就返回了关中。

起初,边境战事并没有按照范仲淹"守势"而为,而是依照韩琦的"攻策"而进,随着兵败,全师陷没,宋夏战争极为被动,范仲淹不失时机上书

《上攻守二策状》,这里面便有《边议九条》的影子。守边三年,"善守将军"范仲淹"以守为攻""近攻久守""军中有一范,西贼闻之惊破胆"。宋朝彻底平定了西夏来犯之敌。

1042年,范仲淹在庆州筑城防御,城起,宋仁宗钦赐"大顺城"。

范仲淹做出了一个出人意料的决定:请名不见经传的张载撰写《庆州大顺城记》。当然,这一次,张载依然没有让范仲淹失望。

《庆州大顺城记》不仅对范仲淹的筑城"以记其功",还阐述了范仲淹的"攻守"思想,如"当避其强,徐以计胜""月良日吉,将奋其旅""百万雄师,莫可以前""于金于汤,保之万年"。不愧是熟读《孙子兵法》的张载,《庆州大顺城记》中蕴含着范仲淹善守者,藏于九地之下,敌不知其所攻,而胜也故能自保的思想。

《庆州大顺城记》全篇言简意赅,气势恢宏,碑刻于城头之上,传诵近千年。

另有一说,范仲淹自掏腰包给了张载一笔丰厚的"稿费",以至于后来张载弟弟进京赶考的盘缠,包括张载自己进京赶考的盘缠用的都是这笔"巨款"。

这之后,西北战事平稳,西夏称臣,范仲淹回朝任参知政事,开启了轰轰烈烈的庆历新政。

改革失败后,范仲淹先后知邠州、邓州,张载时刻关注着恩师的动向,直到花洲书院建成,他不远数百里到邓州聆听范仲淹的教诲。《岳阳楼记》被张载烂熟于心,"居庙堂之高则忧其民,处江湖之远则忧其君""先天下之忧而忧,后天下之乐而乐"更是他终生践行的准则。

1052年,听闻范仲淹在徐州去世,张载悲痛欲绝,之后他化悲痛为力量,潜心研读范仲淹"兼三材而穷理尽性,重六画而原始要终。二气分仪,著高卑于卦内""冠三才而中正,秉一气而纯粹"等思想,奠定了自己气本论的宇宙本体论框架。几年后,张载决定进京参加科考,进入"体制内",他要让理想照进现实。

于是,中国科举史上的"龙虎榜"诞生了,这一榜除了张载之外,苏轼、苏辙、曾巩、程颢等一个个如雷贯耳的名字横空出世。

更为难得的,时任宰相文彦博特地设虎皮椅安排还是"考生"的张载在相国寺"讲易",轰动整个京城。也是在汴京,张载遇到了表侄——程颢、程颐,并与他们成为至亲和同道。在听了二程兄弟讲解《易经》之后,张载谦虚地宣布:"比见二程,深明《易》道,吾所弗及,汝辈可师之。"就是说论易学之道,我不如二程。这一"官宣"让二程在京城名声大振。

中举之后，张载像范仲淹一样从基层做起，他先后任祁州司法参军、著作佐郎、渭州签书军事判官等职。不管在何处任职，他都办事认真，政令严明，推行德政，发展教育，提倡尊老爱幼的社会风尚。

1069年，宋神宗召见张载问以治道，他告诉神宗："为政不法三代者，终苟道也。"神宗非常器重他，有意让他协助王安石推行新法，但张载表示自己刚入京城，对新法还不了解，婉言谢绝。

后来，王安石主动来找张载，希望张载能够支持自己。毕竟两个人"都曾师从范仲淹"。张载对王安石说："公与人为善，则人以善归公；如教玉人琢玉，则宜有不受命者矣。"

意思是说，你只要为大家好，大家肯定支持你。但你要是强迫我跟着你干，恕我不愿受命。张载婉拒了王安石。

不久之后，王安石担任宰相，张载被调离京城，派往浙东明州审理贪污案。很多人都认为，张载的长处是学问，如果把他调到某地去当学政，或许更合适。王安石却让他去审理刑狱，个中缘由，不得而知。

历史就是这样，张载和王安石，都曾受教于范仲淹，范仲淹的思想中，有传统儒学的部分，也有"庆历新政"中变革的一部分。巧合的是，张载继承了前者，而王安石继承了后者。因此，不久之后，弟弟张戬因反对王安石变法被贬，张载便以病辞职返乡，这一次，他学着范仲淹当年在醴泉寺断齑画粥的样子"屏居南山下，终日危坐一室，左右简编，俯而读，仰而思。有得则识之，或中夜起坐，取烛以书。其志道精思，未始须臾息，亦未尝须臾忘也"。

史书记载：张载居家七年，从学者"不远千里而至，愿一识其面，一闻其言，以为模楷"。张载的理学成就几乎在这七年当中"喷薄而出"，关学既成，声名远播。

1077年，吕夷简的儿子吕大防极力推荐张载入朝，神宗又授他同知太常礼院，就是专门掌管礼仪的官。不久张载肺病发作，加上与礼官议论不合，又一次因病辞归。

这一年的冬天格外冷，张载途经洛阳，要会见一下二程兄弟，叔侄相见，分外亲切。

在洛阳张载重点与二程讨论了哲学与时政。这次谈话由张载弟子记录为《洛阳议论》。这次讨论的是对"穷理尽性以至于命"的理解。

"穷理尽性以至于命"是《周易》中一个重要命题，张载强调为学工夫的阶段性，既注重外在的穷理，又重视内在的尽性，二程兄弟则认为不需要那么多的曲折。在洛阳，张载不由得又想起了范仲淹。范仲淹在晚年的时候，友人想为他购买唐代名相裴度的绿野堂，让他定居洛阳，被范仲淹婉拒。张载对二程兄弟说："昔年有人欲为范希文买'绿野堂'，希文不肯，识道理自不然。"他引用范仲淹的话说，一旦有私心为自己谋取财物，如何能够心安理得？

1077年，恰逢范文正公去世25周年，范仲淹墓就在洛阳万安山下，近在咫尺，张载提出去拜谒恩师，二程兄弟一同前往。

第二天，大雪纷飞，龙门山白皑皑一片，卢舍那大佛巍然凝视着雪地里走过的一行人，张载、程颢、程颐带着随从和祭品跨过伊河，绕过龙山香山直奔范园。

在洛阳，在万安山下，在范文正公墓前，疾病缠身的张载再次吟诵出了"为天地立心，为生民立命，为往圣继绝学，为万世开太平"。

离开万安山，离开洛阳，张载决意返回陕西横渠老家，路上，依然是大雪纷飞，行至临潼，58岁的张载安然辞世。

他去世时，身边仅有一个他的外甥。在长安的学生闻讯后赶来，筹资将老师的灵柩送回横渠安葬。

张载和他的恩师范仲淹一样，一生"勤俭无余"，最后靠筹资安葬，安葬时日，一样大雪纷飞。

庄子从不说脏话

✽ 念霜朝

1.

今天到访的是楚王的说客。

庄子这会儿正忙着在濮水边钓鱼,这可是关系到他今日午饭的头等大事,所以他当真没心思听这几个人的长篇大论。可是站在他后边的两个士大夫却没有一点眼力见儿,还在不停地鼓吹着楚王开出的高薪。

千金厚礼,卿相之位,很多人都曾拿这些东西来聘请庄子。

庄子生活的年代是战国,在经历过春秋时期的争霸战争后,周朝境内余下的二十多个诸侯国纷纷寻求图强求存的法子。诸侯君王,求贤若渴,而对于能人异士来说,是千载难逢的机遇,因此天下间一时熙熙攘攘。但庄子对这些毫无兴趣。庄子的"道"在于追求自由,在于顺应本心,在于万物,在于天。

士大夫嘴皮子都快磨破了,奈何庄子还是不为所动,他们的语气不禁低了又低:"楚王是真心想请先生来帮忙处理国家的事情。"

庄子被磨得不耐烦了,也没正面驳了他们的面子,大家都是聪慧之人,说话做事只需闻弦歌而知雅意,不伤和气便是最好。于是,他意有所指地说起一件旧事:"我听说楚国有一神龟,死的时候已经有三千岁了。楚王将它放在竹器里,拿布巾包裹好,珍藏在宗庙里。试想,这只神龟是愿意死后保留着骨头被人尊重呢,还是情愿活着在泥水里拖着尾巴爬呢?"

两位士大夫面面相觑,像打了霜的茄子:"宁愿拖着尾巴在泥水里面爬。"

庄子说:"你们回去吧,这就是我的答复!"

今日来的人还算懂些礼数,庄子便也没有难为他们。如果换成是曹商那种无知狂妄的人,想来是要好好讥讽一番的。

2.

曹商和庄子当过一段时间的邻居,两人生活水平差不多,都是正儿八经的贫困户。不过后来曹商得到宋国君王的赏识,做了外交官,出访一趟秦国被赏赐了一百多辆车马。一夜暴富冲昏了他的头脑,他居然有胆子跑来跟庄子炫耀。

他得意扬扬地说:"我之前跟你差不多,住的地方破破烂烂,穷得只能自己编织麻鞋,生活过得是真差。但我是个有才的人,抓住机会就能得到一国之君的赏识。你看我都不知道超过了当初多少比我过得好的人。"

庄子为战国时的大才学者,更是道家的代表人物。当然,在先秦时代还没有"家"这一说,都是以"子"论称,比如说孔子、老子、孟子等。一直到汉代,经后人整理归纳诸子百家的言论,才划分出儒、墨、法、道等各家。庄子信奉人活在世上要泰然处之,再加上他性子直,嘴又毒,所以当下就给顶回去了。

他说:"听人说秦王病了,召请了属下的医生,对他们承诺:谁能治疗脓疮疖子,就能领一辆车;谁要是舔治痔疮,就能领五辆车。治疗的部位越是低下,奖赏越是丰厚。你领了这么多辆车,是给秦王舔过痔疮?"

这话实在太毒了,凡是要点脸的,谁敢应下?所以曹商脸色变了又变,最后只能吞了这口恶气夹着尾巴灰溜溜地逃走了。

3.

庄子虽然毒舌,可向来都是对事不对人,他连魏王都当面骂过。魏国是当时诸侯国里较为强盛的,魏王素闻庄子才名,就差人喊他见个面。

当时的人们开始崇尚金玉锦绣,稍微有点名气的人出门会客都会好好打理一番。庄子却不,他就穿着带补丁的粗布衣,蹬上系着麻绳的鞋,不慌不忙地前去拜见。

魏王一时有些傻眼,没过脑子就说了句:"先生,你为什么过得如此困苦呢?"

穷怎么了?庄子向来穷得理直气壮。

他张嘴就反驳:"我这叫贫穷,不叫困苦。士人身怀道德而不能够推行,这是困苦;衣服坏了鞋子破了,这是贫穷,不是困苦。我这其实是生不逢时呀!就像猿猴,在高大的树木中才可以自由自在地跳跃,连后羿与蓬蒙这样的神射手也无法瞄准射中它们。但如果遇到了刺蓬灌木丛,即使再小心翼翼也心有恐惧,筋骨变得僵硬而不再灵活,是所处的生活环境对它们不利,不足以施展它们的本领啊。如今我就处在昏君和乱臣之间,要想不疲惫,怎么可能呢?比干被剖心就是一个明显的证明啊!"

面对魏王这样身后有着强大军事力量的大人物,庄子丝毫不胆怯,骂完"昏上"还不够解气,还要再举个比干被昏庸残暴的纣王挖心的例子。如果换个人,面对国君的问话,肯定三思而后答,对其中的利害关系反复掂量。如此看来,庄子始终在贯彻自己的"道"。

4.

庄子这人因为毒舌,再加上性情冷漠,整日一副无欲无求的样子,在那个时代颇有些格格不入,所以他几乎没什么朋友。

惠施是个例外,他被庄子引为知己好友,"学富五车"这个成语最初就是庄子创造出来形容他的。也许你不曾听过惠施的名号,但一定知道"子非鱼,安知鱼之乐"这场千古流传的濠梁之辩,而其中对话的主人公就是他们两个人。

惠施和庄子不同,他对仕途有着执着的追求,也许因为曾经遭受过不公,所以对官位看得也比常人重一些。他在梁国做宰相的时候,庄子说要去拜访他。有人就私下同惠施咬耳朵:"听说庄子这次过来,就是要取代你宰相的位子。"

惠施听完就慌了,立马派人在都城内搜捕庄子。三天三夜,提心吊胆,生怕一不留神,宰相的位子就没了。

庄子知道后,怒气冲冲地找到惠施,说:"南方有一种会叫的鸟,它的名字叫鹓鶵,你听说过吗?它从南海出发到北海,不遇到梧桐它就不休息,不是竹子结出的果实它就不吃,泉水不甘美它就不喝。正在这时,一只猫头鹰寻觅到一只腐烂的老鼠,鹓鶵刚巧从猫头鹰面前飞过,猫头鹰抬起头看着它发出愤怒的声音。难道现在你也要用你梁国宰相的威严来吓我吗?"

庄子没有说脏话,仅仅用了暗喻的手法,可这些话句句刺心。权贵在他眼中就是腐烂的老鼠,你们争抢不断,都拿它当绝世珍宝,可不是所有人都如此饥不择食。惠施以己度人,庄子就以毒舌应对。可见,庄子的毒舌在面对知己好友时,也没有丝毫留情。

关于理想国的美好图景

* 蒋 健

大约公元前427年,柏拉图出生在雅典的一个贵族家庭。他的母亲是改革家梭伦的后裔,父亲的家谱可以追溯到雅典科德鲁斯王。出生在这样的名门望族,柏拉图从小就接受了最好的教育。

柏拉图师从苏格拉底学习哲学。苏格拉底顽强的探索精神深深地感染了柏拉图。公元前399年,苏格拉底被雅典民主派处死,柏拉图受到了沉重的打击。从此以后,柏拉图再也不愿直接参与政治活动了,而是一心一意地研究哲学。后来,柏拉图离开雅典,开启了一次海外旅游。这是一个自由考察和增长见闻的机会,也是形成柏拉图思想体系的重要阶段。

经过10多年的游历生活,大约在公元前387年,柏拉图在阿卡德穆圣殿附近的园林中,创建了欧洲历史上的第一所固定学校——"学园",他一边教学,一边写作。

柏拉图主持"学园"大约有40多年的时间,教师与作家的双重身份给他著述作品提供了坚实的基础。柏拉图才思敏捷,研究广泛,著述颇丰。以他的名义流传下来的著作有40多篇,另有13封书信。经过后世一代代学者艰苦细致考证,其中有24部著作和4封书信被确定为柏拉图的作品,大都是关于道德和哲学的。

柏拉图生活的时代,希腊城邦开始发生危机,于是他潜心研究一个普遍性的问题:用什么样的原则,采取什么样的措施,才能建立理想的国家。这种国家既可以克服某些城邦固有的"弊病",又可以作为一切城邦理应效仿的"典范"。

柏拉图在着手设计他心中的理想国家时,首先规定公民应具有四种品质:智慧、勇武、节制和正义。他认为,一个国家应该有三部分人:一是护国者,有担当统治者的魄力与智慧;二是卫国者,有保卫国家安全的能力;三是供养者,让有节俭美德的人来从事生产。前两个等级的人不得蓄有财产,也不许持有金银,他们的生活所需全由第三等级的人供养,而第三等级的人可以持有财产,经营适合他们的那种经济,但应限制其财富的膨胀,以防止贫富过度分化。这是柏拉图在设想的理想国中所采取的措施,力求形成一个有权力者无私产、有私产者无权力的局面。这三个等级的人很明显有高低之分,但柏拉图认为他们之间没有矛盾,就如同人的身体一样，上中下三个部分协调一致。只要三个等级的人各安其位，各从其事，在上者治国有方，在下者不犯上作乱，这样的国家就犹如一首完美的乐章中最和谐的地方。正义是各个等级、阶级的调和剂，实现正义是国家的主要职能，这便是柏拉图理想国的美好图景。

柏拉图还是西方教育史上第一个提出完整的学前教育思想并建立了完整的教育体系的人。柏拉图中年时开始从事教育研究活动，他从理念先于物质而存在的哲学思想出发，在其教育体系中强调理性的锻炼。他要求3~6岁的儿童都要受到保姆的监护。把这些儿童会集在村庄的神庙里，对他们开展做游戏、讲故事等活动。柏拉图认为这些都具有教育意义。7岁以后，儿童就要开始学习军人所需的各种知识和技能，包括读、写、算、骑马、投枪、射箭等。在20~30岁，那些对抽象思维表现出特殊兴趣的学生就要继续深造，学习算术、几何、天文学等学科，以锻炼他们的思考能力，使他们开始探索宇宙的奥妙。柏拉图指出每门学科对于发展抽象思维的意义。他主张未来的统治者在30岁以后，要进一步学习辩证法，以洞察理念世界。

此外，柏拉图在文艺、美学等方面，也有成套的理论主张。关于美的事物是美的理念的仿制品，这是柏拉图唯心主义美学观的基调。在对待文艺和文艺家的问题上，他是曲高和寡的。

公元前347年的一天，在一个弟子的婚礼上，柏拉图说他要小睡一会儿，却再也没有醒来。这一年，柏拉图80岁。

宅男康德

*毛姆

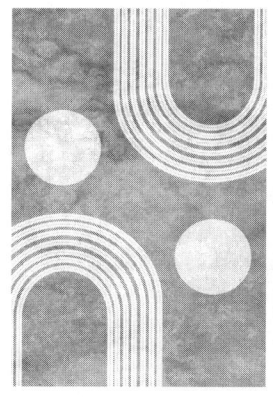

世界上唯有两样东西能让我们的内心受到深深的震撼，一是我们头顶浩瀚灿烂的星空，一是我们心中崇高的道德法则。

——康德

四点五十五分，康德的仆人兰佩准时叫醒他。五点，他穿着拖鞋、晨衣，戴着睡帽，又在睡帽上加一顶三角帽，坐在书房准备吃早餐。他的早餐包括一杯淡茶和一烟斗烟。接下来的两小时他准备早晨的讲课。然后他更衣。他讲课的课堂就在他家的底楼。他的讲课从七点开始，一直到九点结束。他的课大受欢迎，如果你想抢个好位置，非得六点半到课堂不可。

康德坐在一张小书桌后面，以谈话的语气讲课，声音很轻，很少用手势，但他讲话幽默，旁征博引，使他的讲课富有生气。他的目标是培养学生进行自我思考，他不喜欢他的学生忙忙碌碌地记下他说的每一句话。

"先生们，不要忙着写，"有一次他说，"我不是在宣读神谕。"

他习惯于把目光投向坐在他旁边的学生，通过观察其表情来判断他是否已听懂。但一件小小的琐事往往会分散他的注意力。有一次，他注意到一个学生的纽扣掉了，他的思路因此而被打断。另一次，有一个学生昏昏欲睡，连连打哈欠，他打断自己的讲演，说道："如果有人一定得打哈欠，礼貌的方法是用手捂住嘴巴。"

九点钟康德回到他的书房，又穿上晨衣、拖鞋，戴上睡帽和三角帽，一直学习到十二点三刻。然后，他把厨师叫下来，告诉她吃饭的时间。然后他更衣，回到书房，等着客人一同进餐。

他不能忍受一个人吃饭的寂寞，因此，总是有客人和他一同进餐，客人少则两人，多则五人。客人一到，康德便吩咐仆人把饭端上，他自己则去取银匙，银匙跟钱一起被锁在客厅的橱柜里。

客人们在餐厅就座后，康德说声"先生们，请"，便开始用餐。这一餐的食物非常丰盛，因为这是康德白天唯一的一餐，通常有汤、干豆烧鱼、烤肉，最后是奶酪和时令水果。每位客人前放一品脱红葡萄酒和一品脱白葡萄酒，客人们想喝什么就喝什么。

康德喜欢谈话，但他喜欢一个人说，如果有人打断或反驳，就会显得不快；但他的谈话总是令人愉快，就是他一个人独说，也没人介意。

他还会讲一些幽默的故事，这些故事有很多，他讲得非常出色。他说："据说饭后笑一笑有助于消化。"

吃饭的时候他喜欢慢慢享受，客人们一直到很晚才起身。客人们走后，他不再坐下，以免睡着。他不允许自己这样做，因为他认为人不能贪睡，这样时间就节省下来，生命就延长了。他开始午后的散步。

他个子矮小，只有五英尺高，窄胸，肩膀一边高一边低。他很瘦，近乎憔悴。他有个鹰钩鼻子，眉毛精致，气色不错。他的眼睛很小，但很蓝，富有生气及穿透力。他穿着整洁。他头戴金色假发，脖子上系一条黑色领带，穿的衬衫在领子和袖口有褶边；外套、裤子和马甲质地都很好，脚上穿一双灰色丝袜，穿的鞋子有银白色扣子。他腋下挟一顶三角帽，手拿金头拐杖。

他每天散步一小时，不管雨天还是晴天，但如果看上去天色不好，他的仆人会拿一把大伞跟着他。

他唯一没有去散步的一回是在他收到卢梭的《爱弥尔》的时候，那时他在家中看书，三天没出门。散步时他走得很慢，因为他认为出汗对他不好。他喜欢一个人散步，因为他养成了通过鼻孔呼吸的习惯，他认为这样能预防感冒。要是有个伴儿和他一块儿散步，出于礼貌他就得说话，他就不得不用嘴巴来呼吸了。

他的散步总是同一条线路，沿着林登街。据海涅说，他要在这条街来回走八次。他总是在同一时刻离家，非常准时，镇上的人们可以据此调整钟表的时间。他回家后就回到书房，然后读书、写信，直到黄昏天色黯淡之时。然后，他习惯性地两眼凝视附近教堂的塔楼，思索起他正思考的问题。九点三刻，他暂停他艰苦的劳作，十点便在床上安睡。

尽管他活到八十岁，但他从未到过离他出生的小镇六十英里以外的地方。他小毛病不断，病痛缠身，但他凭借自己的意志不去注意它们，仿佛这些病痛并未发生在其身上一般。

他既不冲动，也不感情外露，待人友好，尽管并不富有，却慷慨大方，乐于助人。他智慧非凡，思辨能力让人敬佩，但他的内心情感十分贫乏。有两次他认真考虑过婚姻，但他花了太多的时间去考虑婚姻的利弊得失，就在他考虑的当口，他倾心的一个年轻女子与他人结了婚，另一位在他做出决定之前就离开了他所在的康尼斯伯格镇。

哲人册页

✳ 赵 丰

苏格拉底

在东西方思想者那里,人文精神宛若一座灯塔,为人类照亮了精神的指向。当大多数人在为衣食忙碌的时候,总有一些人在构想人类精神的蓝图。漆黑的夜色下,当人们都进入了甜蜜的梦乡,他们仍在绞尽脑汁,为沉睡者设计清醒后理想的生活。

一身布衣的孔子在古旧的时光里缓缓前行,吟着独创的灵魂曲:仁者爱人。他吃素食,四处奔走游说。他提醒人们,除了吃穿,还要注重道德,要有泛爱之心。西方哲学的奠基者苏格拉底向世人宣告,要治理好城邦,就要提升人们的灵魂,培养好公民,以德教人,以德治人。

伫立在古希腊的时空里,苏格拉底以这样的句子唤醒人们对于人文精神的追求:"在这个世界上,除了阳光、空气、水和笑容,我们还需要什么呢!"

苏格拉底长着一副平凡的相貌:扁平的鼻子,肥厚的嘴唇,凸出的眼睛,笨拙而矮小的身体。在两千多年前的雅典大街上,他向人们提出一些怪异的问题,例如,什么是虔诚?什么是民主?什么是美德?什么是勇气?什么是真理?他说:"我的母亲是个助产婆,我要追随她的脚步,我是个精神上的助产士,帮助别人产生他们自己的思想。"

苏格拉底自己呢,他说:"我像一只猎犬一样追寻真理的足迹。"为了追求真理,他不顾自己的利益、职业和家庭，甘愿为真理而殉道。他曾自问："什么是哲学？"他自答："认识你自己！"每一句，都是从骨头里出来的味道，带着坚硬的气息，却有一袭淡淡的香，从生命中细细地渗出，再缓缓地渗进生命，把整个生命演绎成一条清清溪流。

公元前399年的一个傍晚，雅典监狱中年届七旬的苏格拉底就要被处决了。他衣衫褴褛，散发赤足，与前来探望他的几个朋友谈笑风生，似乎忘记了就要到来的处决。直到狱卒端一杯毒汁进来，他才收住"话匣子"，接过杯子一饮而尽。之后，他躺下来，微笑着对前来告别的朋友说，他曾吃过邻人的一只鸡，还没给钱，请替他偿还。说完，他安详地闭上双眼，睡去了。

这是一幅悲剧的画面，但在我的审美意识中，却具有永恒的意义。在这个深秋的季节，我静下心来，扯长目光，向人类岁月深处的这幅画面凝望。树叶纷至而下，但无法遮蔽我的视野。

苏格拉底的从容赴死，是人文精神的一个杰作。解读他的死亡方式，就是与他心灵的对话。

站在岁月的那头，苏格拉底用热情似火的双眸注视着我，一丝丝的皱纹，一圈圈的遗憾，若尘埃般慢慢地将我掩埋其中。在岁月的摧残下，我逐渐苍老着，萎缩着，曾经需要仰望的苏格拉底，在我的遐想里，和我站在一处高地，只要平平地看过去，他眼角的皱纹，花白的胡须，还有驼下的背，便使我无限恍惚。生命是如此迅忽，让我们转眼成霜。有时我想摆脱心的劳累，逃离岁月深处的苏格拉底，可总是躲不掉他的影子。关于他的思索就像一瓶酒，让我醉得一塌糊涂。我会哭泣，但是眼泪已不再清澈。那些混浊的液体，沉重地敲打着日子的表面，使我的心头泛出无法抹去的印痕。

彼特拉克

一千多年后，又一位人文主义者姗姗来迟。他便是14世纪意大利人彼特拉克。

诗歌、旅行、哲学。这是彼特拉克生命的全镜头。如何在大自然的山水间发现诗，并以人文的光辉温暖人类，彼特拉克给予了人类最初的答案。

旅行，是彼特拉克一生大部分时间的功课。作为一个著名的旅行家，他的前半生穿梭往返于法国、德国、意大利和西班牙之间，后半生徜徉于意大利北部的山水之间。1336年4月26日，彼特拉克和他的兄弟以及另外两个同行者爬到了阿尔卑斯山脉的一座山顶。在那时的欧洲，无缘无故地登山，是极不寻常的事件。正是因为他的这个举动，1336年4月26日被认为是"阿尔卑斯主义"的诞辰日。彼特拉克也被称为"阿尔卑斯主义之父"。身心的放纵，山水的滋养，促使彼特拉克形成了反对中世纪教会禁欲主义的思想理念，促使他成为西方人文主义的先驱。

阿尔卑斯山脉平均海拔大约为3000米。这远远不是大自然最高的山脉，它却是一座有思想的山，是西方人文主义者仰望的高峰。凡是闪烁着思想光芒的山峰，必将永恒存在于人类的内心。

在和友人寻访古代遗迹，周游名山大川，饱览山光水色的途中，彼特拉克喜欢登高远眺。他宛若孩子般在高处手舞足蹈，领略阳光和风，探寻山水的源头，用诗作描绘斯佩西亚海湾静谧安宁的美景，威尼斯港口五光十色的世景人情，那不勒斯城热烈的传统气氛。他歌颂美丽的祖国，赞美纯真的爱情。

就自然美的自觉观赏、社会效用及艺术魅力而言，在中国魏晋南北朝时期就已洞开，唐宋时达到顶峰。而在西方，仍处于遮蔽状态。就自觉意义上的自然美欣赏而言，东西方的时差有11个世纪之久。在文艺复兴之前，西方人虽然也能感知到情感的体验，但难以抵达审美的境界。正是彼特拉克，实现了这一突破。

关于彼特拉克，有这样一段趣闻，14世纪初的一个清晨，法国南部一座城市里，人们看见一个青年兴冲冲地向城外跑去，于是惊奇地问："彼特拉克，你今天又要去哪里啊？"那个年轻人回答："去登图克斯山，去眺望那原野中美丽的景色。"对此，瑞士一位文化史家认为，彼特拉克是西方最早发现自然美价值的。正是有了彼特拉克意义深远的发现，才有了更多西方哲学家对自然之美的观赏和描绘，才有了与中国迥异的西方自然美观念以及这种观念的近现代继承与发展。

在西方，用诗来表达人文思想，是彼特拉克提出的开拓性的贡献。

我像往常一样在悲思中写作／鸟儿的轻诉和树叶的微语／在我耳边缭绕／一条小河／傍依着两岸鲜花／在和风细浪中畅怀欢笑……

这里，彼特拉克通过花、鸟、河、风的描写表达了自己的思想情感。我仿佛看见，面对着一朵花，彼特拉克发现了爱情；聆听着鸟儿在空中的鸣叫，彼特拉克洞悉到了自由……如果说诗人是借景抒情，我却从中领会到了心灵展露于自然之美的人文主义情调。

蒙田

主张思想自由和个性解放，人是世界的中心。这是人文主义者的核心价值观。如果说，苏格拉底以及彼特拉克还没有建立起人文主义的概念，他们只是以个性的实践让人类懂得物质之外，还有一个精神的存在，那么，兴盛于15至16世纪法国的人文主义运动，则正式开启了人文主义的大幕。15世纪下半叶，法国已有不少人开始注意对古典文化的研究，其人文思想不仅覆盖了绘画、建筑等艺术领域，而且渗透到文学、教育等思想领域。

蒙田，俨然是这个舞台的主角。

与苏格拉底相比，蒙田俨然一副"帅哥"的形象。他的面容和姿态，总是凝结着宁静安详。他拿出绅士般的手势，与人们一起讨论着关于风俗、礼仪、母爱、蔬菜、天气之类的话题。他抛弃了人们习以为常的立场，从规范和系统化的权威经典中突围而出，用单线条的咏叹，陈述对于自身个体、人类生活方式等问题的思考，循序渐进地将读者引入一泓恬淡清澈的湖水之中。

蒙田所处的时代，许多风云人物总是手不离刃，蒙田却以一种特殊的方式，构建着自己非凡的品格。他的随笔集中表现了强烈的个人主义因素，更多是对自己的剖析和解读。这些因素促成了"蒙田式"人文主义的形成。法国评论家圣伯夫说道："蒙田最与众不同并使他成为奇才的地方，是他在那样一个时代，始终是节制、谨慎和折中的化身。"利刃刺伤的是人的肉身，蒙田手中的笔却刺痛了人的思想。他以一种看似平和的方式，以一种暴露隐私般的序言，为这个世界打开了封闭许久的天窗。

37岁那年，蒙田辞掉了公职，继承了其父在乡下的领地，一头扎进那座圆塔三楼上的藏书室，把余下的20多年都消磨在他的马匹、狗和书上面。他在自己城堡拐角处的一个塔楼上安排了"隐居"所。蒙田的城堡？我曾经对那个城堡做过想象，但是很费力。远处有雾，蒙田生活和写作的那个城堡仿佛隐藏在其中的某个地方，高大、幽深、典雅。自由、安宁、闲暇，他在这个塔楼里"要保留一个完全属于我们自己的自由空间，犹如店铺的后间，建立起我们真正的自由和最最重要的隐逸和清静。"此后，他虽然任过市长的职位，但很快就放弃了，又回到自己的城堡。他搜索着自己的记忆，以对人生的特殊敏锐力，记录了自己在智力和精神上的发展历程，写出了鸿篇巨著《随笔集》，为人类建立起了一座思想的宝库。

随性而写，随性生活。这就是蒙田为我们展示出来的人文情怀。

"世界上最伟大的事，"蒙田说，"是一个人懂得如何做自己的主人。"这句话，曾让我沉思许久。自己为自己做主。这是一个拗口的句式。而他的随笔，其独特魅力正在于此。

他说："从我身上可以找到所有矛盾……羞怯、

蛮横；贞洁，淫荡；健谈、寡言；坚强，纤弱；聪明，愚鲁；暴戾，和蔼；撒谎，诚实；博学，无知；慷慨，吝啬又奢侈。所有这些，我都在自己身上或多或少地看到，就看我偏向哪方……关于我自己，我不能讲任何绝对简单和坚实的话。这样讲时，我不能不感到混乱和混杂，也不能一言以蔽之。"

蒙田的手里握着一把手术刀，庖丁解牛般，轻松自如地解剖了自我。

笛卡尔

大约400年前，法国的天空一如既往蔚蓝，晚霞将几缕鲜红漫不经心地铺陈在教学楼上。听了一天课的笛卡尔手捧课本出了校门，朝左拐去，5分钟后就到了圣母教堂。他忽然站立住了，突发奇想：几百年了，它一直矗立在那里，用挺拔的躯体、经年不息的钟声吸引诚徒。那我呢，我是谁？除了笛卡尔这个符号之外，什么可以证明晚霞笼罩之下的我不是虚无的存在？我的生命是否会如同身后浅浅的脚印一样稍纵即逝？

笛卡尔一拐一拐继续前行，不知不觉眼前就是那条流淌了千年的河了。他盘腿坐在河边，对着眼前千年不歇的河水苦思冥想。思想仿佛一缕青烟，穿过重叠的楼层，越过悠远的白云，来到一个未知之地，那里可能云淡风轻，渚清沙白，也可能黄沙漫天，烟尘肆虐……总之，那个地方全然是陌生的。虚拟的我，一袭白衣，带着初来的惊惶，站在高处或低处，四顾，茫然，一颗跳动的心在淡淡的喜悦与孤独中渐渐安定下来。你有过这样的梦吗？远处教堂的钟声又起，笛卡尔忽然眼前一亮，连忙掏出笔记本，潦草地写下一个千古名句：我思故我在。

是物质，还是精神的洗练？笛卡尔说过，我存在，是因为我思辨。这个世界是为每一个人而设计的，所以你不要优柔寡断，把你自己当作时空的片断，演绎出精彩的篇章，就像一片美丽的云彩。

在一本书上读到这样朴素的话，人类自从揖别猿类以来，有别于其他生命的根本区别就在于思想，有了生命的主观意义。在笛卡尔的意识里，生命不再是一种简单的循环，而是一个多姿多彩的演出舞台，应该尊重这种自我的生命。他瞪大眼睛凝视着在街头穿梭往来的人们，向他们大声疾呼：一个没有思想的生命究竟还有什么意义？过了不到一个世纪，帕斯卡尔终于用震撼世界的那句"人是一根会思想的苇草"明白无误地解读了笛卡尔。人因思考而光彩夺目。笛卡尔以一种妙不可言的人文思辨将人类引领到一个精神的至高地。

维系独立的思想，这是人文主义者从桎梏中突围而出的呐喊。

罗伯特·欧文

笛卡尔逝世很久之后，一个人文主义的伟大实践者罗伯特·欧文登台亮相。在他之前，孔子、苏格拉底、蒙田、笛卡尔等哲人们已经构建出人文精神的坐标，而欧文却是用自己的实践，为这个坐标添置新土，使它更牢固，更醒目。

以人为主体，尊重人的价值，关心人的利益的思想观念。这是欧文建立"新和谐公社"的人文主旨。1817年，欧文发表了自己的即兴演说，其主题词是"让更多的人获得幸福"。在说出了这个主题词后，他略作停顿，用锐利的目光扫视着台下的质疑者。然后，他从大不列颠与爱尔兰帝国所遭受的苦难、贫困和悲惨状况得出结论：任何国家如果存在着偏见和贫困，而仅有的教育又坏到不堪设想的程度，那就必然会使人民的道德败坏。他呼吁从儿童教育入手，消除愚昧、愤怒、报复和其他一切邪恶情欲的根源，把一个国家的全体人民培养得节制有度、勤勉而有道德。他的演说，涵盖了人文主义学说的思想主旨。

除了零星的掌声，欧文听到更多的则是疯狂的嘘声。这在他的意料之中。他抿嘴一笑，大步流星地走下讲台。

　　为了实践自己的人文思想，欧文变卖了所有家产，带着四个儿子和一批朋友，还有百余名志同道合者，从欧洲奔赴北美。他将在那里开辟出一块诗意的栖居之地，建起一个世外桃源。之所以选择北美，是因为那里没有欧洲国家那样悠久的封建历史，是一片干净的地方。那天，在蒙蒙的细雨中，一艘船离开英国，乘风破浪横渡大西洋。船上，欧文望着滚滚的波涛思绪万千，身心里奏鸣起激昂的背景音乐。他要把长期以来萦绕在心头的理想社会付诸实施，品尝理想社会的滋味。

　　抵达印第安纳州，欧文购买了一块面积很大的土地，用一砖一瓦兴建起了一个庄园："新和谐公社"。这是他内心构建许久的适宜于人类生存的庄园。它安静祥和的气氛，与俗世里的争斗、喧闹以及与之相关的悲欢情绪形成鲜明的对照。

　　让我们回顾一下"新和谐公社"具体的情境：村落鳞次栉比，山水蜿蜒曲折，霞光将树叶染成金箔，恬静幽雅，温馨和谐。令欧文欣喜和惊奇的是，一群喜鹊不知从何处飞来，遍布于山水林间。喜鹊用悦耳的叫声让欧文的庄园变得生动起来。这时的欧文恍然大悟，他的生命过程，必然是与一种叫作喜鹊的鸟儿依依相恋。欧文伫立窗前，静看夜色缓缓升起。在这儿，人文的理念彰显殆尽，各种公用设施一应俱全，会议室、阅览室、学校、医院、临时休息室、世界上第一所婴儿学校和夜校……一切都是那么美妙，充满着诗情画意。在这里，老弱病残享受照顾，所有村民都必须参加劳动。生产出来的东西储藏在公共仓库里，村民平等地享用这些产品。

　　欧文静享着散步的愉悦。他走过"新和谐公社"的每一个角落，融入喜鹊的声声啼叫中。散步的间隙，他认真观察了喜鹊的饮食习惯，在庄园内最高的屋顶上为喜鹊搭建了食堂，专门安排了喜鹊的饲养员，每天定时为喜鹊送上食物。夏天，喜鹊的食物是昆虫，如蝗虫、蚱蜢、金龟子、象甲、甲虫、蟊斯、地老虎、松毛虫、蝽象、蚂蚁、蝇……其他季节，喜鹊以植物性食物为主，如玉米、高粱、黄豆、豌豆、小麦……

　　与喜鹊和谐共生。在欧文看来，便是人类无比幸福的生活。

　　这样的场景多么熟悉。从陶渊明的《桃花源记》那里，在德国诗人荷尔德林的诗歌《人，诗意地栖居》那里，我的心灵不止一次地在其中诗意地栖居。在欧文的"新和谐公社"中，我仿佛看见了荷尔德林在《远景》里的描述："在那里，在那遥远的地方，葡萄闪闪发光。那也是夏日空旷的田野，森林显现，带着幽深的形象。自然充满着时光的形象，自然栖留，而时光飞速滑行。这一切都来自完美。于是，高空的光芒照耀人类，如同树旁花朵锦绣。"琢磨着如此美好的句子，我宛若领略到欧文内心的那种安详与和谐，那种对诗意生活的憧憬与追求。

　　欧文所创造的生活，也许就是马克思所主张的共产主义社会的一个蓝本。漫步在亲手创建的庄园中，欧文的脸上弥漫着喜悦。他认为，人类的幸福只有在身体健康和精神安宁的基础上，才能建立起来。

　　处在整个资本主义重重包围之中的"新和谐公社"并不能与世隔绝，进入这个庄园的人形形色色，抱有各种目的，有着各种想法，甚至无端打闹，恶意诽谤，各种不和谐的声音在欧文的耳畔弥漫。一种如冰的温度，穿过他的衣服和皮肉，抵达他的内心。

　　这毕竟是属于欧文一个人的庄园，是他的诗情想象和悠闲心境的方寸之地，怎么能够纳入社会的大环境呢？于是，他只能独自受伤，他的理念只有碰壁。四年以后，"新和谐公社"宣告破产，而欧文也几乎倾家荡产。环顾空落落的庄园，欧文心冷如铁，再也没有了坚守的理由，于是转身离去。在他身后，喜鹊们排列成行，以悲戚的叫声为这个庄园画上了句号。

费尔巴哈

对人文主义的探索，总是缺少不了前赴后继者。在欧文创建"新和谐公社"之后，一位年轻的德国学者隐居在德国的布鲁克堡村。在这个远离德国文化中心的偏僻乡村，他生活了大约25年，几乎没有离开过。在那里，他结了婚，依靠妻子的产业、自己著作的稿酬，过着俭朴孤寂的生活。

他，就是在哲学史上具有独特地位的唯物主义哲学家路德维希·费尔巴哈。

在《未来哲学原理》一书中，费尔巴哈阐述了自己所要建立的人文哲学的基本原理。他认为，人和自然是唯一的最高对象的哲学，只有人性的东西才是实在的东西，人是理性的尺度。隐居在荒僻的乡村，他踽踽独行，独享着大自然的阳光和风。他随心所欲地呐喊着。看见大地上躺着一根树枝，他便捡起来，在泥土上写下了这样一句话："我是人，人所具有的我无不具有。"这句被认为是新哲学口号的名言，后来就进入了他所著图书的字里行间。

对大自然的崇拜，成为费尔巴哈生命里不可或缺的一部分。对自然之美的发现和执着，也许可以视为费尔巴哈内心世界的表露。不过是一条平淡的小溪或者是丑陋的石头，他却发现了水里隐藏着的无数棵水草，石头上被水浸出的一道道脉络。他蹲在它们面前，心里就有了想象，有了美的知觉。这想象也许会诱发他进而听懂鸟的语言，听出虫的心声。寻找大自然之美，也许比俗世的人做皇帝享尽荣华富贵有趣得多。他在书中直言不讳地说："人所依赖的东西……就是自然界……自然界就是你所看见的、不是由人的双手和思想创造出来的一切。"对大自然心怀感恩，是费尔巴哈至纯的情感。

以哲学的方式隐居，在穷乡僻壤中过着农民式的孤寂的生活，是费尔巴哈人生命的写照。这是勇气的告白，是灵魂的宣言，是智慧的闪光。

在终南山，我见过很多隐居者，无一不是读书、写字、作画、喝茶、种菜，养着猫，喂着鸡，在山路上散步时带着条小狗，在自然的山水里寻找身心的皈依。而费尔巴哈的隐居，其精神灵魂完全是行走在一条崎岖陡峭的哲学之途。山有多高，他的脚步就有多远。无人涉足的悬崖峭壁，是他意念里的自然王国。

胡塞尔

乌云密布的天空，雨后彩虹的天空，这是一种强烈的比照。在捷克人胡塞尔那里，这就是人文主义者的天空。他生命的每一个细节，都穿插在这样的天空里。他为乌云密布而振臂高呼，为雨后彩虹而黯然神伤。因为，他从密布的乌云里看到了力量，从雨后的彩虹里看到了假象。

胡塞尔的人文哲学，朝简单说，就是三个字：现象学。他试图借助描述现象学的悬置原则，将一切有关客观与主观事物实在性的问题都存而不论，并把一切存在判断"加上括号"排除于考虑之外。

在大学的校园里仰望星空，这自然是别具一格的现象。胡塞尔倚着一棵棵树，脸贴着一面面窗，星空呈现给他的，不仅仅是星月的存在体，还有无数诡变着的流线。大多数时间里，胡塞尔总是心不在焉，可是当目睹到大自然的一些现象，他便立即振奋起来。一只夜行的鸟儿，扑棱了一下翅膀，他马上就知道，这是鸟在提示他：人的生命会消亡于时间之河，然而，总有些灵魂还在守望。让我们成为无数守望者中的一员，在永恒之地复活信仰，让信仰在幽深的暗处，开出永恒的绚丽之花。

这是胡塞尔哲学之途中的一次巧遇。秋风里，艳阳下，一片树叶的一个华丽转身，勾动了胡塞尔的人文思绪。他眯缝着眼睛，摊开双手，喃喃自语着："一开始，问题就是要把纯粹而缄默的体验带入到其意义的纯粹表达之中。"这句话表述的意思是不要被表象的复杂蒙蔽,要透过现象看本质。

无论身处何处,无论春夏秋冬,作为一个人文主义的实践者,胡塞尔总忘不了用笔来表达自己的人文思想。春光固然可爱,但对我来说,享受人文的关照比享受春光的滋润更为重要。一抬头,天忽然黯淡下来,明媚的天空顿时被乌云笼罩,这是春天里的自然景象。但我此刻想到的却是,这是胡塞尔守望着的天空,乌云的出现和凝聚是他的灵光闪现。

夏日的急雨,从浓重的天空砸下。我伸长脖颈,想透过雨雾努力看清胡塞尔的面容。他戴着一副黑框眼镜,头颅下垂,威严冷峻的目光刺破了浓重的乌云,直视我的心灵。

罗素

窗外,是雾霾一般的天气。在成长的经历中,我直到这两年才听见雾霾这样的词语。之前的那些岁月里,它干什么去了?

雾霾让我感受到冬天到来的信息。树叶剥离了树的枝干,从罗素的天空飘下来,归于大地。罗素的天空,这是我突然之间想到的一句,有些故作高深的味道。

一早醒来,我拥抱着罗素的书,走进枯叶飘零的冬天。风坚硬着,叮叮当当地砸在我的身体和心灵上。罗素书里的句子,却给了我温柔的感觉。他伸展开手臂,为我挡住了坚硬的风。爱因斯坦曾说:"阅读罗素的作品,是我一生中最快乐的时光之一。"每一位正直而爱智的人,若能抛开烦嚣琐屑的尘世俗物,静心来读一读罗素那余味隽永的作品,你会感到自己正在一步步走向充实。

罗素的身上,具备着典型的文人气质。他的著作不像其他哲学家的那样艰涩,而是显现出人文的关爱,适于普通人阅读,诸如《西方哲学史》《人类的知识》《怀疑论》以及《我的心路历程》等,这些著作即使当作纯粹意义上的文学作品来欣赏也无不可。当然,《为悠闲颂》《有名人物的梦魇》《怀疑的意志》《人类有将来吗》这些著作也都是篇篇金玉,字字珠玑。仰起头,我发现罗素瑰丽的人文天空,那一片片被朝霞或者晚霞涂抹的瑰丽云彩,衔接着,变化着,让我的心境享受到无比的欣慰。

过去的岁月,我是那样孜孜不倦地热爱着老子。生活中的每个细节,我都企图用老子的观点来解析。我一直错误地认为只有中国人喜欢老子。在罗素仰望过的天空,我终于发现了老子滑翔的影子。罗素说:"我对老子的哲学远比对孔子的学说更感兴趣。"他在中国访问讲学时,有人向他介绍《道德经》中的几段文字,他极为惊叹,认为两千多年前能有这么深睿的思想,简直不可思议。

过去,我一直以为,哲学家是很难享受到婚姻的。而罗素,一生有过四次婚姻,让我大开眼界。他是这样表达的:"对爱情的渴望,对知识的追求,对人类苦难不可遏制的同情心,这三种纯洁而无比强烈的激情支配着我的一生。这三种激情,就像飓风一样,在深深的苦海上,肆意地把我吹来吹去,吹到濒临绝望的边缘。"他还说:"我寻求爱情,首先因为爱情给我带来狂喜,它如此强烈以致我经常愿意为了几小时的欢愉而牺牲生命中的其他一切。我寻求爱情,其次是因为爱情解除孤寂——那是一颗震颤的心,在世界的边缘,俯瞰那冰冷死寂、深不可测的深渊。我寻求爱情,最后是因为在爱情的结合中,我看到圣徒和诗人们所想象的天堂景象的神秘缩影。这就是我所寻求的,虽然它对人生似乎过于美好,然而最终我还是得到了它。"

应该指责罗素,还是为他歌颂?

想着这个问题时,我忽然发现,我的上衣遗失了一颗纽扣,我记得它是从我的脚旁滚过的——绕着我的皮鞋滚了个漂亮的圆圈。我弯下腰四处寻找,却不见它的踪影。这就如同幸福,看见了它的过程,却找不到它的答案。对于罗素的婚姻,我们其实不用那么费心。幸福不幸福是他自己的感觉,用不着我们指责或者歌颂。

禁欲，在罗素的意念里，那不是人文主义者应当具备的生活。

寒冬的风，在遥远的空中翻滚，并且，向着我看不见的远方驶去。

而罗素，只不过在这个过程中轻轻地发出一声叹息。

萨特

清晨，在院子里阅读萨特的《存在与虚无》，水泥地上雨后复苏的苔藓，在风的作用下，散发出一股推波助澜的气息，一群蚂蚁争先恐后地爬出洞穴，四处游荡。在我的眼里，它们宛若精神的载体，如萨特在《存在与虚无》中所阐发的自由理论：虚无、否定、选择、超越。我这样夸大蚂蚁的形象，完全是一种主观的感受。而它们，或许只是为了寻觅食物，或者，是想吸纳雨后清新的风。

崇拜萨特，最初是从他不愿接受诺贝尔文学奖开始的。那个奖，是我一生都难以抵达的目标，而他却视之如鸿毛。

拒绝获奖，这是一个人的自由，也恰恰诠释了萨特自由的人格。萨特说，如果是在阿尔及利亚战争期间，在他和其他人签署"121人宣言"时给他这项奖，他将会十分感激地接受，因为这就不仅是给他个人，还能给他们为之奋斗的自由带来荣誉。对他来说，接受这项奖比拒绝它更为危险。如果接受了，就会使自己处于"客观上被利用"的境地。他这样说："我的深层实在是超出荣誉的。这些荣誉是一些人给另一些人的，而给这荣誉的人，无论是给荣誉勋位还是诺贝尔奖金，都没有资格来授予。我无法想象谁有权给康德、笛卡尔或歌德一项奖，这奖意味着现在你属于某一等级。我们把文学变成了一种有等级的实在，在其中你处于这种或那种地位。我拒绝这样做，所以我拒绝一切荣誉。"

塞纳河的两岸种植着繁茂的梧桐树。树林的后面，是庄严的建筑群。河北岸的大小皇宫，河南岸的大学区，不远处的埃菲尔铁塔和巴黎圣母院，都以富有鲜明个性的建筑形态，展现出了它们所共有的华美风格。萨特顺手握住了一缕风，在河边冷静地挥写着这样的句子："等级制度毁灭人们的个人价值。超出或低于这种个人价值都是荒谬的。这是我拒绝诺贝尔奖的原因。"

何谓人文精神？萨特给出了答案。就是以人为本，重视人的价值，尊重人的尊严和权利，关怀人的现实生活，追求人的自由、平等和解放的思想行为。蔑视等级观念，拒绝接受诺贝尔文学奖，这是萨特对于人文理念的最好诠释。

塞纳河的河源，在一片海拔470多米的石灰岩丘陵地带。一个狭窄山谷里有条小溪，沿溪而上有个山洞。洞口不高，是人工建筑的，门前没有栅栏。洞里有一尊女神雕像，白衣素裹，半躺半卧，手里捧着水瓶，嘴角挂着微笑，神色安详。小溪，从这位女神的背后蹦蹦跳跳着流出。显而易见，塞纳河是以泉水为源的。传说，这位女神名塞纳，是一位降水女神，塞纳河就以她的名字为名。

对于那位女神，萨特却是没有多少兴趣的。这不符合他自由的精神。他没有进洞，只是昂着头伫立在河畔的风中。

风是寂寞的，总是在远离闹市的地方自由翱翔。萨特想，这就很好。他伸出手臂，把一缕风揽进怀里。

领略过了塞纳河的风，我的人生就具备了别具一格的意义，写作也就更有生命的质感。萨特说：创作就是对人生的反抗。在这句话上，我摁下心灵的按钮，走出屋子。外面，有阳光、雨露、鸟鸣、河流，还有炊烟、鸡羊、阡陌、日暮……我从西边走向东边，从月亮走向太阳。当我迷惘地四处张望时，萨特自由飘荡的思想，像风一样掠过我的身心。

在经历了人生漫长的迷茫之后，我在萨特的身上寻找到了生命的真相。一不留神，我就挺身于塞纳河畔，和萨特一道感受着风的抚摸。

风这样说：我从来就是这般独来独往。

白日梦

bai ri meng

每当人远航归来,他总有故事可说

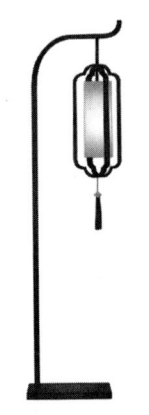

写在《西游记》边上

✤ 汉 家

一

开篇,那美猴王出世后,便在花果山上享乐。

有一日,他却好端端地落下泪来。这是何故?原来,他忧虑起了自己的未来。美猴王道:"今日虽不归人王法律,不惧禽兽威严,将来年老血衰,暗中有阎王老子管着,一旦身亡,可不枉生世界之中,不得久注天人之内?"

这是美猴王第一次直面死亡问题。未来就是死亡,没有什么奔头。

这是全书的开端——是解脱生死的开端,那释迦牟尼也是在看到人间的生老病死后才开始了悟生死之途,最终拨云见日,成了佛祖。

死亡是一个终点,在佛祖和美猴王处,却是一个亮烈的开端,这一处实在是本书的大关键。

不论后面美猴王还有多少神通游戏,其实都是他知道人之必死后的诸多果实,而他日后成佛,亦是死亡对于他的一种训诫。

这训诫如冰雪中行,可勘破镜花水月,也可放大光明,得大自在。

二

美猴王直面死亡时,有一个通背猿猴为他指了一条路。他说:"大王若是这般远虑,真所谓道心开发也!如今五虫之内,惟有三等名色,不伏阎王老子所管。"

那三等名色,即佛、仙与神圣。

但我此则偏偏不说三等名色,单说五虫。

五虫是古人对动物的分类:人类叫倮虫,兽类叫毛虫,禽类叫羽虫,鱼类叫鳞虫,昆虫类叫介虫。

《西游记》写得大,就是因为这手笔大吧。

这手笔并不像今人一样,只凸显人类为高级动物,而是万物平等,人类也不过是五虫之一罢了。

只有站在九天之上,才能真正俯瞰人间,看清那数不尽的声闻色相。

理解了这一点,也就理解了为何美猴王在取经前随意杀人,而与他结伴的牛魔王,本是吃人的魔鬼,至于书中的那些妖魔鬼怪,吃人就像吃家常便饭一般。这血腥里面,却有大机大用,那就是人类与其他种类都在这世界上生存着,都在这方天地里讨生活,都可生可死,大家都混在了一起,谁吃谁,都是吃,因此并不显得人类更为高级。

人类作为倮虫,事实上在任何时刻都横在虎口内(其他四虫亦然),比如几千年来人类不断地为战争、地震、瘟疫等劫难所吞噬,无论这些劫难来自人类还是来源自然,其本质都是一致的——它们都是劫难,劫难与劫难之间并无什么本质上的不同。

人要知道自己的小,所谓一棒一条痕,人要识尽。

三

唐僧过通天河时,看见那些买卖人不顾生死在冰面上行走,只为过河获利。这时,唐僧说了一句极老实的话,他说:"世间事惟名利最重。似他为利的,舍死忘生;我弟子奉旨全忠,也只是为名,与他能差几何!"唐僧承认自己为名而已,与为利一样,两者不存在本质的差别。

唐僧了不起，更了不起的是吴承恩——他在一部取经的小说里写主人公取经的自私，竟自私得如此光明磊落。

他真的敢下笔，以我为镜，而识人性，而重英雄。

四

猪八戒打死了写诗的松树精、桧树精、柏树精、竹竿精。

他打死了四个诗人。

我觉得可惜，唐僧也觉得可惜。悟空却说："师父不可惜他，恐日后成了大怪，害人不浅也。"原来诗人也可成大怪，原来大怪也可成诗人——诗可成为天使羽翼，也可成为邪恶帮凶。

只一个"害人不浅"的死穴，大怪也好，诗人也罢，就通通报销了。

五

唐僧师徒过小西天时，一老者说此处有妖精，求悟空擒拿。老者是这样说的："才闻得你说会拿妖怪，我这里却有个妖怪，累你替我们拿拿，自有重谢。"行者就朝上唱个喏道："承照顾了！"一句"承照顾了"，类似于他常说的"买卖来了"。他的口气和排场都大，真是艺高人胆大，面无惧色，更等闲视之，作一个游戏来耍。

人无此胆量，仙亦端庄，因悟空还是妖出身，所以他拿捉妖不当一回事。"承照顾了"，多有喜感。他将战斗看作是对自己的照顾，正气本就是这样的潇洒泼辣。

六

行至隐雾山折岳连环洞，豹子精抓了唐僧，骗悟空已吃了唐僧肉，并扔出一个"人头"，说是唐僧的头。孙悟空、八戒、沙僧都信了，将"人头"埋葬。孙悟空悲愤交加，去找妖怪报仇。

进妖洞时，悟空原本变个水蛇儿进去，后想到变个水蛇儿恐师父的阴灵知道，怪他本是出家人，变蛇缠长。又想变个螃蟹进去，也觉得不好，恐师父怪他这个出家人脚多。悟空在洞口竟然犹疑不定，拿不定主意。读到这里，我十分感动。

悟空以为唐僧已死，此时他能够舍身进洞为师父报仇就是恩义了，怎么还管唐僧的阴灵见得见不得他的变化呢！悟空是对唐僧有多敬爱，才会这样思虑周全啊！

进洞后，悟空发现唐僧未死，他兴高采烈到了极致。他一会儿想解开被捆的师父，再打妖怪；一会儿又想打了妖怪，再来解开被捆的师父。书中形容他如此者两三番，却才跳跳舞舞地到园里。"跳跳舞舞"这个词，如此天真疯狂、喜悦无比。

唐僧见悟空这般欣喜，悲中作喜道："猴儿，想是看见我不曾伤命，所以欢喜得没是处，故这等作跳舞也？"

孙悟空的爱与真感天动地——这爱与真，当是那种孩子般的爱与真。

七

看孙悟空一路降妖伏魔，我顶服气他的火眼金睛。

尸魔三戏唐僧的时候，他对着那妖精说："你瞒了诸人，瞒不过我！我认得你是个妖精！"这番话令我惊动。孙悟空最厉害之处不是打杀的本领，而是这个"认得出"。

因尸魔的事，唐僧驱逐孙悟空。几次三番，孙悟空有口难辩，被唐僧错认为滥杀无辜的歹徒。临走，悟空要拜一拜师父，他说："师父，我也是跟你一场，又蒙菩萨指教；今日半途而废，不曾成得功果，你请坐，受我一拜，我也去得放心。"唐僧转回身不睬，口里唧唧哝哝地道："我是个好和尚，不受你歹人的礼！"悟空施法术，变出三个行者，连本身四个，围住了唐僧，还是强拜了。别了唐僧，悟空回花果山的途中，遇东洋大海的潮声，竟想起了黑白不分的师父，情难自控，洒下了热泪。

悟空道："我不走此路者，已五百年矣！"

悟空有火眼金睛的本事，一心为师父保驾，却不被师父信任——悟空苦于认得出却辩不清。他说自己已经五百年不走此路了，这句话里饱含沧海桑田，有几多青春与白骨，又有几多空空的欢喜！不敢想。

而妖精与妖精相比，可谓天壤之别。

取经路上，有一个非常特别的妖精，为奎木狼。以孙悟空的火眼金睛来看，奎木狼当然是吃人不吐骨头的妖魔鬼怪。这妖精曾与披香殿侍香的玉女私通，竟然"不负前期"，变成了黄袍怪来凡间作恶，只为与那下界的玉女配作十三年夫妻。奎木狼的爱情事迹，亦可叹可敬。

世间因情而生的义无反顾，皆因"不负前期"。我读奎木狼被玉帝审问一节，他自认死罪，但无半分悔意，真乃大情种本色，是一条好汉！

玉帝则判得好，只贬他随太上老君烧火，这着实是个好差呢。

孙悟空泪洒东洋大海，开口即说出五百年时限，这是诗人的气象，一腔热血。认得出妖精的孙悟空终究没有打死奎木狼，非孙悟空的能耐不够大，而是这妖怪本不该死。

不知三公主百花羞在寂寞人间里可曾想起那奎木狼——昔日郎君唤出的那一声声"浑家"，唤得甚是亲爱哩！

八

在西天，阿傩和伽叶向唐僧索贿。

唐僧不曾备有财物，这两个菩萨就给了他无字的经书。这是为何？菩萨难道也这般势利？

非也。这是让唐僧要先舍得，才会有爱惜。后来，唐僧给了阿傩一个紫金钵盂，阿傩才给唐僧拿出真经。佛传经，也要有个宝贝做抵押，才可信任那取经之人。

凡事都不能仅凭一张嘴，就轻信。

凭什么佛就信你？先舍出你的宝贝吧！

我只觉阿傩和伽叶的智慧无边，这智慧来得扎实、明白、家常。

九

唐僧师徒过通天河，因老龟将他们扔进河里，经书掉入河中。后在高崖上晾晒经书，收拾经书时把《佛本行经》粘住了几卷，从此残缺。唐僧极为懊悔。悟空笑道："不在此！不在此！盖天地不全。这经原是全全的，今沾破了，乃是应不全之奥妙也。岂人力所能与耶！"

在取经路的后半程，悟空的觉悟渐高渐深，常在唐僧迷惑时予以解惑和棒喝。经书损毁，唐僧只是懊悔，悟空却悟出那天地之理：人世之不全，也是大全之理。

完美因无残缺，亦是一种大残缺。

天地不全之理，说来说去都是对于人世的恒爱，都是不灭的热忱，都是要咬住牙——人要活下去。

十

唐僧师徒回到了东土。

唐太宗宴请他们后，唐僧等归于洪福寺。此时，"八戒也不嚷茶饭，也不弄喧头。行者、沙僧，个个稳重。只因道果完成，自然安静。当晚睡了。"

这段文字简静而踏实，似乎说的是众人历经了九九八十一难，终于可以安心睡一觉了，但发散开去，却如同四海之内皆目明气和，甚至就连那云气也不曾沾上衣衫，真正是无有牵挂。

十一

我读《西游记》，如读圣书。

其中第九回的渔樵闲话，我视为全书的"诗眼"。也就是说，我认为整本书大概如同渔樵二人的言笑，这鸡犬桑麻里却大有寄托——此中有真意。

令我感动的还有女儿国一回，在我看来，这一回所描绘的国度是有史以来最理想的乌托邦。这一回的文字并不多，我却以为它有着史诗般的气度。恩格斯在《家庭、私有制和国家的起源》中说："母权制的被推翻，乃是女性的具有世界历史意义的失败。"幸运的是，在东方的《西游记》里，吴承恩保存了那母权制的一点点骨血。

《西游记》是圣书，是大书，却也像知己间的一番夜谈。谈到最后，说的都是肝胆相照的私房话，反之无非是装死、谄媚和翻脸。而人生说到底也是一番捉弄，就在最后一回里，孙悟空早恨透了金箍儿，便对唐僧说道："趁早儿念个《松箍儿咒》，脱下来，打得粉碎，切莫叫那甚么菩萨再去捉弄他人。"

还是孙悟空看得清澈，人生不过是一场捉弄、一场折腾。但他有慈悲心在，所以要打碎它，不让它再去捉弄他人。孙悟空的身体却万分坚固，因为他本质上是一块石头——《红楼梦》里的贾宝玉也是一块石头。

真个是打鼓弄琵琶，相逢两会家，那石兄如果见到了这石兄，会怎么样呢？

我想即使喜相逢，两人也只能将军不下马，各自奔前程！

本来如此，大家都是赤裸裸的，哪有什么立足之境？

机也，运也，其实皆不落色相。

《赠卫八处士》：真好，你我都还活着

✽ 闫 红

我听到的最荒唐的一种说法是，杜甫可以学而李白不可以学，说得好像杜甫没有天才，只有笨功夫，我的天，你倒是学学试试。

杜甫本人听到估计都得生气（另一个误会是，杜甫是个好脾气的人），人家可是说了："为人性僻耽佳句，语不惊人死不休。"这估计是所有写作者的心愿，但没有几个人会像杜甫这样直接说出来。从这一点就能看出，杜甫很自信，也很有个性。

这可能是杜甫那些工整的律诗给人们留下的印象，事实上，杜甫最杰出的作品，同样是险韵诗成，神出鬼没，是陆游所言的"文章本天成，妙手偶得之"。

就说他那首《赠卫八处士》的开头，"人生不相见，动如参与商"，没有前因后果，简直是破空而来，但又觉得这十个字字字如铁，一下下夯到你心里去，像流星落地，形成巨大的冲击力。在古代文学作品中，可与之匹敌的不算多。

谁没有过类似的体会呢？在这世上，有多少至爱亲朋，说不见就不见，根本没商量，就像天上的参星与商星。

参星属于猎户座，商星属于天蝎座，参星升起时，商星就会落下。用天理来证人情，更显得决绝而不容置疑。

这种分离有时候你是有知觉的，比如《红楼梦》里晴雯以为她和宝玉会永远在一起，但王夫人一声令下，晴雯被逐出大观园，很快香消玉殒，与宝玉天人永隔，这是赤裸裸的悲剧。

但还有一种分离是你无知觉的，那个人好像一直都在那儿，但你一抬头，发现他已消失在人海，也没有什么缘由，都没处说理去，更让人思之惆怅。

杜甫笔下这位卫八处士，很可能属于后者。处士者，隐居不去做官的人，卫八者，姓卫排行第八。这位卫八处士在历史上没有留下记载，在杜甫的作品中也没再出现过，他和杜甫未必有怎样深刻的友谊，只是，乱世中，危机四伏，瞬息万变，单是"故人"两个字，就已经很可亲了。

据说这首诗写于759年春天，之前这两年杜甫过得十分跌宕。安史之乱发生后，他苦苦追随肃宗，肃宗大为感动，封他做了左拾遗，说来也算是念念不忘终有回响，皆大欢喜。

但杜甫不是个识时务的人，以为从此能够"致君尧舜上，再使风俗淳"，上疏救获罪的房琯，激怒肃宗，被贬为华州司功参军。759年，他从洛阳回华州时，拜访了隐居在乡间的卫八。

卫八为什么会流落在这里？杜甫又是从哪里得到他的消息？可能就是一串串极偶然的机缘，将杜甫推到了卫八的面前。

别后经年，忽然见到以为早已失散的故人，那种惊愕不难想象，惊愕缘分的神奇，也惊愕乱世里彼此都还活着。原本平平无奇的日子也变得不寻常："今夕复何夕，共此灯烛光。"乱世的大背景下，这场相聚，有着以惊惧为底色的温馨。

少壮能几时，鬓发各已苍！
访旧半为鬼，惊呼热中肠。
焉知二十载，重上君子堂。

昔别君未婚，儿女忽成行。

都曾是血气方刚的少年，再见面，两鬓已苍苍。这几年去看望的老朋友大多已经成鬼，所以看见彼此都还活着，竟然有点儿意料之外的喜悦。一声惊叹中，有说不清是什么的滋味在胸中滚过。我何曾想到离别二十年，还能走进你的家门，离别时你还是个单身汉，现在儿女已经成行。

故人相见，是几重时空重叠，似真似幻，且惊且疑。你记忆中他总是二十年前的少年，然而他已经是一众儿女的父亲。这些儿女都很可爱，对于杜甫这个远道而来的叔叔，既恭敬有礼又热情亲切。

怡然敬父执，问我来何方。

问答乃未已，驱儿罗酒浆。

怡然是愉悦的意思，但更加舒缓。"问我来何方"，这一句更妙，有居家者的好奇，也是对这个风尘仆仆远道而来的叔叔分寸得宜的关怀。问候尚未结束，他们又去张罗酒浆。

你看，从行礼，到问候，到准备酒菜，这一系列行为是不是如行云流水？我们用杜甫的视野看过去，作为老朋友，我们多么欣慰老朋友的孩子们如此聪明善良和能干。

接下来的这个夜晚，也许是唐诗里最美的几个夜晚之一。

是的，唐诗里有太多美好的夜晚，比如"昨夜星辰昨夜风，画楼西畔桂堂东"；比如"天阶夜色凉如水，卧看牵牛织女星"；比如"春江潮水连海平，海上明月共潮生"；比如"灭烛怜光满，披衣觉露滋"……

或是"今夕何夕，见此良人"的相遇，或是天高地阔，令人物我两忘，心旷神怡，但我最喜欢的，是杜甫与卫八处士相遇的这个夜晚，在动荡的角落里，在一场场离散的夹缝里，卫八倾其所有，款待了这个老朋友。

夜雨剪春韭，新炊间黄粱。

主称会面难，一举累十觞。

十觞亦不醉，感子故意长。

这场款待说起来也是寒薄，没有大鱼大肉，更不见世间珍奇，不过是冒着夜雨剪下春天的韭菜。据说这里面有个典故，东汉郭林宗自种畦圃，友人范逵夜至，郭林宗冒雨剪韭，做汤饼以供之。

但是我总觉得杜甫这句写的是实景，面对突然出现的老友，卫八来不及准备，家中可能也很匮乏，但匮乏也有一种美，会让人更珍惜手中所有。比如这冒着夜雨剪下的新鲜韭菜，才煮出来的掺了黄粱的米饭，是最普通的家常饭菜，但香喷喷，热腾腾，在这一刻足以满足杜甫饥饿的胃和仓皇的心。

回想这一生里给你留下美好记忆的食物，是不是都跟昂贵的食材、精致的烹饪方式无关？《红楼梦》里的茄鲞和鸽子蛋，不如《水浒传》里的二斤牛肉显得美味，因为《水浒传》写出了饥饿感，也写出了饥饿感被消除之后的满足感。杜甫也用十个字，写出他心中的万千滋味。

更何况，主人卫八说这相聚太难，一再殷勤举杯，两人接连喝了十杯，十杯也不能喝醉，感念故人这份深情厚谊。

酒量就是这么个奇怪的东西，同样一个人，有时浅尝则醉，有时千杯不倒，是与当时的心情有关。杜甫未必是海量，但十杯下肚，也只是微醺，是他内心的激荡，消解了酒意，可以想象，卫八与杜甫，在那个夜晚，该是怎样的感慨万千，共话世事的山高水长。

这场家宴，是接风，也是送别，不只是卫八送别杜甫，他们其实也是在彼此送别。在古代，人本来就容易失联，乱世让一切更加失序，那么这一刻，就以往事下酒，温暖无法预知的明天。

杜甫把这个夜晚写得太动人了，让我想起小时候，晚上都准备睡下了，有亲戚或是父母的朋友突然登门，他们在灯下畅聊，打破日常气氛，又温情又有一点儿紊乱感，让人感动。可能因为夜晚登门总是非常态，被收入"家人闲坐，灯光可亲"的常态中时，有一种参差对照的动人。

但问题是，这样一个情感充溢的夜晚，该如何结尾呢？像杜甫这样有大才的人，写诗难的不是飞扬，而是降落，谁能想到杜甫用十个字就稳稳地降落了。

"明日隔山岳，世事两茫茫。"离别如一道阴影，让人不敢恣意快乐，但它又皴染着相聚时的所有细节，让它皱褶分明，楚楚动人。所以这首诗明写相聚，暗写离别，唯有离别铺底，相聚时的所有才更加深刻。

就像人生，以死亡铺底，我们才能够更深刻地活着。

若你觉得生活苦，不妨读读曾国藩

✻ 温伯陵

1811年，曾国藩生于湖南湘乡，5岁时，他就开始读书、写字了。可曾国藩好像不太聪明，别人一天就能学会的知识点，他很久也未必能掌握。

曾国藩少年时，一天晚上，他一如既往地进入书房，准备把一篇课文背下来，要不然明天的早饭就没了。他坐在那里一遍一遍地背诵，可他不知道房梁上有人在一直盯着他。

这人是个小偷，他打算偷点儿东西回家，没料到曾国藩进来了，于是只能在房梁上等着。没想到曾国藩背书到三更半夜，还是磕磕巴巴地背不下来。这位梁上君子急了，看这样子，等到天亮也没完。他"唰"地从房梁上跳了下来，把曾国藩吓了一跳。然后，这人开始大声地背诵那篇文章，背完后在曾国藩崇拜的目光中大摇大摆地离开了。

连小偷都比曾国藩聪明，你看他得笨到什么程度。但曾国藩硬是靠着自己的方法，从千万人中脱颖而出，成为"读书改变命运"的典范。

他读书的方法很简单：下笨功夫，死记硬背。他说："一句不通，不看下句；今日不通，明日再读；今年不精，明年再读。"

他凭着一股韧劲把一句话、一篇文章、一本书慢慢读熟，读透，日积月累，他的才学也与日俱增。靠苦练的功夫，笨小孩曾国藩终于考上了秀才，紧接着中举人、登进士，继而成为士大夫中的一员，真正实现读书报国的愿望。

人生的路其实很简单，认准一个目标，持之以恒地做下去，终究会有回报。

1838年，曾国藩成为翰林院庶吉士，开始了他的仕途生涯。

毕竟是刚进入繁华的北京城，曾国藩很开心，他每天喝酒、看戏、下棋，反正什么都干，就是不读书。而且他脾气也不好，还经常跟别人吵架。

有次翰林院给他放了长假，他给自己列了个"假期清单"：读两本书，锻炼身体，学一门手艺……可等假期结束,他一样都没做,就这么喝酒、看戏混过去了。曾国藩痛定思痛后,给自己立下了终身修行目标:成为圣贤。

他的修行计划分为两项:写日记和勤读书。

之后,曾国藩每天睡觉前都要反思当天的得失,看哪一点不符合圣人的标准,就用蝇头小楷写到日记本上。在他去世前几天,他还在日记中反省:"余精神散漫已久,凡遇应了结之件,久不能完;应收拾之件,久不能检,如败叶满山,全无归宿,通籍卅余年,官至极品,而学业一无所成,德行一无可许,老大徒伤,不胜悚惶惭赧!"

曾国藩只要空闲下来,就会拿起书本阅读,不论风吹雨打、生病忙碌。他每天必做的一项任务就是读十页史书。历史就是过去发生的事,如果能从前人的教训中汲取经验,对自己的人生将大有裨益。读书的习惯他保持到生命的最后一刻。曾国藩是"终身学习"的典范。

写日记是为了自我监督,磨炼心性;勤读书则是为了认识世界,让外部精华充实头脑。一内一外,长久自我修炼,让曾国藩在成为一代名臣的道路上越走越顺。

凭借自己的努力,曾国藩逐渐名满京城,而他良好的品德更是给朝廷留下了深刻的印象。朝廷每次考查官员,他总是名列前茅。再加上他办事踏实,工作认真,在短短十年间,竟然获得数次升迁。

当时的清朝早已不复康乾时期的吏治清明,取而代之的是人浮于事、贪腐成风。曾国藩对此早已不满,他在等待机会。

1850年,新登基的咸丰皇帝立马烧了一把"大火",让大臣们都来提意见。机会来了,曾国藩抓紧写了《应诏陈言疏》交上去。

咸丰皇帝看了很是高兴,在朝堂上狠狠地夸奖了他一番。曾国藩本以为皇帝会按照他的建议治理朝政,但结果并没有。咸丰皇帝本质上是个守旧之人,做皇帝的新鲜劲儿过去后,一切照旧。这样一来,曾国藩就不乐意了。他直接上了一道奏折,痛斥咸丰皇帝的缺点。

不出意外,咸丰皇帝大怒,恨不得立刻治曾国藩的罪。幸亏曾国藩的人缘好,在大家的合力劝说下,皇帝才消了气。

命是保住了,但京城已经容不下曾国藩了,因为他破坏了所有人都要遵循的"潜规则"。既然你跟我们不是一条心,那就不是自己人了。以后我们吃肉,招呼都不跟你打。

在这样的环境下,还怎么进行工作?偌大的京城再也没有曾国藩的容身之地。曾国藩心里虽然苦闷,但他从没后悔过。

1852年,曾国藩的母亲去世,他回老家丁忧。这时,太平军出广西,入湖南,沿途各地纷纷陷落。眼看江南的半壁江山就要落入太平军手中,朝廷鼓励大家招兵买马,抵抗太平军。

曾国藩和湖南巡抚张亮基办了团练,这就是后来名震天下的"湘军"。他招募贫困山区的农民为士兵,选择亲戚、同乡、师生为军官,依靠血缘关系为纽带,组建了一支"拖不垮,打不烂"的全新军队。

谁也没想到,这支全新的军队刚遇到太平军,就在靖港被击败。曾国藩仿佛听到了"啪啪"的打脸声。以后还怎么见人?不如死了算了。他一个猛子扎进水里,打算自我了断,其幕僚跳进水中把他捞了起来。

事实证明，曾国藩不是一出手就成为战神的，他的败绩仔细算来，能数出一箩筐。

1855年，曾国藩的座船被俘虏，会议记录等文件全部丢失。曾国藩冲向敌军，打算壮烈殉国，幸好又被拉了回来。

1856年，曾国藩坐镇南昌，太平天国翼王石达开又来攻城。眼看曾国藩就要壮烈牺牲，幸亏彭玉麟协同作战，才解了南昌之围。曾国藩从来都不是威风凛凛的战神，他经常狼狈得如丧家之犬。那他为什么能取得最后的胜利呢？

原因只有四个字：屡败屡战。靠着这四个字，曾国藩率领湘军屡次从失败中站起来，最终包围南京，取得与太平军作战的最终胜利。

而我们学习曾国藩，就是要学习他这种不死不休的勇气和意志。

1857年，曾国藩的父亲去世，他回家丁忧去了。在此期间曾国藩趁机提出要求，要当实权巡抚，但咸丰皇帝未允。

这里需要解释一下。因为曾国藩上奏折骂咸丰皇帝，所以他一直都不喜欢曾国藩，再加上此时正规部队打了几个胜仗，让咸丰皇帝看到了希望，他觉得此时不必再依靠曾国藩的湘军了，于是顺势撤了曾国藩的职。

曾国藩又郁闷了，本来想以退为进，结果却被皇帝"鸟尽弓藏"。在极度的郁闷中，他开始读《庄子》。经过两年的仔细揣摩，他终于大彻大悟。

俗话说，一个好汉三个帮，一个人再厉害，也需要有人配合，才能发挥出更大的力量。曾国藩在意识到自己"自傲、刚直"的毛病后，就有意识地改变自己的行事风格。

1858年，曾国藩复出。在回到军营之前，他给当地的官员都写了一封信。在信中，曾国藩的姿态降低了很多，他的低姿态，让他与同僚打成一片。从此以后，他的工作开展也大为顺利。

不仅如此，他还学会了"贪污受贿"。有一次，湘军大将鲍超给曾国藩送来几车"战利品"，其中很多都是古董、珠宝之类的值钱玩意儿。当他打开看了一遍之后，只拿出一顶花帽，其他的都让来者拿回去。

鲍超是个血战沙场的硬汉，这一刻却被曾国藩的气度感动了。如果一个人特立独行，必然会被众人排斥，所以曾国藩必须向现实妥协，但他又能够一直坚守内心的良知。他不再认为自己是最独特的人，他不再顽固地拒绝"同流合污"，他不再争抢所有的功劳。

正因为他放低了姿态，大家才把他捧到最高。

古往今来，中国人的最高追求就是"三不朽"：立德，立功，立言。在立德上，曾国藩一辈子修身，可称圣人；在立功上，曾国藩平定太平天国，纵横天下；在立言上，曾国藩提出真知灼见，著作等身。他被称为"立德立功立言三不朽，为师为将为相一完人"。

曾国藩的一生没有任何浪漫，少年天才、神威盖世、挥斥方遒，统统与他无缘。他只是个小地主的儿子，硬生生靠自己的努力拼出一生辉煌。他用一生的努力告诉我们：普通人也可以通过努力成就伟大的事业。

著名学者张宏杰说："自古圣贤可佩但不可学，唯有曾国藩可佩亦可学。"

我与《清明上河图》的故事

＊冯骥才

冥冥中我感觉《清明上河图》和我有一种缘分。这大约来自初识时它给我的震撼。敢于把一个城市画下来的画家，我想古今中外唯有这位宋人张择端。这幅画无比精确而传神，磅礴且深厚。当时我二十岁出头，气盛胆大，不知天高地厚，居然发誓要把它临摹下来。

临摹是学习中国画笔墨技法的一种传统。我的一位老师惠孝同先生是湖社画会的画师，也是位书画大藏家，私藏中有不少堪称国宝。我上中学时逢假期就跑到他家临摹古画。惠老师待我情同慈父，像郭熙的《寒林图》和王诜的《渔村小雪图》这些绝世珍品，都肯拿出来，叫我临摹真迹。临摹原作与临摹印刷品是截然不同的，原作带着画家的生命气息，印刷品却平面呆板，徒具其形。然而，临摹《清明上河图》是无法面对原作的，这幅画藏在故宫，我只能一次次坐火车到北京，去故宫博物院的绘画馆看，常常一看就是两三天，随即带着新鲜的读画感受跑回来伏案临摹印刷品。然而故宫博物院也不是总展出这幅画，所以我常常是一趟趟白跑，乘兴而去，败兴而归。

我初次临摹是失败的。我自以为习画从宋人院体派入手，《清明上河图》上的山石树木和城池楼阁都是我熟悉的画法，但动手临摹时才知道画中大量的民居、人物、舟车、店铺、家具、风俗杂物和生活百器的画法，我在别人的画里不曾见过。它既是写意，也是工笔，洗练又精准，活灵活现，这全是张择端独特的笔法。画家的个性愈强，愈难临摹，而且张择端用的笔是秃锋，行笔时还有些"战笔"，苍劲生动，又有韵致，仿效起来十分难。偏偏在临摹时，我选择从画中最复杂的一段——虹桥入手，以为拿下这一环节，便可总览全卷。谁料这不足两尺的画面上竟拥挤着上百个人物。各人各态，小不及寸，手脚如同米粒，相互交错，彼此遮蔽，倘若错位，哪怕差之分毫，也会乱成一片。只有经过临摹，才明白其中的技艺无比高超。于是画完虹桥这一段，我便搁下笔，一时真有放弃的念头。我被这幅画打败！

重新燃起临摹《清明上河图》的决心，是在"文化大革命"期间。一是因为那时候天天有大把的时间，二是我已做好充分准备。先自制一个玻璃台面的小桌，下置台灯。把用硫酸纸勾描下来的白描全图铺在玻璃上，上边敷绢，电灯一开，画面清晰地照在绢上，这样再对照印刷品临摹就不会错位了。至于秃笔，我琢磨出一个好办法，用火柴吹灭后的余烬烧去毛笔的锋尖，这种人造秃笔画出来的线条，竟然像历时久矣的老笔一样苍劲。同时我对《清明上河图》的技法悉心揣摩，直到有了把握，才拉开阵势，再次临摹。从卷尾始，由左向右，一路下来，愈画愈顺，感觉自己的画笔随同张择端穿街入巷，游逛百店，待走出城门，自由自在地徜徉在人群中……看来完成这幅巨画的临摹应无问题。可是忽然出了件意外的事。一天，我的邻居引来一位美籍华人，说要看画。据说这位来访者是位作家，我当时还没有从事文学创作，对作家心怀景仰之情，遂将临摹中的《清明上河图》抻开给她看。画幅太长，画面低垂，我正想放在桌上，谁料她突然跪下来看。那种虔诚之态，使我大吃一惊。像我这样在计划经济环境中长大的人，根本不知市场经济生活的种种作秀。当她说如果她有这样一幅画，就会什么也不要时，我被深深打动，以为真的遇到艺术上的知音，当即说"我给你画一幅吧"。她听了，那表情，好似到了天堂。

艺术的动力常常来自被感动。于是我放下手中画了一小半的《清明上河图》，第二天就去买绢、裁绢，用红茶兑上胶矾，一遍遍把绢染黄、染旧，再在屋中架起竹竿，系上麻绳，那条五米多长的金黄的长绢，便折来折去晾在我小小房间的半空中。我由于对这幅画临摹得正得心应手，画起来很流畅，我对自己也很满意。天天白日上班，夜里临摹，直至更深夜半。嘴里嚼着馒头咸菜，却把心里的劲儿全给了这幅画。那年我三十二岁，精力充沛，一口气干下去，到了完成那日，便和妻子买了一瓶通化的红葡萄酒庆祝一番。掐指一算，居然用了一年零三个月！

此间，那位美籍华人不断来信，说尽好话，尤其那句"恨不得一步就跨到中国来"，叫我依然感动，期待着尽快把画给她。但不久唐山大地震来了，我家被毁，墙倒屋塌，一家人差点被埋在里边。人爬出来后，心里犹然惦记那幅画。地震后的几天，我钻进废墟寻找衣服和被褥时，冒险将它挖出来。所幸的是我一直把它放在一个细长的装饼干的铁筒里，又搁在书桌抽屉最下一层，故而它完好无损。这画又随我一起逃过一劫。它与我是寻常关系吗？

此后，一些朋友看了这幅无比繁复的巨画，劝我不要给那位美籍华人。我执意说："答应人家了，哪能说了不算？"

待到1978年，那位美籍华人来到中国，从我手中拿过这幅画的一瞬，我真有点舍不得。我觉得她是从我心里拿走的。她大概看出我的感受，说一定请专业摄影师拍一套照片给我。此后，她来信说这幅画已镶在纽约曼哈顿第五大道她家客厅的墙上，还是请华盛顿一家博物馆制作的画框呢。信中夹了几张这幅画的照片，却是用傻瓜相机拍的，光线很暗，而且不完整。

1985年，我赴美参加爱荷华国际笔会，中间抽暇去纽约看她，也看我的画。我的画的确被镶在一个巨大又讲究的画框里，内装暗灯，柔和的光照在画中那500多个神态各异的人物的身上。每个人物我都熟悉，好似熟人。虽是临摹，却觉得像是自己画的。我对她说，别忘了给我一套照片做纪念。但她说这幅画被固定在镜框内，无法再取下拍照了。属于她的，她全有了；属于我的，一点儿也没有。那时，中国画家还不懂得画可以卖钱，无论求画与送画，全凭情意。一时间我有种被掠夺的感觉，而且被掠夺得空空荡荡。它毕竟是我用年轻生命中一年多的时间换来的！

现在我手里还有小半卷未完成的《清明上河图》，在我中断这幅而去画了那幅之后，已经没有力量再继续这幅画了。我天性不喜欢重复，而临摹这幅画又是太浩大、太累人的工程。况且此时我已走上文坛，我心中的血都化为文字了。

写到这里，一定有人说："你真笨，叫人弄走这样一幅大画！"

我想说，受骗多半是因为一种信任或感动。但是世上最美好的东西不正来自信任和感动吗？应该守住它，还是放弃它？

我写过一句话："每受过一次骗，就会感受一次自己身上人性的美好与纯真。"

这便是《清明上河图》与我的故事。

速朽与不朽

* 姚瑶

彼时——速朽与不朽

王菲有一首《百年孤寂》，歌词里写："当我闭上眼，再睁开眼，只看见沙漠，哪里有什么骆驼……一百年前你不是你，我不是我……一百年后没有你也没有我。"

我站在塞尔维亚国家博物馆里，面对画家的巨幅画作，我想，不对，一百年前没有我，但是有你，一百年后没有我，可还是会有你。你会一直存在，哪怕这幅画被毁掉，你却永远都在，你是不朽的。

这份不朽，并不具体属于画家，或被他画下来的丰满少女，或是凝固在画布上的棕色颜料，而是属于更为抽象意义的"一幅画"。

我对画作上的少女说："嗨，终于见面了，没想到会在这里见到你。哦，你或许不认识我，但我很久以前就知道你是谁，来自哪里，了解你的样貌和你的故乡，也了解画下你的那个人，我甚至也笨拙地用油彩画过你。"

时间与战火都不能摧毁一幅画，一幅画比高筑的要塞更坚固，它所要面对的不是一时一世，也不是某一代人。

去博物馆是在午饭后，这天早上，我们在街上买了一束花，前往中国驻南联盟大使馆旧址。

1999年5月，我念小学四年级，除了一点成长过程中的孤独与烦恼，生活中的一切都那么理所当然。

理所当然地吃一日三餐，理所当然地复习完功课打《超级玛丽》，理所当然地认为战争属于历史，我的世界风平浪静，欣欣向荣。即使常在电视上听到海湾战争、科索沃战争这样的字眼，可那些地名对我而言，就像银河外的星系一样遥远，是外太空，是别处。

当电视里反复播放北约轰炸中国驻南联盟大使馆的新闻画面时，我无比震惊。

两年后的美国"9·11"事件也带给我同样的震惊。

原来这才是世界的真实模样，从未停止动荡，从来就没什么理所当然。

新闻里反复播送邵云环、许杏虎、朱颖这三个名字。而新闻里没有播出的是，这三个名字的背后，又有多少人的人生因此改变，家庭因此破碎。他们一定也问了无数遍为什么。

后来我逐渐明白人的脆弱，脆弱到面对意外，只能委屈地问一句："为什么？"

太多时候，愤怒之下是深深的委屈，因为意外往往来自他人，一圈不起眼的涟漪从远处荡过来，我们的小舟便瞬间倾覆。

一路从旧城开往新城，我们将车停在了那面四四方方的纪念碑前。纪念碑后是正在建设中的新大楼。停车时同工人师傅聊了两句，他们说这里要建成中塞文化交流中心，孔子像已经立起。

大使馆早已迁址，这里只留下供后人凭吊的一处象征，提醒来来往往的人，曾有人的人生在这里戛然而止。

纪念碑上用塞尔维亚语和汉语刻着"谨此感谢中华人民共和国在塞尔维亚共和国人民最困难的时刻给予的支持和友谊，并谨此缅怀罹难烈士。"

放下花束，沉默鞠躬。我知道，除却同胞的身份，我终究还是隔岸观火的局外人。可我又深信，我们的命运是相关的，是一样的。

当我抬头望向四周，哪里还能看出炮火痕迹呢？城市的复原速度超乎想象，疤痕在硝烟散尽后迅速结痂，无声脱落。恢复如初的皮肤上叠起一层高过一层的屋顶，再继续等待下一个伤口，有形或无形。

是非功过转头成空，但我们还是要记住这个城市发生过什么，记住曾因此受到牵连的普通人。

献完花束，我回到车边，发现车顶落了一片红叶。我捡起那片叶子，放进了随身携带的记事本里，像一个血红的音符。

忽然想起曾经看过的纪录片，在贝尔格莱德遭轰炸时，全城断电，可国家大剧院仍在坚持演出歌舞剧和喜剧，票价仅售一第纳尔，一第纳尔换一整晚的歌声与笑声，那是对战争的不屑与反抗。

大剧院有独立应急发电系统，在电力如此珍贵的战时，大家一致默许将光明"浪费"给艺术。

空中战机盘旋，炸弹不期坠落于城中各处。

剧院如被火海包围的孤岛，可舞台灯火通明，观众池座无虚席，不时爆发掌声、笑声与喝彩。

仿佛只是寻常夜晚，人们早早吃了晚饭，来享受一出剧。看完剧回家，还可以喝一杯啤酒，将明天上班要穿的外套挂在玄关，与家人亲吻道晚安，然后做个好梦，再开始新的一天。

那时坐在大剧院里的人，也许并不相信他们还有明天，但他们还是要坐在那里，哪怕只剩最后一晚，也要属于剧院，而不属于战场。

于是我提议去买一张次日晚上的演出票，随便看什么都好。

"肯定什么都听不懂。"

"没关系，听不懂也没关系。"

"也是。"

于是在进博物馆前，我们先去大剧院买了一张第二天晚上七点的票，是一场至今也没搞清楚名字的舞剧。

拿到票的那一瞬间，我又想起库斯图里卡说，他只是去美国参加了一场电影活动，走下飞机时，他就失去了祖国。是的，他失去了祖国，可是博物馆与剧院仍在原地，不曾消失。

也许是因为工作日，也许只是碰巧，偌大的博物馆里除了静坐不动的工作人员，只有我与先生两人。好在博物馆的文案都有英文，让我们能够知道自己在看什么。

一楼讲人类文明史与塞尔维亚早期文明。大量藏品随意地摆在一起，甚至有摆不下的石碑就竖在一边，触手可及。我当然忍住了，没有去摸那些古老的遗物，只是太过震惊，被这份随意与大方给吓到。

中世纪修道院与湿壁画是塞尔维亚的国宝。二楼展厅里巨大的修道院装饰挂满了墙，每一个都像能够碾碎我的历史巨轮。

我很想知道它们究竟是不是真品。能够这样痛快展示，总觉得更像是复制品。

我环顾四周，发现负责这片展区的是位七八十岁的老先生。老先生五官深邃，看起来颇为严肃，我犹豫了半天还是决定上前询问。不出所料，老先生不会讲英文，于是我便听天由命，将希望寄托在翻译软件上。

在听完我的问题后，他脸上的严肃融化成微笑，甚至有点雀跃，仿佛终于等到愿意向他询问的听众。他说没错，都是原件，从那些修道院的外墙上剥离下来，收藏进博物馆。或许是我们这两个观众表现出对展品的充分好奇，所以老先生兴致勃勃充当起了讲解员，积极主动陪在我们身边，努力给我们讲解每一幅壁画，每一本古书，以及来自中世纪修道院的一砖一瓦，试图解释清楚每一样物品的用途，努力描述历史上每一次战争。翻译软件保留了一些语言的主干，也丢掉了一些逻辑与细节，我连蒙带猜，实在看不懂的地方只能同老先生摊摊手，并回以礼貌的笑容。

老先生陪我们走完了整个中世纪展区，而后他停在展厅门口，表示到这里不再是他的工作范围，不能擅离职守，所以只能陪我们到这里。

我们同他握手拥抱，再三道谢，而后道别。老先生愉快地挥挥手，便被同事叫走了。

接下来便是艺术展厅。除了呈现塞尔维亚的艺术发展历史与绘画雕塑作品外，还展出了大量著名画家的真迹，每幅作品都注明了馆藏时间与捐赠人。

但更让我惊讶的是毫无防护的陈列方式，没有玻璃罩，没有围栏，没有模糊的打光，画家刷过的每一笔都清清楚楚、有迹可循。我没有去过卢浮宫，没有参观过大英博物馆，所以这是我第一次以这样的方式面对一幅珍贵的画作，完全超出我过往的观展经验。我从未想过可以站得这么近，毫无距离地去看毕加索画的牛，马蒂斯画的妇人，梵高画的风景速写……

此时此地，我从满墙画作里看见了不朽，画家们的名字在展厅上方搅动成飓风，呼啸轰鸣，淹没了时代更迭的嘈杂，粉碎了金戈铁马的喧嚣。

我在每一幅画前都流连了很久，毕竟我这一生，这样独自享受真迹的机会可不太多。

我想起小时候学油画的那几年，周末背着画板、拎着画具去少年宫，教画的老师高挑明艳，她偏爱的印象派画家深深影响了年幼的我。

那时候的家中总有散不尽的颜料味儿，抹了一身的色彩则要妈妈用汽油才能洗干净。

下楼时，我东张西望寻那位老先生，想同他正式告个别。可是转过一段段阶梯，四处皆空空荡荡，没有半个人影。正遗憾着回到一楼，却发现老先生已经等在了寄存柜台，见我们过去，主动上前取走我们的号码牌，不假手存包处的姑娘，而是径直帮我们取出寄存的背包与物品。先生的摄影背包很大很沉，从老先生手里接过来时我们又是感动，又是惭愧，可是除了全世界都听得懂的那句"Thank you so much"，再也说不出更多。

我们一面挥手，一面朝博物馆大门走去，老人家站在原地，点头，挥手，目送我们推开大门。

那是晚上八点，天空填充了浓郁的深蓝色，我们最后一次隔着门缝同老先生挥手，先生说："这是我们第一次见到他，也是最后一次见到他吧。"

我点点头，就算以后还有机会再遇见，可能也是相见不相识吧。

博物馆的大门上贴了开闭馆时间表，夏季要到晚上九点半才闭馆。若是生活在这里，我大概没事儿就会跑来看看文物、看看画，跟每一位管理员混成老熟人吧。

在寻觅晚饭的路上，我们路过了好几家书店与艺术品商店。米哈伊洛大公街上的书店与书摊非常密集。不只米哈伊洛大公街，在诺维萨德的自由广场，商业街也挤满了书店与摆书摊的小商贩。

我走进书店，发觉自己是个文盲，这种体验真是尴尬又好笑。好在这并不妨碍我欣赏书的美。大大小小的书店塞满了书，推门而入就是纸张气味，像打开了家中的书柜。世界各地的书店与书房好像都是连通的，如果你们共同拥有一本书，那么这本书就会成为一道任意门。

虽然看不懂塞尔维亚文字的书名与内容，但我还是执着地一本本翻阅，挑中一些喜欢的封面，抱着书去柜台排队结账。前面排了七八个人，人人都抱着一摞一摞的书，这样的场景我已经觉得陌生了。上一次在书店排队结账是什么时候？或许是十年前？那时我在中关村南大街读大学，常常在没有课的下午搭公交车前往中关村，有时去中关村图书大厦，有时去第三极。

中关村图书大厦常年折扣，是很老式的书店，齐整，严肃，有点无趣，但找书方便。收银台前总是排着三列长队，每队都有数十人。

第三极环境更好，木地板，落地窗，可以安安静静贴着窗边席地而坐，边晒太阳边看书，能买到外版书。或许因为环境太好，所以看书的人比买书的人多，但结账依然要排队。

后来，这些书店纷纷消失。身边的事物好像都被按下了三倍速的快进键，无论城市还是人，无论一个网站还是一家街边小馆，它们倏忽出现，又飞速消失，轻而易举就让人失去了与从前的连接，手中握着的绳索悉数断尽，回忆失去了凝结核，成为无法落地为雨的一片云。

抱着一堆书去吃晚饭，脸上的喜悦藏也藏不住。我一直羡慕喜怒不形于色、情绪稳定的人，我不行，我的一切情绪都会被自己放大再放大。

在餐厅落座，服务生好奇地指着书，问我："能看懂塞语吗？"我说："看不懂，留作纪念。"

他惊讶地"哦"了一声，说："真是特别的纪念品。"

吃饭时，我同先生回忆这一天，难免又聊起那位老先生。

先生说："此刻他也像我们在聊他一样，正和家人聊起我们吧。"

善于扫兴的我放下餐叉，说："又或者，家里只有他一个人。"

按他的年纪推断，应该是在战争中出生，身在巴尔干半岛的他，这一生应当经历过数次战火绵延。他是否被战争夺走过什么，他从动荡岁月里抢救下什么，他的生活里充满了转瞬即逝的不确定，我很好奇，他在博物馆里，面对从时间中逃逸的艺术品，面对我们这样的年轻人，会想些什么呢。

我无从得知老先生会想些什么，一如我无从得知次日的歌舞剧都演了些什么。

每一次坐进剧场，每一次音乐响起，我都一定要哭出来，演唱会、音乐剧、戏曲，无一例外。从前我以为自己只是太脆弱，太容易掉眼泪，后来渐渐发现，眼泪只是情绪的出口之一，在我的身体代码中，它能者多劳，可以表达一切，喜悦、愤怒、难过、激动，最终都呈现为"哭"这个单一动作。

我听不懂演员的唱词，领会不到偶尔令观众捧腹的笑点，但我能看清他们的舞姿，能在他们的旋转、抬手、跳跃之中看到美，能被他们的歌声打动，能度过情绪充沛涌动的三个小时。

在这三个小时里，我也许身处1999年，也许身处2019年，剧院之外也许响彻防空警报，也许风平浪静、无事发生，可是对于身处观众席的我而言，并无不同，一百年前有人在这里演出《天鹅湖》，一百年后也依然有人在这里继续为《天鹅湖》起立鼓掌。

此时——近乎天真的向往

2019年秋，凌晨一点，一路向西，时钟逆行六小时，这是护照过期前，我的最后一次远途旅行。

三年后，我依然可以清晰回忆起出发那一天的所有细节。

那一天，我们从首都机场飞往阿布扎比酋长国，而后转机前往塞尔维亚的首都贝尔格莱德。

夜幕低悬，停机坪灯光微黄，身边的乘客全都垂着头，或刷手机，或闭目养神。候机的那段时间，有一种固若金汤的寂静。

我遥想着，贝尔格莱德正是傍晚，正要跨过晨昏线，落入夜晚的世界。

登机是凌晨，大家默默排起队，默默递上机票，再默默走上廊桥，廊桥尽头的机舱莫名有一种亮起灯的归家感。

我们这几百号人，机票上都写着相同的目的地，目的却截然不同。真奇妙。

带上飞机的书是《我身在历史何处》，作者

是我非常喜欢的塞尔维亚导演——库斯图里卡。为什么想去巴尔干半岛，也许他就是那根导火索。

但对于他的叩问，我要到三年之后才明白深埋其中的叹息。

在当时，一切都是那么轻飘飘，我读着他在萨拉热窝度过的童年，读他在戛纳的海滩打群架，轻飘飘地飞向夜空。

城市被灯火勾边，渐渐缩小成脆弱的沙盘模型，仿佛轻轻一碾，就会碎成一地光斑。

这样的风景我也见过了很多次，但依然觉得不可思议。依然会出神地盯着我长久生活其中的那方城，直到云层拉上厚重帷幕。

我们在贝尔格莱德的正午抵达，站在了绝无迷路可能的小巧机场。

而北京正是傍晚，正要跨过晨昏线，落入夜晚的世界。我手中攥着偷来的六小时白昼，无比雀跃。

为什么要去塞尔维亚？

因为库斯图里卡的电影，我想看看诞生了那样疯狂画面的国度。

因为《哈扎尔词典》，我想走进修道院，走进沉睡其中的历史。

因为《德里纳河上的桥》，错综复杂的巴尔干半岛不只是新闻中在别处的火药桶。

所以我去了。一次旅途不足以让我更了解这个国度，但文字也好，影像也好，它们的来处与去处，我终于有机会看清了。

我想起过往每一次旅行，似乎都是一样的。

为什么要去希腊？因为小时候我最珍视的一本童书是图画本的《希腊神话故事》。其中最复杂的故事是《特洛伊木马复仇记》，六岁的我反复看，反复读，怎么也看不明白。

因为大学三年级的隆冬，我没日没夜地读古希腊著作，从悲喜剧到历史，像步入深埋地下的博物馆，迷失在被灿烂文明照亮的洞穴里。

因为安哲罗普洛斯的电影，因为电影里永远雾气蒙蒙的清晨。

哦，我还玩游戏，《刺客信条：奥德赛》满足了我对希腊城邦的想象。

所以我去了希腊，不是因为地中海的阳光与海水，是因为雅典卫城与古剧场都还在原地。

因为读了《真腊风土记》，所以去了吴哥窟。

因为看过的动画片，所以去日本，跟着《名侦探柯南》打卡北九州。

无一例外，我动心起念，不远万里，费尽周章，离开熟悉的日常生活，凭一腔热忱奔向陌生的异乡，都是因为一本书或一部电影，甚至一幅画，是为了一些"不朽"的存在。

这种近乎天真的向往促使我一次次克服懒惰，一次次找来大量的书籍与资料做背景功课，一次次在深夜收拾乱七八糟的行李，一次次在飞机上迎接日出日落，一次次真正认识一些地方、一些人，将别人的白纸黑字变成我的所见所闻，继而再变成属于我的白纸黑字，或许会鼓动另外一些人踏上旅途。

说来的确是冒着傻气，也许是因为一本游记，也许是因为一个虚构的小说人物，我们对这世上真实存在的某个地方生出了如同乡愁一样的感情。

所以大多数时候我们出发，并不是去远方，而是"归故乡"。

此时此刻，当我回忆起那趟塞黑之旅，回忆起再也回不去的2019年，心中涌起的是一种模糊的"乡愁"。

为什么那趟旅途中的一切都被我事无巨细地记住了，为什么我不厌其烦地回忆那接近一个月的公路之行，或许因为之后的三年，再也没有新的旅途能够覆盖它，它始终停留在记忆表层，未曾翻页。

何时才能翻到下一页呢？我是在旅途结束三年后才真正明白，虽然我们在不同国度，披着不同皮囊，过着不同生活，但我们不是彼此的局外人，我们都是一样的，我们都在同一条历史的河流里，顺流而下。

紧握命运的高光一刻

*怪奇塞高

我少年时,曾憧憬自己长大后成为一个万人景仰的伟大英雄。

这份炽烈的愿景,大抵来源于打从懂事起便熟读背诵的庞杂繁多的名人名言与英雄逸事,而在其中出力最多的大概便是它——斯蒂芬·茨威格的《人类群星闪耀时》。

对这稚嫩的决心,家人与老师亦不吝微笑地鼓励——大丈夫当如是也,彼可取而代之,少年强则国强……诸如此类。总之是件值得骄傲的事儿,哪怕期许中的绚烂未来还全然没影儿。

于是年少懵懂的我以为自己已然集命运的三千宠爱于一身,朝着人生还未到来的高光时刻鼓起了高昂却单薄的勇气与热情。

"我能行!"我对自己说。

读小学时,我眼中总是看不到太多失望,天空很蓝,阳光明媚,生活稍有缺憾但仍然美好,并且看上去没理由不继续美好下去。但随着中学入学的第一次分流,生存、竞争乃至所谓"千军万马挤独木桥"的学习之路,就此对每个人露出狰狞的一面。很不幸的是,此刻的我还完全没从童年的宽容与闲适中回过神来。节节后退的成绩与懵懵懂懂的心态最终爆发于第一轮大考,排名将每个人分作三六九等。就算再怎么不愿意,我也得承认——这世上许许多多的精彩其实从一开始就注定与你无缘,只是之前你不明白罢了。

羞愤之下,我恨不得否定此前全部的追求,而首先要进废纸篓的,就是它——

《人类群星闪耀时》。

是啊，人类群星闪耀，这些星辰曾经繁多，日后想必也会层出不穷，只是这些和我，乃至任何一个资质平庸经历寻常的普通人又能有什么关系呢？

才子佳人帝王将相，那片星空又怎是我伸手所能触及的。

临抛弃它之前，我自暴自弃般重又打开这本尘封已久到近乎陌生的书卷。

斯蒂芬·茨威格，奥地利犹太裔小说家、剧作家、传记作家以及或许除此以外的一大堆头衔，无不证明了世人对他的赞誉与推崇。虽然此刻他已谢世80多年，但我猜他一定是个才华横溢又激昂浪漫的人，不然如何能让他笔下那无数个历史上曾存在过的英雄栩栩如生？

重读时，这白纸与墨香间浮现出的那一幅幅画卷仍令人心驰神往：工程师菲尔德花费一生在大西洋海底铺设电缆，只为了"让世界连在一起"；南极探险家斯科特在探险竞赛中努力奋斗，却最终悲惨失败乃至失去生命。

除此之外的许多人，和那些全世界都耳熟能详的大人物相比，反而更像是普通人。他们原本过着按部就班的生活，却莫名在因缘际会的历史际遇之下，突然拥有一个人生的高光时刻。

这个机会有些短暂得瞬如流星，如滑铁卢大战，格鲁希脑海里决定拿破仑命运的一分钟；如灰姑娘的魔法所造就的"一夜诗人"——那一夜之间谱写出万人传唱名篇《马赛曲》的鲁热上尉。还有其他许许多多留名或不留名的人，他们中有些抓住了机会绽放光芒，有些因自己的鲁钝而令一个皇帝、一个国家甚至一段历史的走向为之改写。

历史虽由他们改变，他们自身却并不一定因此而成为光热永恒的太阳，更多的只是在一瞬高光后终又归于平凡甚至潦倒。哪怕如此，他们在夜空中划过时留下的灿烂星光，终究让世界记下了他们的名字。

当我掩上书卷的最后一页，静静地闭上眼睛，让整个身体沐浴在夏日温暖的阳光与校园中草叶的馨香之间的时候，一直在黑暗中自怨自艾到低沉咆哮的心灵似乎突然平静下来，仿佛被一只苍老却温柔的手掌轻轻抚过。

年纪还小，时光漫长，书中的歌德74岁写下《玛丽恩巴德悲歌》，我又有什么负面情绪是连时光都抚平不了的呢？

不出意外的话，我日后的人生大概只会在平淡中缓缓向前，一如这世上无数普通人那般波澜不惊、无甚传奇，但既已知晓哪怕世人传唱的英雄，其生平与契机其实也并不如儿时想象中那般从始至终绚烂热烈，重拾初心后，反而明白了一件更重要的事：哪怕此刻全无征兆与预示，我也应该慢慢做好准备。当遇见属于自己的高光时刻时，我就能奋力一搏并抓住机遇。学习、锻炼，把能做到的做好，成为更好的乃至最好的自己。如此，当命运垂青时，才能在群星闪耀的夜空中划过属于自己的璀璨之光。

在书籍中逃避和超越世界

※ 罗 翔

说来还是有点惶恐不安，我是一个非常普通的老师，充满着人人都可能有的偏见、愚蠢、傲慢、自欺与虚荣。

我平时没什么爱好，读书是我打发时间、对抗虚无的方式，读书心得也仅代表个人的经验之谈。

有的人觉得读书效用很低，浪费金钱和时间，是当代的反智主义；有的人过于崇尚智慧，把知识推高到无以复加的地步，是尚智主义。

这两种观点在我看来也许都是错误的，反智主义是一种愚蠢的偏见，尚智主义何尝不是一种同样愚蠢的偏见。

现在，一个人标榜自己爱读书，有时候带有某种夸耀的成分，"每周读五本""一年读完几百本书"以显示自己的优越感。

在我看来，这种"爱读书"带来的优越感和清高，通常都是不学无术的表现。

之前我们提过，"智力"与"智慧"是两码事。很多智力出众的人不一定有智慧，有很多智力发达的人，其实都非常愚昧。

我一直都认为，真正的智慧一定是否定性的，也就是承认自己的无知。读书就是为了攀登智慧的阶梯。

这其实是一种悖论性的存在，我们因为无知而读书，读书又让我们真正承认自己的无知与浅薄。

拒绝读书当然是一种愚蠢，但是因为读书而滋生出骄傲与傲慢是一种更大的愚蠢。

很多哲学家对书籍都有一种悖论性的理解。塞缪尔·约翰逊认为，阅读的普及有助于读者的思想解放和社会的民主进步，但他又担心某些不符合规范或者缺乏选择性的阅读可能会助长读者的傲慢与偏见。

苏格拉底也曾经用"药物"来比喻写作，书籍就像药，可能是一剂良方，也可能是一剂毒药。

今天，我也依然想在这种悖论性的视野中来谈论读书。我有限的精力和经验提醒我，读书也许有四个维度，或者说四种境界。

▶ 在书籍中逃避世界 ◀

这个世界并不美好，我们经常看到令人伤心、愤怒的新闻。每天的工作和生活也不尽愉快，甚至十分厌倦，职场不如意，情感也没有着落。很多人用读书来逃避现实，当我们沉浸在书籍中时，现实似乎已经不存在。我也经常用读书来逃避现实，暂时忘记现实世界的蝇营狗苟，"长恨此身非我有，何时忘却营营。夜阑风静縠纹平。小舟从此逝，'书'海寄余生。"

我很喜欢《纳尼亚传奇》的作者C.S.刘易斯，他小时候就沉迷阅读，自认为书中的世界比外面的世界更真实。刘易斯自称家里的书都从书房溢了出来，他把书籍当作这个世界上最安全、最温暖的避难所，能够保护自己的心智，远离生活的种种凄苦。

但是，刘易斯在书中搭建的美好世界，随着母亲的病逝轰然倒塌。书籍并没有为他提供真正的庇护，当他从想象的世界中走出来，他依然要面对这个满目创伤、令人痛苦、令人心碎的世界。

如果书籍只是我们逃避世界的工具，那么，当你在书房的时候，似乎就拥有了对抗整个世界的力量。当你走出书房，会发现自己还是那个无能为力的懦弱之辈，这难道不是一种自我欺骗吗？如果读书只是逃避，那又与吸毒和放纵有何区别呢？不都是为了逃避庸碌、空虚的生活吗？

一个在购物节通宵购物的人，和一个读一夜书的人，不都是带着暂时的兴奋和事后的疲倦，乘兴而来、败兴而归？逃避可能有用，但现实世界的困境并不会因为逃避而消失。

▶ 在书籍中营造世界 ◀

这个世界不完美，但是人类喜欢追求完美。我们会用想象去描绘完美，让我们暂时可以忽略世界的不完美。当我们看到一个半圆，脑海中一定会补出完整的圆。人类对于完美的追求，也许根植于灵魂的深处。落日余晖、云卷云舒，只有人类会因此思考和感动。

小时候，我很喜欢看武侠小说，因为这迎合了我行侠仗义的想象。在现实生活中，我经常被欺负，因为长得又高又瘦，被同学看成是异类，还被说患有"巨人症"。虽然长得高，但我不会打篮球，于是更加被瞧不起。我初一摔断腿，被起绰号叫"瘸子"，这个绰号一直跟到我上高三。我会在武侠小说中，把自己想象成快意恩仇的大侠。

很多时候，我们对现实不满，转而在书籍中追求圆满，但这种圆满不可能是完全虚构的，头脑中任何的假设都是以现实世界的存在为基础。也许对完美的追求就是我们作为人类的出厂设置，每当我们遇到不完美，就会激活这种本能，在书籍中想象和营造一种完美。

可是，想象毕竟只是想象，我们在书籍中获得的完美，在现实世界中依然不完美。

当你像鸵鸟一样，把脑袋埋进书籍的沙土之中，这个世界并不真正变得完美。这种营造的美并不真实，而且带有强烈的虚伪和自我欺骗。

伊恩·麦克尤恩的《赎罪》，让我对于这种文字营造的自我欺骗有了更深的体会。

20世纪30年代的英国，阶级观念还很严重。主人公布里奥妮·塔利斯出生于富有家庭，她是一个想象力丰富、擅长写作的女孩。13岁的塔利斯不自觉地爱上了管家的儿子罗比，但她也知道罗比跟自己的姐姐相爱。有一天，当她看到罗比和姐姐有逾矩行为的时候，她内心暗流涌动，嫉妒、愤怒、羞耻和偏见让她自此认定罗比是一个流氓。当表姐遭人强暴的时候，她在黑暗中只看到了罪犯的模糊身影，就确信无疑地认定是罗比。作为唯一的目击证人，她非常肯定地指认罗比。就这一句话，罗比被判入狱。她把罗比和姐姐一生的幸福彻底断送，自己也开始了漫长的赎罪之路。

这本书让我反思的是，她的赎罪是通过文字来完成的。塔利斯后来成为一名非常成功的小说家，她在书中虚构了姐姐和罗比的圆满结局，来让自己获得解脱。最后她以谎言弥补了谎言，这个虚构的故事是她真实的想法，却是她无法实现的愿望。文字成为道德上的泡泡浴，但是这真的能够赎罪吗？

类似的作品还有石黑一雄的《长日将尽》，这本书将人性的自我欺骗描写得淋漓尽致。瑞典学院将诺贝尔文学奖获得者石黑一雄的创作母题归纳为"记忆、时间和自我欺骗"，颁奖词说道："石黑一雄在对人类记忆和历史的深刻挖掘中，细腻地展示了人类对于美好回忆的执着，会使人无法走出幻想，这也许存在积极的一面，却更有走向自欺欺人这样的可能。"

我时常在反省自己，我读很多反映战乱、饥荒、贫困的书籍时会流泪，进而获得一种道德上的优越感。我为他人的苦难感同身受，为他人苦难的故事流泪，为他人苦难的故事伤心欲绝，就自我感觉是一个道德高尚的人，但是我真的身临其境吗？我付出实实在在的帮助了吗？

唐·麦卡林是一位杰出的战地摄影记者，他拍摄的一张非洲白化病儿童的照片，带给我极大的震撼。照片中身患白化病的黑人儿童，骨瘦如柴、奄奄一息。而且在非洲某些地区，患有白化病的儿童被认为是恶魔的化身。他们因为人们的迷信而饱受迫害，甚至会被肢解。但说实话，我的感动只是瞬间的，我其实什么都没做，只是流下了几滴眼泪。

罗素称自己活着有三个动力：一是对爱情的渴望，二是对知识的追求，三是对人类苦难不可遏制的同情心。但罗素只爱概念上的人类，不爱具体的人。他热爱民众，并为他们的苦难而痛苦，但他依旧远离他们；他主张人人平等，却从未放弃自己的伯爵头衔；他主张男女平等，却为了有更大的性自由去拈花惹草。

远藤周作在《沉默》一书中有一句话很扎心："罪，并不是一般人所想象的，只是盗窃、说谎等行为。所谓罪，是指一个人穿越另一个人的人生，却忘了留在那里的雪泥鸿爪。"

如果我们只是通过阅读营造一个假想的世界，却不愿意走入真实的世界，并关心真实世界中他人真实的苦楚，那么，这种自我欺骗式的阅读，其实毫无意义。

▶ 在书籍中理解世界 ◀

读书可以让我们暂时忘记真实的世界，排解自己的忧闷，但是我们终究要拥有进入世界的力量与勇气。

在某种意义上，读书既是一种出世，又是一种入世。有一个持续采访特蕾莎修女30多年的美国记者，在他年老发白的时候，问特蕾莎修女："为什么你可以照顾那些垂死的病人，为他们洗脚、擦身体，我却做不到？我为你的行为感动，但我还是做不到。"

特蕾莎对记者说："来，你面前现在就有一个人需要你的帮助，你可以为他清洗污垢，给他作为人的尊严，不要老是在想，要做。"

所以，我们要在书籍中理解世界，因为读书让我们能够拥有进入世界的力量和勇气。书籍可以拓展我们作为个体的经验，让我们接轨于人类经验的总和。每个他者都跟自己休戚相关，无论是过去的人、现在的人，还是将来的人，我们都生活在人类总体经验的故事中，我们都能在他人的故事中获得教诲。

无论是虚构作品还是非虚构作品，其实都是在探讨人类在不同情境中应当如何去选择。我们个体虽然是独特的，但是在人类的总经验中，个体又并不独特。

我们经常说，每个人的悲喜并不相通，从个体的角度看也许是对的，但是放在人类的总经验中，这又并不准确。

每一部伟大的作品，都会让你更多地认识自己，理解自己。我很喜欢威廉·戈尔丁的《蝇王》，每次读都能再次洞悉我内心深处的幽暗，觉得自己比想象中更邪恶、更幽暗、更堕落。陀思妥耶夫斯基的书籍会让你深刻地认识到人性的复杂；赫胥黎的《美丽新世界》会让你反思科技与幸福。总之，每一部伟大的作品都是对你心灵的追问，都在帮助你反思自我、走出偏见，引发你思考那些自以为是的观念是否真的无懈可击。

如果你现在一心向往成功，那我推荐一部让你感到扫兴的书，巴尔扎克的《驴皮记》。人世间有一块驴皮能够实现你的一切愿望，但随着愿望的实现，驴皮将会缩小，你的生命也会缩短，你是否愿意接受这块驴皮？

如果你现在春风得意、踌躇满志，那也许可以打开莎士比亚的《麦克白》，它能让你认识到，不要过于留恋聚光灯下的人生："明天，明天，再一个明天，一天接着一天蹑步前进，直到最后一秒钟的时间；我们所有的昨天，不过替傻子们照亮了到死亡的土壤中去的路。熄灭了吧，熄灭了吧，短促的烛光！人生不过是一个行走的影子，一个在舞台上指手画脚的拙劣的伶人，登场片刻，就在无声无息中悄然退下；它是一个愚人所讲的故事，充满着喧哗和骚动，却找不到一点意义。"

如果你被强烈的使命感驱使，甚至为了使命不惜把他人作为工具，我推荐你看威廉·戈尔丁的另一本著作《教堂尖塔》，这本书会让你反思：自我强加的使命是否只是一种自我欺骗？

当我们越多地理解世界，我们也就越多地理解自己。

▶ 在书籍中超越世界 ◀

如果书籍无法赋予我们对抗黑暗的力量，那么，读书就毫无意义。小说《偷书贼》贯穿着灰色的时代调性，但依然有很多令人温暖和感动之处。"二战"期间，犹太女孩莉赛尔在战火纷飞的德国艰难生活，她忍不住偷书，这些偷来的书振奋了她的灵魂，给她活下去的希望。

我在阅读过程中，时常想如果换作是我，是否拥有汉斯家族的勇气，敢于冒着生命危险去藏匿一个犹太人。虽然，小说中的汉斯最后没有因为藏匿犹太人入狱，但现实中的柯丽却因为收容犹太人被送入纳粹集中营，她年老的父亲和姐姐都惨死。

人类总体的经验时常在拷问我们内心，这些书籍能不能帮助我们成为人类历史长河中的高光一刻。虽然这种高光一刻在有些人看来只是一种愚蠢，就像有位名人说，当善良成了白痴，仁爱变得无用，狂暴显示为力量，怯懦装扮成理性，美注定要被践踏和毁灭，恶却愈加肆无忌惮、扰乱一切。梅什金公爵并没能撼动这张根深蒂固的网，他并不能为这个世界做什么，他只能回到自己的净土，但是这个世界真的有净土吗？如果没有净土，我们还要做白痴吗？

这也许就是阿奎那所说的，我们今生活着的唯一意义，就是超越今生。

这就是我认为读书的四个境界，我们在书籍中逃避世界、营造世界、理解世界、超越世界。

大家都非常熟悉童话故事《三只小猪》，三只小猪为了抵挡大灰狼分别盖了一座房子，大哥盖了草房子，二哥盖了木头房子，但是三弟不嫌麻烦盖了结实的石头房子。最后只有石头房子没有被大灰狼弄倒，保护了三只小猪的安全。

我觉得小猪搭建的房屋就可以象征人类的思想观念，可以捍卫我们自己。我们一定都是依据一定的思想观念在生存，一种崇高的观念可以将人高举，一种卑下的观念会降低人的尊严。

读书在某种意义上，正是站在人类总体经验的基础上来获得安身立命的伟大观念。只有这种伟大的观念可以赋予我们作为人的尊严，可以让我们生活得有意义、有目的、有安全感，能够让我们超越暂时的琐碎和有限，能够让我们在一种更高级的意义上审视我们的日常生活，这种观念也能够像石头房子一样来帮助我们抵御人生的艰难困苦以及命运的当头棒喝。

无论是疾病的流行还是外族的入侵，人的肉体也许很容易毁灭，但是这种伟大的观念万世长存。

人类只有站在伟大的观念上，才能感到自己的高贵和价值。伟大的观念创造伟大的人类，我一直觉得，大学之大不在大楼，不在大师，更不在大官，而在于伟大的观念。

哲学中有一个基本的争论是共相与殊相。有人说苏格拉底和他的学生们共同搭建了西方哲学的大厦，柏拉图讨论共相，亚里士多德讨论殊相。但是追求共相的人很容易自诩掌握了绝对的真理，过于独断；只谈多元，又很容易陷入相对主义的误区，认为没有绝对的对，也没有绝对的错，在虚无中迷失人生的意义。你会发现，只有当我们认识共相，才能理解殊相。如果没有对普遍观念的追求，只追求个性化和多元化可能会导致意义的消解，就像孔子临死之时对子贡说："太山坏乎！梁柱摧乎！哲人萎乎！"

因此，我个人的读书体会，是尽力寻找共相和殊相的结合，这是我一生的追求。我们用读书向先贤致敬，因为他们是我们追求智慧之路的前辈。只有谦卑，才能让我们真正认识前辈先贤。

通过书籍，我们站在前辈的肩膀上，也许能看得更高。但是请注意，你即便站得再高，你离天依然无限遥远，我们对于智慧的追求是永无止境的，唯有承认自己的无知和有限才能不断地追逐智慧。

我们需要拥有对普遍性的追求，因为唯有伟大的普遍才能抵御人世的无常，才能对抗每天的庸碌和琐碎，但是我们要尊重多元，共相和殊相才能够在苏格拉底否定性的智慧中得到结合。

这种否定的智慧让我们即便探究了真理的浩瀚，也不会独断和傲慢。我们越认识真理，只会让自己越谦卑，越明白和而不同，求同存异，与光同尘。

我们无知，所以我们读书，我们读书，所以越承认自己的无知。

《浮生六记》：世俗越粗糙，人越要有审美地生活

※ 牛皮明明

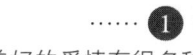

人世间美好的爱情有很多种。

"我行过许多地方的桥，看过许多次数的云，喝过许多种类的酒，却只爱过一个正当最好年龄的人。"这是沈从文和张兆和的爱情。

"没遇到你之前，我没想过结婚，遇见你，结婚这事我没想过和别人。"这是钱钟书和杨绛的爱情。

"每想你一次，天上飘落一粒沙，从此形成了撒哈拉。"这是三毛和荷西的爱情。

当然，还有王小波遇到他的李银河："我们好像在池塘的水底，从一个月亮走向另一个月亮。"

对于现代人来说，一句"遇见你，就遇见了全世界"也足以感人肺腑、动人心魄。

而恰好有一场爱情，发生在200多年前江南苏州城里。

那时候，苏州城小桥流水，错落有致，没有那么多的车，也没有那么多的人。

乾隆四十年，故事的男主人公沈复第一次与故事女主人公陈芸（即芸娘）擦肩而过。

那年，13岁的沈复跟着母亲回娘家，在那里，他人生第一次见到了表姐芸娘。

芸娘眉清目秀、娇弱动人。只需初见，便已倾心，沈复发誓此生要与她结为伴侣。

爱情这事，往往就是从冲动开始，到婚姻结束。沈复也不知道自己从何而来的勇气，他向母亲说："我此生非芸娘不娶。"

母亲也喜欢芸娘，脱下金戒指递给芸娘，婚事便就此订下。

过去的人事和情感，简单得近乎纯粹。

世间所有的相遇，都是久别重逢。

两人重逢，已是5年之后。乾隆四十五年的正月二十二日，他们重逢时，也是两人结婚时。

这一年，沈复18岁，芸娘也是18岁，沈复比芸娘小10个月。

本是少年夫妻，按理应少不了磕磕碰碰，他们的婚姻却是"棋逢对手"，定了终身。

他们在处世态度上棋逢对手。

芸娘刚嫁入沈家，拘泥多礼，不爱说话。沈复生性爽直，不拘小节。他常逗芸娘笑，慢慢地，芸娘性格变得开朗起来。少年沈复常与朋友高谈阔论，年少气盛，爱说几句大话，而芸娘坐在旁边，会顾及沈复面子，小心提醒："三白（沈复的字），又吹。"

他们在审美上棋逢对手。

沈复爱收集破画，芸娘爱收集旧书。收集到破画，沈复会手舞足蹈拿给芸娘欣赏；整理好旧书，芸娘也会欣喜地让沈复翻阅。书和画都是破旧的，上了年代的，可情却是最简单的喜悦。

他们在兴趣上同样棋逢对手。

沈复读诗，喜欢杜甫，芸娘则爱李白。夫妻俩坐下来谈诗，常滔滔不绝，一室之中，你爱你的杜工部，我爱我的李太白。聊到最后，相视一笑。

世界上，最好的婚姻莫过于旗鼓相当，棋逢对手。一味顺从会让人疲惫，一味泼凉水会让人心灰意冷。只有在精神上高山流水遇知音，在生活里，朋友一般平等相处，这样的爱情才最美，才最有趣，也最长久。

……❸

爱是一种慈悲，人世间最好的爱，莫过于伟大的成全。

沈复和芸娘的爱情便是这种成全。

有一年元宵节，沈复逛完庙会回家，看到芸娘在轻声叹气。

他转念明白了，芸娘是在叹自己是个女儿身。200多年前，女子出门被视为破坏纲常。为了成全妻子，沈复找来自己的衣服给芸娘穿上，带着她溜出了家门，两个人大摇大摆地走在苏州城里。

那天，街上人来人往，遇到熟人相问，沈复调皮，笑称芸娘是"表弟"，芸娘也调皮，学着男人的样子拱手还礼。夫妻俩一路看灯闲逛，如兄弟一般，妙极了。

试想，那年的苏州城，满街的男人中，混进一个女扮男装的女人，这是怎样的一种情景。不禁让人感慨：200多年前，沈复带妻子上街，是一种何等伟大的理解和成全。

我们常说，懂得是世上最温情的告白，而事实上，成全比懂得更伟大，懂得是感情的开始，成全却是走过此生的勇气。

在爱情里，我害怕无助，你给我一个眼神，是成全；我走路下楼，你递给我一只手，是成全；我渴望爱与自由，你带我去看满天繁星，同样也是成全。

两个人走过此生，日子其实是一瓦一砖，生命却是一梁一柱。只要有了互相成全的勇气，也便有了一座城。

……❹

生活里，常听身边的人说：我之所以没有把生活过精致，是因为我没钱。

这句话其实说错了，钱从来不是审美，心才是审美。真正有审美的人生，是即便穷顿，也要尽可能保留高贵的人生态度和精致的生活艺术，活出真趣，活出人的样子。

婚后，沈复和芸娘便是有审美地活着。

沈复身无要职，常年给人当幕僚。两人生活捉襟见肘，但他和芸娘没有抱怨，没有怒气，有的只是精致地活，用心地活。

在我看来，他们活得真是美极了。

他们是这样活的。

两人爱小酌，虽然没有太多的钱，等到春天，枝头梅子泛青，芸娘就摘下梅子自酿成青梅酒，在小雨淅沥的晚上两人慢慢喝干，红着脸安静地睡过去。

虽然没有达官贵人家里的花圃园林，可芸娘有心，她走在路上见到精巧石子，细心捡回家，一块一块地垒，也能在小院子里垒出一个小假山，这让沈复对妻子称赞不已。

虽然没有上好的花瓶，可他们家每个花瓶都不曾一日空过，夏采芙蓉，秋藏菊花，花未枯萎，新花就已经重新插上。一年四季，房间里永远有花香。

200多年前，他们两个人闲下来时，就坐在屋檐下晒太阳，喝自酿的青梅酒，看假山盆栽，等夕阳西下。

想一想，这场景多美！

可以说，他们是中国生活艺术的典范。

两个人一起等待院子里的花绽放，一起在阳光下喝酒，一起体会身边的每一声鸟鸣，每一滴雨落，每一个安静的黄昏。

我们常说把日子过成诗，其实用心了，想把日子过不成诗都难。

生活对每个人都一样，你投入多少心思，它就呈现什么样子回报你。你眼睛里看到什么，它就是什么样子。你看到百花盛开，心里就有一座花园；你看到青石重叠，心里便是亭台楼榭；你看到梅子挂枝头，自然也会有美酒沁心脾。

……❺

世俗越粗糙，人越要有审美地生活。这便是他们的生活哲学。

关于喝茶喝酒，他们也有自己的喝法。

我们喝茶是解渴，喝酒是灌醉，而他们喝茶喝酒，喝的也是用心。

首先是用心选时间，一等一年，选在初春时节，油菜花盛开。其次是用心选陪同的人，携三两好友。最后是用心选喝酒的心境，叫对花畅饮。

为了喝出滋味，生怕酒变凉，芸娘就雇来集市卖馄饨的，担锅提壶到郊外，用锅炉热酒，用砂壶煎茶，三五好友席地而坐，吃热酒，喝热茶，这样的生活看上去不能再美了吧。

仔细算一下，当时他们花掉的钱，相当于现在的几十块钱。可在我看来，今天再丰盛的海天盛筵，也比不上他们的对花畅饮。他们喝的是心境，今天的我们差了不知多少重境界。

杰克·伦敦说："人应该生活，而非单纯生存。"这句话好像是为他们量身定做的。

我们大多数人懂得生存，却不懂得生活。生存是一种形式，生活则是一种态度。生存是一日三餐，柴米油盐酱醋茶，生活则是在平凡的日常里，活出生命的滋味，活出审美趣味。

在他们的生活里，这样的故事无处不是，仿佛每一个再平凡不过的清晨都变得非常有意义，相爱的人在一起，每一天都不是虚度。

最让我感动的是沈复和芸娘结婚后的第13年。那一年，他们人生中第一次去太湖。只记得芸娘说了一句："此即所谓太湖耶？今得见天地之宽，不虚此生矣！"

翻译一下，就是看到太湖，也不虚此生了。

这句话看得我感动极了，在古代，世界好大，去了太湖，就好像看到了全世界，觉得人生至此也值了。

如果换到现在呢，从他们所居的苏州城到太湖，不过短短的路程，可200多年前，他们要乘船走好几天。

那时候世界真的好大，大到隔壁的县城就是远方，大到并未太远的太湖便是整个世界。而从前的人呢？很认真，认真相爱，认真走完一生。

就像木心说的：从前的日色变得慢，车，马，邮件都慢，一生只够爱一个人。

今天呢？世界好像很小，小到没有了想象。而我们走着走着，还会发现我们依然是井底之蛙。

过去的美，一切就美在简单，美在真诚，美在有心。

每次读到此处，仿佛看到那天夕阳西下，沈复和芸娘携手站在他们的世界里，湖中心船在摇曳，然后伴随着夕阳消失在地平线，暮色褪为夜色，几颗星辰，一闪，世界便亮了起来。

而只有月光下的他们，不作一语，身心澄澈。

这个故事发生在200多年前。

他们一生，不曾出过远门，一起只去过一次太湖，大部分时间沈复都在做幕僚，东奔西走、雪天寒夜、境遇可悲。世事如何耍弄，一律坦然顺受。走几天，他便会给妻子写信。信件里，每个字都深情得让人感动。

之后，芸娘多病，1803年离世，沈家家道中落。后来，沈复写下《浮生六记》，记下两人走过的生活点滴。随后丢下书稿，一个人去了山东，之后便了无音讯，好像从历史中彻底消失了。

清代落魄文人杨引传在苏州的冷摊上发现《浮生六记》，他惊叹极了。

到了民国，大学问家林语堂看到此书，惊呆了，他连连称赞："芸，我想，是中国文学上一个最可爱的女人。"

这本书到了大文学家鲁迅手上，一向不擅长描写爱情的他，同样也感叹："像《浮生六记》中的芸，虽非西施面目，并且前齿微露，我却觉得是中国第一美人。"

后来，更多人知道了这个故事，称它为"晚清小《红楼梦》"，薄薄一本书，道尽人间百般滋味。

200多年前的往事，距离今天的我们并不遥远，如果逆流而上，也许几天就到了。

浮生若梦，为欢几何？

我们每个人来到世上，都是匆匆过客，有些人与之邂逅，转身忘记；有些人与之擦肩，必然回首。

200多年前，沈复和芸娘擦肩相遇，令人感慨，原来人世间真有这样的夫妻，活得如此精致，真实。他们像两滴水一样追逐、相融，最终消失在浩瀚的烟波里。

故事讲到这也就结束了。

有些故事读懂了，也便是落泪的时候了。

我们如此渴望命运的波澜，到最后才发现人生最曼妙的风景，竟是内心的淡定和从容。我们曾如此期待外界的认可，到最后才知道世界是自己的，和他人毫无关系。

说到底，美好的爱情和生活，其实都不复杂，你把它拆开揉碎了看，无非"用心"二字。